中国出租汽车发展问题理论研究

交通运输部道路运输司 编著

人民交通出版社
China Communications Press

内容提要

本书针对中国出租汽车行业定位、运力规模、经营权、经营模式、运价、运营服务方式、基础设施建设、行业劳动关系、“打车难”等问题存在的不同观点进行了阐述，并在借鉴发达国家和地区经验的基础上，重点从理论层面进行分析，探索了适合我国出租汽车的发展之路。

本书可供交通运输主管部门、道路运输管理机构、出租汽车运营企业以及出租汽车驾驶员学习参考。

图书在版编目(CIP)数据

中国出租汽车发展问题理论研究 / 交通运输部道路运输司编著. — 北京 : 人民交通出版社, 2013.4

ISBN 978-7-114-10499-2

Ⅰ.①中… Ⅱ.①交… Ⅲ.①出租汽车－汽车行业－研究－中国 Ⅳ.①F542

中国版本图书馆CIP数据核字(2013)第062273号

Zhongguo Chuzu Qiche Fazhan Wenti Lilun Yanjiu

书　　名： 中国出租汽车发展问题理论研究
著 作 者： 交通运输部道路运输司
责任编辑： 钟　伟　张　强
出版发行： 人民交通出版社
地　　址： (100011)北京市朝阳区安定门外外馆斜街3号
网　　址： http://www.ccpress.com.cn
销售电话： (010)59757973
总 经 销： 人民交通出版社发行部
经　　销： 各地新华书店
印　　刷： 北京天宇万达印刷有限公司
开　　本： 720×960　1/16
印　　张： 19
字　　数： 278千
版　　次： 2013年4月　第1版
印　　次： 2013年4月　第1次印刷
书　　号： ISBN 978-7-114-10499-2
印　　数： 0001—3000册
定　　价： 88.00元

(有印刷、装订质量问题的图书由本社负责调换)

编委会
Bianweihui

编写组
Bianxiezu

前言

出租汽车是关系民生、服务城市的“窗口”行业。改革开放以来，我国出租汽车行业得到快速发展，已覆盖所有城市及经济发达地区的乡镇，成为人民群众出行的重要交通方式。2008 年大部门体制改革后，交通运输部从政策、法规、标准、技术四个重要方面入手，出台了《出租汽车服务质量信誉考核办法(试行)》，制定了《出租汽车驾驶员从业资格管理规定》，修订了《出租汽车运营服务规范》，开展了出租汽车行业和谐劳动关系创建活动，实施了出租汽车服务管理信息系统试点工程，加强了出租汽车行业管理，提升了出租汽车服务水平，推动了出租汽车行业健康发展。但在出租汽车行业发展的过程中，由于受历史遗留问题等诸多因素影响，还存在一些制约行业健康发展的重要问题。对于如何解决这些发展中的问题，特别是确立什么样的管理理念、采取什么样的管理思路、制定什么样的管理政策，社会公众和专家学者有着不同理解、不同观点和不同建议，可谓仁者见仁、智者见智。这些不同观点和建议，是民智的集中汇聚，是各方意愿的善意表达，真实反映了社会对出租汽车行业的高度关注和重视，对研究制定出租汽车行业政策措施起到了集思广益的积极作用。

从国际经验和发展实际看，出租汽车管理是一个世界性难题。由于社会历史环境不同、经济发展水平各异，世界各国的出租汽车管理模式各不相同，经营模式类型多样，发展思路千差万别，因此各国在实施出租汽车管理时也面临着不同难题和考验，其管理政策也一直处在探索和调整之中。正因如此，我国在规范发展出租汽车行业时，既要借鉴国际先进管理经验，又不能完全照搬照抄，需要紧密结合我国实际情况进行深入分析、广泛听取意见和科学审慎决策。

对于当前制约我国出租汽车行业健康发展的重大问题，需要用理论剖析原因、寻找规律、探索方向。为此，道路运输司组织交通运输部公路科学研究院等单位编写了《中国出租汽车发展问题理论研究》一书，对出租汽车行业定位、运力规模、经营权、经营模式、运价、运营服务方式、基础设施建设、行业劳动关系和“打车难”等九个难点热点问题进行了理论分析。编著本书的主要目的：一是吸纳不同观点。对于出租汽车行业的发展，目前有不同认识，这都是从不同角度作出的不同分析，均有其合理性的一面。主动听取不同意见，是查找问题根源的捷径，是改进管理工作的法宝，是促进出租汽车行业发展的动力。二是启发管理思路。本书坚持了开放式编写思路，收集了对同一问题的不同观点，进行观点交锋和理论探讨，形成争鸣的良好氛围。通过不同观点探讨，形成更加开阔的视野和更加开放的思路。三是指导行业发展。本书运用经济学、社会学、管理学、行政法学等理论，对九个难点热点问题进行探讨、分析，并在此基础上形成了我国国情下的出租汽车管理思路。

希望本书的出版发行，能为读者搭建探讨出租汽车行业发展思路和理论交流的平台，为各地规范发展出租汽车行业提供参考和借鉴。由于受时间、素材、研究深度的影响，书中观点难免存在局限性，我们将根据出租汽车行业所处的不同发展阶段存在的不同矛盾和问题，不断运用新的理论和方法，研究新的发展理念和思路，推进出租汽车行业健康发展，更好地满足人民群众便捷出行的需要。

目录

概 述

出租汽车为社会公众提供个性化的运输服务,被称为"城市流动的风景线"和"城市的名片"。近年来,随着经济社会发展和人民生活水平的提高,社会公众对提升出租汽车服务水平的期盼也越来越高。在当前我国城镇化和机动化进程加快的背景下,需要立足于出租汽车行业所处的历史阶段和发展环境,明确出租汽车行业发展方向,科学制定政策,促进出租汽车行业健康发展。

一、出租汽车行业的地位和作用

出租汽车作为一种不定时、不定点、不定线,充分满足乘客意愿的运输方式,以其安全、方便、快捷、舒适的特点,成为城市交通不可或缺的方式之一。出租汽车与城市公共交通等不同交通方式,共同构成城市综合交通运输体系,为社会公众提供不同层次的出行服务,满足城市多样化、多层次的交通出行需求,丰富了城市交通的服务内容。

改革开放以来,随着经济社会的快速发展,人民生活水平不断提高,居民个性化出行需求持续增长,越来越多的社会公众选择乘坐出租汽车出行。截至2012年年底,我国共有出租汽车120多万辆,出租汽车公司8000余家,年完成客运量370多亿人次,占城市客运量的比重超过30%。出租汽车已成为保障城市有序运行,与百姓日常生活紧密相关的重要服务窗口行业,对城市发展具有重要作用。

一是方便人民群众出行。出租汽车行业社会性强、服务面广、流动性大。目前,全国所有城市以及经济发达地区的乡镇均有出租汽车运营。出租汽车为社会公众提供了更加便捷的出行条件,满足了不同消费群体的多样化消费需求。这是在居民"衣、食、住"等方面生活质量明显改善的同时,在"行"方面的有效改善。

二是提升城市服务能力。出租汽车的出现和发展，满足了人们“门到门”运输服务的需求，其方便、快捷的服务优势，更适应现代城市快节奏运行的特点。出租汽车与其他交通方式各自分工、互为补充、协调发展，进一步提升了城市的服务保障能力，提高了城市的运行效率。

三是帮助解决社会就业。出租汽车行业作为第三产业的一部分，实行全天候运营、驾驶员轮班上岗，为社会创造了大量的就业机会。目前，直接从业人员达到230多万人，并相应地带动了汽车制造、汽车维修等相关产业的发展，创造了大量衍生岗位。

四是促进经济社会发展。出租汽车在经营活动中，帮助乘客实现空间上的位移，这一活动虽然不增加社会有形产品的数量，但它作为经济活动中争取时间、提高效益的工具，使社会产品的价值量增加。出租汽车的发展，进一步完善了城市综合交通运输体系，扩大了居民活动范围，促进了经济社会发展。

二、影响出租汽车行业发展的重要问题

改革开放以来，我国出租汽车行业得到了快速发展。但由于历史遗留问题影响，因发展思路不统一、政策措施不明确，再加上对出租汽车行业发展规律认识不到位，导致在出租汽车行业发展过程中存在一些突出问题，制约着出租汽车行业的健康发展。

一是行业定位不清晰。出租汽车行业定位是制定行业政策的关键和基础。但目前，大家对出租汽车行业定位认识不统一，持有不同观点。有人认为出租汽车是城市公共交通的组成部分，其发展应当按照城市公共交通的规律来对待。也有人认为出租汽车具有与城市公共交通不同的特性，不能等同于城市公共交通。对出租汽车行业定位的不同认识，影响到采取什么样的管理体制，行业如何发展和管理这一重要战略选择。出租汽车行业定位的不清晰，导致行业发展方向不明，发展思路不清，发展政策也难以制定。

二是运力规模管理方式不一。运力规模直接影响出租汽车的供需关系。有人认为，出租汽车行业是一个适合市场化发展的行业，应当充分发挥市场机制作用，不应对出租汽车数量进行控制。也有人认为，由于城市道路资源有限等原因，一个城市的出租汽车总量不可能无限制发展，应当坚持数量控制。不

同的运力规模管理方式，决定了出租汽车市场的不同发展模式，导致采取的市场管理手段也不一样。

三是经营权管理不统一。经营权管理涉及经营权配置、使用费用、使用期限和转让等不同方面内容。对于出租汽车经营权配置，有人认为应当采取行政审批，也有人认为应当采取拍卖，还有人认为应当采取服务质量招投标。对于经营权的使用费用，有人认为应当无偿使用，也有人认为应当有偿使用。对于经营权的使用期限，有人认为应当设置一定的经营期限，也有人认为不应设经营期限。对于经营权的转让，有人认为应当允许经营权转让，也有人认为应当禁止经营权转让。对经营权的配置、使用费用、使用期限和转让的不同观点，决定了政府配置公共资源的不同方式，影响政府对出租汽车市场的调控能力和手段。

四是经营模式复杂多样。经营模式涉及经营权和产权的权属关系。有人认为，出租汽车的经营特点决定了行业适合个体经营。也有人认为，出租汽车行业到目前为止仍然是一个适合公司化、规模化、集约化经营的行业。不同的经营模式，具有各自的优点和缺点。出租汽车经营模式的选择，关系到出租汽车行业的发展方向，影响出租汽车的服务质量和政府的管理效率，也将影响出租汽车经营者和驾驶员的利益调整。

五是运价机制有待完善。出租汽车运价直接关系到乘客和驾驶员以及出租汽车经营者的实际利益。有人认为出租汽车运价应当实行高票价，也有人认为出租汽车应当实行低票价，还有人认为应当根据实际情况合理确定出租汽车运价。对于出租汽车价格管理方式，有人认为应当由政府定价，也有人认为应当实行市场定价。不同的价格水平和价格管理方式，对体现出租汽车行业定位、调节不同运输方式需求、规范行业收入分配机制等产生不同影响。

六是运营服务方式相对单一。运营服务方式决定运营服务效率。有人认为出租汽车运营应当以巡游服务方式为主，也有人认为应当以站点服务方式为主，还有人认为应当以预约服务方式为主。不同的出租汽车运营服务方式，具有不同的服务特点，能够满足不同的乘客需求。选择不同的出租汽车运营服务方式，决定了出租汽车的运行效率和服务质量。

七是基础设施建设滞后。出租汽车基础设施包括停靠站点、停车泊位、综合服务区和电召服务系统等，是出租汽车运行的服务保障。有人认为应当加大基础设施建设力度，也有人认为无需建设基础设施。有人认为应当由政府投资建设，也有人认为应当由企业投资建设。不同的基础设施建设策略，关系到出租汽车行业的服务保障能力，也将影响出租汽车行业服务能力和水平的提升。

八是劳动关系有待规范。劳动关系是社会关系的重要组成。有人认为出租汽车公司和驾驶员应当建立劳动关系，也有人认为出租汽车公司和驾驶员之间只是经营承包关系。出租汽车公司和驾驶员之间建立什么样的关系，决定公司和驾驶员之间的利益分配机制，将对驾驶员的劳动报酬、社会保障、休息休假等权益产生不同影响，关系到出租汽车行业的稳定健康发展。

九是“打车难”问题日益受到关注。随着城镇化和机动化进程的快速发展，部分城市在上下班高峰时段、繁华路段，重要节假日期间及恶劣天气情况下出现“打车难”问题。有人认为应当放开数量控制增加供给，也有人认为应当提高出租汽车运价抑制需求，还有人认为应当多措并举标本兼治。“打车难”问题反映了出租汽车市场的供给和需求的不平衡，关系到老百姓的出行，影响城市的运行效率，需要认真加以解决。

三、解决出租汽车行业问题的理论方法

党的十八大提出，要加强和创新社会管理，着力保障和改善民生。当前，我国出租汽车行业正处于发展转型、逐步规范的关键时期。要实现出租汽车行业健康发展，必须从理论上破解出租汽车行业发展中的重大问题，用先进的理论研究行业发展方向，用先进的理论制定行业管理政策。通过加强理论研究，剖析行业发展重大问题，把握发展客观规律，寻求促进行业健康发展之策。

（一）从特定的发展阶段看出租汽车发展问题

出租汽车行业发展具有区域性、阶段性和动态性特点。不同地区、不同阶段、不同状态下，采取的政策措施有所不同。纵观发达国家的出租汽车管理，呈现典型的阶段性特征。早期出租汽车市场条件不成熟，市场自由放任发展。经历过一段自由发展，开始暴露自由市场经济的问题，政府干预加强。经过长期严格管制，生产的基本条件和行业的市场结构趋于稳定，但管制的弊端也随

之显露，又开始放松管制的历程。随着出租汽车行业的动态发展，对实行新的管制又提出新的要求。因此，解决出租汽车发展问题，要立足于特定的发展阶段来分析。从总体上看，出租汽车行业发展应当着眼于实现社会福利的最大化，从有利于行业长期发展和社会长远利益的角度，统筹兼顾乘客、驾驶员、经营者和政府管理部门等各方利益，明确出租汽车行业发展总体思路和方向。

（二）从特定的发展环境看出租汽车发展问题

对出租汽车实行何种发展政策及措施，既取决于出租汽车行业的自身特点，也取决于出租汽车的发展环境。政府究竟应当对出租汽车实行什么样的监管方式，从各国的经验、做法来看，迄今为止还没有统一的范式。由于在经济社会发展水平、居民生活方式和出行习惯等各个方面存在差异性，各地出租汽车发展有其特殊性，不宜实行“一刀切”，应当在特定的发展环境看出租汽车发展问题。在资源日趋紧张、环境压力加大的今天，在加快建设“资源节约型、环境友好型”社会的背景下，解决出租汽车发展问题，要在特定的发展环境基础上，因地制宜地科学制定政策。

（三）运用公共政策等理论看出租汽车发展问题

科学的理论加上科学的方法，是解决问题的关键。要通过科学发展的方法来解决出租汽车发展过程中的问题。唯物辩证法认为，事物发展过程中要把握其主要矛盾。出租汽车行业发展问题，主要矛盾就是供给和需求问题，具体表现为供给和需求的数量和质量问题。出租汽车行业管理作为政府公共管理行为，解决出租汽车发展问题，需要运用公共政策等相关理论对其进行分析，提出解决的思路和措施。

——对于出租汽车行业定位，要从公共物品理论对出租汽车服务的属性进行分析，要从外部性理论和服务对象的需求层次性来准确把握，要结合城市发展阶段来确立行业的发展方向和思路。

——对于运力规模管理方式，要从政府主导和市场主导等两种不同机制的特性进行分析，结合当前市场发展阶段和发展环境，选择合适的运力规模管理方式。

——对于经营权管理，应当按照依法行政的精神，结合行政许可理论、公共政策理论和公共利益理论等理论基础，选择适合我国现阶段的出租汽车经营权配置、使用费用、使用期限以及经营权转让的政策。

——对于经营模式，不同经营模式具有各自的特点，要从有利于服务保障、驾驶员权益保障和运营安全保障等方面看，立足于提高城市服务能力，考虑不同城市、不同发展阶段，综合考虑经营模式选择。

——对于出租汽车运价，应当从经济学的供需均衡和价格弹性等理论出发，以国家政策法规为依据，结合市场实际情况，制定合理运价，既要满足城镇化发展需要，也要符合出租汽车行业基本定位和行业特点，既要有利于保护乘客合法权益，也要保证驾驶员有合适收入，还要使出租汽车经营者有所收益。

——对于运营服务方式，应当结合经济学中的经济性、运营效率、服务质量和满足差异化需求等方面，确立相应的运营服务方式发展路径。

——对于基础设施建设，应当着重从保障运营服务、提升服务水平、保障驾驶员权益、提升行业监管能力等方面予以考虑，制定相应的基础设施建设政策。

——对于行业劳动关系，应从管理主义学派、制度主义学派劳动关系理论和现代企业制度理论来看出租汽车公司和驾驶员建立和谐劳动关系的必要性和重要性。推动公司和驾驶员依法建立劳动关系，应从保障双方合法权益出发，实现公司和驾驶员的共同发展。

——对于“打车难”问题，要从供需均衡理论、价格理论和城市交通效率理论等来看，站在城市综合交通运输体系的角度，标本兼治、综合施策。

总之，理论产生于实践并指导实践。随着经济社会的不断发展，出租汽车行业所处的发展阶段和环境在不断变化，社会各界对出租汽车行业发展的认识和思考也在逐步深化，也需要根据行业的发展变化，进一步深化理论研究，使理论更好地指导行业实践，促进出租汽车行业健康发展。

第一章　出租汽车行业定位

“定位”一词在《辞海》中，是指把事物放在适当的位置，并作出某种评价。所谓出租汽车行业定位，是指根据城市功能要求和社会公众总体出行需要，放在城市综合交通运输体系中，评价出租汽车在城市交通中的地位和作用，确立出租汽车行业未来的发展方向、发展目标和基本政策制度。它是出租汽车行业总体发展战略的基础问题和重要组成部分，反映了出租汽车在城市交通中的主导职能和未来城市交通中的地位。出租汽车行业定位是决定行业如何发展的核心问题，是决定采取什么样的行业管理体制和政策的基础，是行业健康发展的前提。我国出租汽车行业起步于改革开放初期，经过30余年的发展，已具备一定的规模。特别是近年来，随着城镇化的快速发展，城市人口大幅增长，城市规模不断扩大，居民收入持续增加，社会公众对出租汽车服务的需求急剧增长，对提升出租汽车服务水平的期盼越来越高。但是，目前我国理论界及政府管理部门等对出租汽车行业定位的认识还不统一，导致了政策方向不确定，政府责任不清晰，市场作用难发挥，出租汽车与其他城市交通方式分工混乱等问题。明晰出租汽车行业定位，对政府理清行业发展思路，制定相关政策法规，明确管理模式，发挥市场机制作用，以及维护市场各方正当权益，促进出租汽车行业稳定、规范、健康发展，具有非常重要的理论和现实意义。

本章主要针对出租汽车行业的定位问题进行论述，在借鉴国外发达国家和地区经验的基础上，结合我国实际，分析适合我国出租汽车发展的行业定位。

第一节　出租汽车行业定位的主要观点

对出租汽车的行业定位，争论的焦点在于是否将出租汽车定位为公共交通，主要有三种观点：

一、观点之一：主张出租汽车是城市公共交通的组成部分

该观点认为，出租汽车明显不是“私人交通”而是“公共交通”，主要理由如下：

（一）出租汽车属于公共交通的范畴

有学者认为，公共交通（Public Transportation）是面向所有公众开放并提供运输服务的交通方式。广义的公共交通包含民航、铁路、公路、水运等多种运输方式，即只要为公众提供运输服务就可归类为公共交通。出租汽车就是为不特定的大众服务的，显然属于广义的公共交通范畴。而狭义的公共交通则仅仅指城市轨道交通、公共汽电车、出租汽车、汽车租赁等交通运输方式。因此，无论从广义还是狭义来讲，出租汽车都应当属于公共交通的范畴。

（二）出租汽车具有与公共交通相似的服务特征

有人认为，公共交通服务对象是不特定的公众人员，所提供的服务具有共享性和公用性的特点。也即，公共交通不是哪个人专享专用的，所有公众都具有平等的可乘坐的机会。和公共汽电车一样，出租汽车也是供所有公众享用的一种交通方式，面向所有有出行需求的公众提供运营服务。任何人只要有意愿乘坐出租汽车，并且有能力支付打车费用，都可以享有使用出租汽车的机会。出租汽车服务对象的不特定性，具备了公共交通为不特定公众服务的特征。出租汽车和公共交通的不同之处在于，大中容量公共交通可供互不相识的多人乘用，出租汽车则主要供少数几个相识的人乘用或单个人乘用，但这丝毫不影响出租汽车的共享性与公用性，犹如大堂、卡座、包房都是向公众提供用餐服务的形式一样，只是出租汽车容量相对较小而已。出租汽车和私家车、商务用车、租赁汽车也不同，其实际运营是面向公众提供运输服务的。私家车、商务用车、租赁汽车的服务对象是特定的，不向公众开放。

此外，在一些发达国家，考虑到出租汽车能够为老年人、行动不便的人、残疾人以及乡村地区居民等提供方便，为了让这些人也有车可乘，获得需要的运输服务，他们将出租汽车纳入公共交通体系，出租汽车服务也被纳入公共服务给予补贴。

（三）出租汽车承担了公共交通的功能

有人认为，在一些城市，特别是中小城市和乡镇，出租汽车和公共汽车的

票价相差不大,多人合乘出租汽车比坐公共汽车还划算,甚至一些大爷大妈出门买菜都坐出租汽车。出租汽车已不属于高端服务,而成为城市居民必不可少的公共交通工具。有人认为,我国一些城市出租汽车城市客运分担率已经达到15%~30%,在一定程度上具备了对城市公共汽电车、轨道交通的替代性,具有公共交通的作用,是城市公共交通的重要组成部分。

从国内相关规定看,在建设部《城市公共交通工程术语标准》(CJJ/T 119—2008)中,将城市公共交通定义为"在城市地区供公众乘用的各种交通方式的总称"。在建设部出台的《城市公共交通分类标准》(CJJ/T 114—2007)中,城市公共交通分为城市道路公共交通、城市轨道交通、城市水上公共交通、城市其他公共交通四大类。其中,出租汽车划入城市道路公共交通分类,如图1-1所示。从国外分类看,一般将出租汽车归类为"共用交通(Shared Traffic)"、"准大众运输(Quasi-public Transportation)"或"辅助客运(Paratransit)",属于公共交通的范畴。

二、观点之二:主张出租汽车是城市公共交通的补充

该观点认为,出租汽车与公共汽电车、地铁等都属于公共交通,只是分工不同。公共汽电车、地铁等大中容量公共交通担当城市客运的"主角",处于主导地位;出租汽车只是为具有一定消费能力的人或社会公众特殊出行需求提供运输服务,运输能力也相对较小,处于次要地位。这一观点与出租汽车属于公共交通的观点本质上相同,只是进一步强调了出租汽车在公共交通中发挥的补充作用,主要理由如下:

(一)出租汽车具有不经济性

有专家认为,相对于公共汽电车、地铁等大中容量公共交通,出租汽车使用成本相对较高,对资源、环境和道路交通造成的压力相对较大,而且主要在城市运营,占用的城市道路资源相对较多,是一种便捷但不经济的公共交通方式。和大容量城市公共交通相比,出租汽车无论是在运能还是在运量上都显得十分单薄,在政策环境、运营方式、服务对象等方面也有明显区别,其个性化的服务方式和相对较高的运价决定了该种运输方式在城市公共交通中不占主导地位。

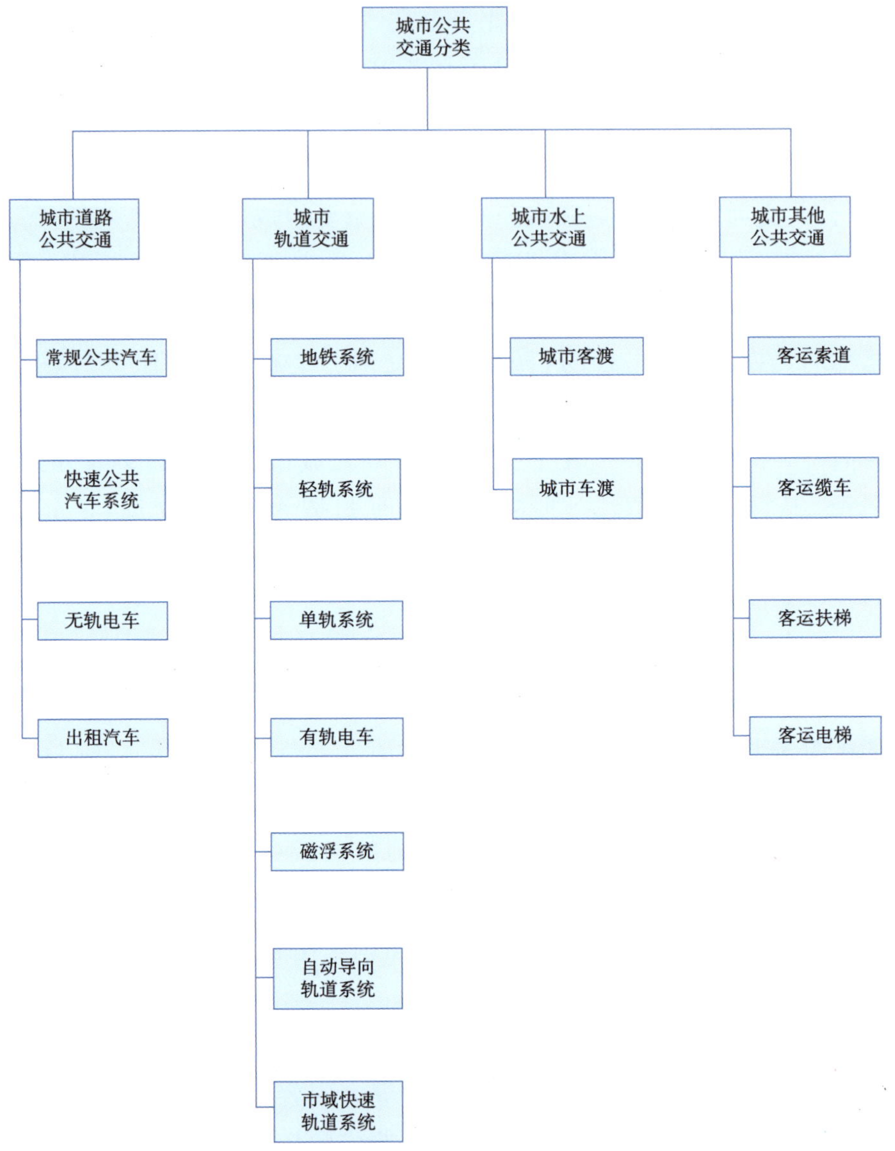

图 1-1　城市公共交通分类

（二）出租汽车具有不可替代性

有专家认为，随着消费水平的提高，人们必然会对出行提出更高要求，如舒适、方便、快捷等，而这些要求是大中容量公交所不能满足的，除了私家车能提供这种服务外，只有出租汽车能够实现这个功能。因此，出租汽车在城市公共交通中具有不可替代性，或称为不可或缺性。相比而言，出租汽车比私家车更经济。

有人认为，在大中容量公共交通还没有建立和完善之前，在许多城市特别是在中小城市，出租汽车通常成为城市的重要交通工具，在满足居民出行需求中发挥着重要作用；尤其是在那些没有传统公共运输服务的城镇或农村地区，出租汽车可能是人们可以使用的唯一公共交通方式；即使在大容量公共交通发展较好的情况下，出租汽车仍然是满足居民一些特殊出行需要的公共交通工具，比如，去机场、上医院、去往道路不熟悉的地方等；大中容量公共交通在服务网络和运营时间方面也存在局限性，比如在前往郊区或夜间出行的情况下，公共汽车、地铁可能还没有开通或已经停止运营。出租汽车可以24小时运营服务，弥补了大中容量公共交通服务的不足。因此，出租汽车是城市公共交通的组成部分，只是不作为城市公共交通的主导形式，而是公共交通的补充。

（三）出租汽车作为公共交通的补充有其历史渊源

有人认为，从我国出租汽车的发展历程上看，出租汽车曾经明确作为公共交通的补充。1999年11月23日，国务院办公厅转发了建设部、交通部、财政部、国家计委、公安部联合发布的《关于清理整顿城市出租汽车等公共客运交通的意见》（以下简称《意见》），其中提到“城市公共客运交通是由城市公共汽车、电车、小公共汽车、出租汽车等交通方式组成的客运体系”，“实行公共交通优先发展的战略，发挥国有公共客运交通骨干企业主导作用，形成以公共汽车、电车为主体，小公共汽车、出租汽车为补充的城市公共客运交通格局”。很显然，该《意见》对出租汽车的定位是公共交通的“补充”。

三、观点之三：主张出租汽车是城市综合交通运输体系的组成部分

该观点认为，出租汽车与公共交通存在本质差异，不属于公共交通，属于高端运输服务，不属于社会公益性行业，但与公共交通、私人交通一样，都是城市综合交通运输体系的组成部分，主要理由如下：

（一）出租汽车不具有公用性特征

有人认为，公共交通具有公用性特征，可以同时有众多乘客乘车，而且任何乘客上车后均无权禁止他人再乘坐该车辆；公共交通具有消费的非竞争性和受益的非排他性，在车厢达到拥挤状态之前，增加一个乘客并不会影响原有乘客对运输服务的消费水平；公共交通车辆内人数众多，乘客与乘客之间大都互不相识，乘客始终没有特定化。出租汽车则不同，虽然其服务对象是不特定的，但对于每一次运营服务来讲，其搭载的乘客都是特定的，乘车人租用出租汽车后有权禁止任何人，包括出租汽车驾驶员同意的人再乘坐同一辆出租汽车，其每一次运营服务都具有消费的竞争性和受益的排他性。因此，出租汽车不具有公用性特征，与公共交通有本质的区别。

（二）出租汽车的服务对象消费能力相对较强

有人认为，出租汽车相对于大中容量公共交通而言，运价比较高，超出了普通大众的承受能力范围。平常打车的人，主要是一些公司白领、外地出差及旅游人员、商务人士、国际友人等群体。这些人的共性是收入较高，消费能力较强，或可以报销费用等。

（三）出租汽车提供的是个性化的出行服务

有人认为，公共交通主要针对一般或较低收入水平的消费群体，提供最基本的大众化出行服务，用于保障居民（尤其是低收入人群）最基本的日常出行，属于日常生活的必需服务。这一类群体对出行的舒适性、便捷性要求并不高，也不注重私密性，只有在遇到特殊情况或面临紧急事务的情形下，才会选择出租汽车出行。而收入较高的消费群体，对出行的舒适性、便捷性要求高，有时还注重私密性，日常出行会比较多地选择出租汽车。因此，出租汽车是一种个性化、高品质的运输服务，不具有社会公益性。

（四）与其他运输方式共同构成城市综合交通运输体系

有人认为，城市综合交通运输体系由多种运输方式组成，而且是各种交通方式协调发展的一个综合系统。其中，公共交通是其核心部分，而其他交通方式都是围绕它来进行完善和补充。城市客运交通系统的构成如图 1-2 所示。各种交通方式在城市综合交通运输体系中发挥着不同的功能和作用，以此满足城市多样化、多层次的交通出行需求。

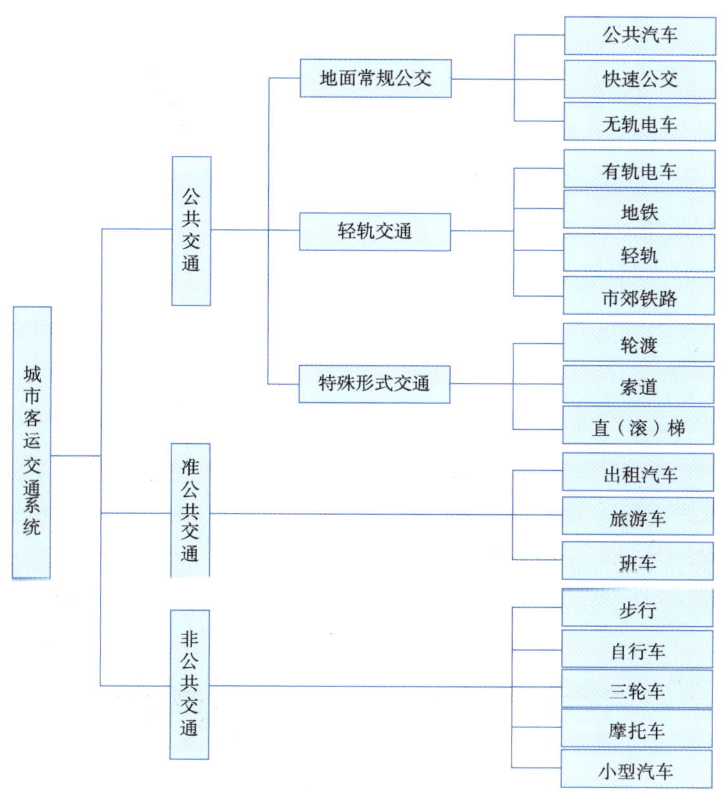

图 1-2　城市客运交通系统构成图

第二节　出租汽车行业定位案例分析

从出租汽车出现至今，经过百余年发展，世界各地形成了各具特色的出租汽车服务。本节力图从国外出租汽车服务特征出发，分析出租汽车在城市交通中的地位和作用，汲取经验，以期为我国国情下的出租汽车行业定位提供参考。

一、日本东京：出租汽车服务是“奢侈品”

东京作为日本首都，位于日本本州岛东部，是全球最重要的金融、经济和科技中心之一。东京城市面积 2188 平方公里，占日本全国总面积的 0.6%，2011 年末人口达到 1320 万人，人口密度每平方公里约 6000 人，是日本人口最稠密的地区。在城市客运方面，城市轨道交通、公共汽车、出租汽车等方式共同构成了东京的城市客运交通体系。

在东京,并不存在"打车难"的问题,即便是遇到刮风下雨,或是在上下班高峰期。究其原因,最根本是出租汽车行业定位准确。东京的出租汽车实行高价格,用价格手段调节运输需求。因此,社会公众主要靠城市公共交通出行,轻易不乘坐出租汽车。

(一)出租汽车属于质优价高的"奢侈"服务

截至2012年,东京共有出租汽车52299辆,其中,公司车辆35512辆,个人车辆16787辆。东京出租汽车以服务态度优良、管理严谨规范而著称。东京街头的出租汽车也非常整洁干净,如图1-3所示。

a)

b)

图1-3　东京街头的出租汽车

1. 车型高档

东京出租汽车一般是排量2.8升以上的丰田、日产等三厢中型车,此外还有少量只能搭乘1人的小型出租汽车,车辆基本为天然气车辆,全部安装了GPS,车身及内部干净整洁,如图1-4所示。

a)外观

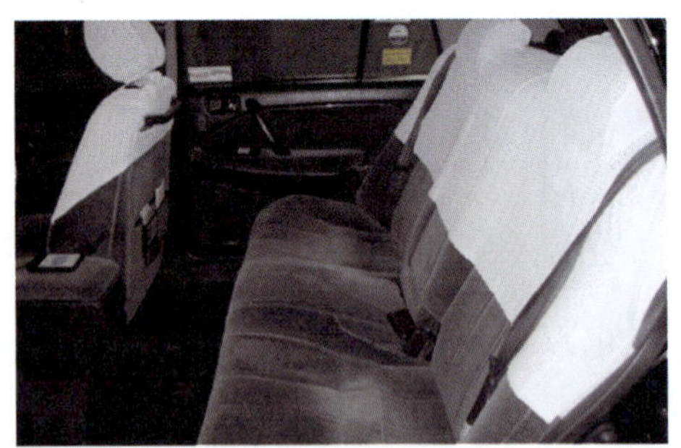

b)内饰

图1-4　东京出租汽车的外观及内饰

2. 驾驶员要求严格

由日本国土交通省制定的《出租汽车业务正当化特别措施法》对于出租汽车驾驶员准入有着明确的规定,如要求出租汽车驾驶员必须具备良好的职业素养,熟知东京都内23区的地理位置,能够及时了解交通拥堵状况和道路施工信息,为乘客提供优质服务等。

3. 收费高昂

自2007年12月起,东京出租汽车运价在原先基础上进一步上调。现在的起步价为2公里710日元,约合人民币45元,以后每行驶288米加90日元,折合人民币每公里20多元,每等待(时速低于10公里/小时)105秒加90日元,晚上23:00至清晨05:00费用加收30%。在东京,乘坐出租汽车花费四五千日元非常正常。如从市中心的上野乘坐出租汽车去成田国际机场,距离约71.6公里,在不堵车的情况下,需要花费约24130日元,约合人民币1600元,而从日本成田机场到我国北京首都国际机场单程机票价格也就3000元人民币左右,由此可以看出东京的出租汽车运价十分昂贵。东京出租汽车运价如图1-5所示。

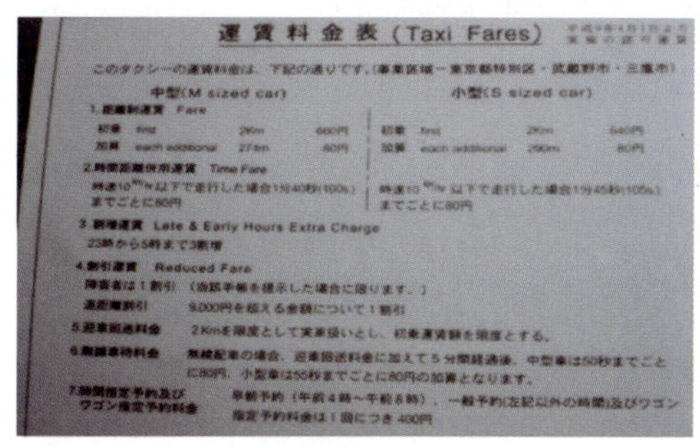

a)

b)

图1-5 东京出租汽车运价

4. 服务优质

虽然东京出租汽车后门都是自动开关的,但驾驶员仍为乘客上下车开门,帮助提拿行李,给乘客以尊贵的感受。此外,东京出租汽车还有许多人性化的服务,车辆配有小型电视、按摩器、电源插座等装置,还备有消毒湿巾、车内手机充电器、药品等供乘客使用。东京出租汽车驾驶员的优质服务如图1-6所示。

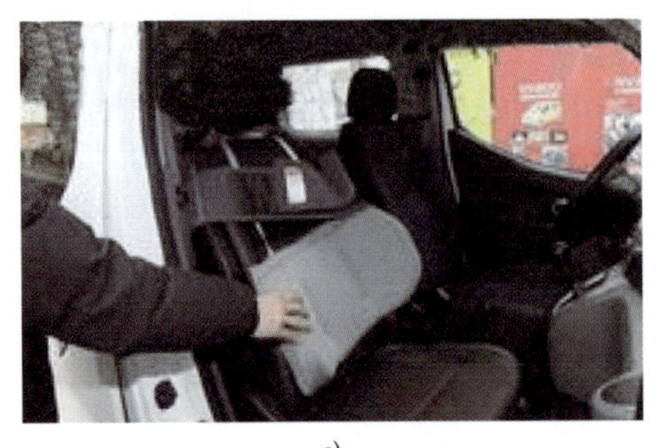
a)

b)

图 1-6　东京出租汽车驾驶员的优质服务

自 2001 年 10 月起，东京都内 23 区的 246 家出租汽车公司开始实施出租汽车等级评定制度。等级评定是根据日本国土交通省有关规定，由“财团法人东京出租汽车中心”依据乘客平时反映的有关出租汽车驾驶员服务态度、拒载、多收车费以及交通事故率等进行的综合考核。等级评定针对各个出租汽车公司，而不是针对驾驶员本人。依据考核分数，评定等级分为 AA、A、B 和 C 四个等级，分别对应于优、良、及格和差。对于服务优质的出租汽车公司，会在公司车辆车身左前侧贴上 AA 或 A 统一标识，被评为 B 级和 C 级的公司暂不贴出等级标识。上述做法，不仅为乘客选择提供了参考，也有利于出租汽车公司不断提高服务质量。

（二）百姓主要选择城市轨道交通出行

东京公共交通系统由城郊铁路、地铁、独轨铁路、公共汽电车等组成。东京的轨道交通十分发达，是世界上最复杂、最密集的铁道运输系统和车站群之一。在轨道交通方面，包括：地铁里程 292.2 公里，线路 13 条，车站 274 个；JR 线路（即神户线，不包括新干线）887 公里；私营铁路（包括单轨铁路）1126 公里。东京轨道交通网络布局如图 1-7 所示。

东京市区每天客运总量达到 1400 万人次，其中，公共交通（不含出租汽车）承担全部客运量的 86%。进一步细分，有轨电车承担 49%，地铁和轻轨承担 30%，公共汽车承担 7.6%，轨道交通在城市客运分担中占有绝对比重。

（三）公共汽车作为城市轨道交通的辅助

与城市轨道交通在东京城市公共交通中占有绝对优势相比，公共汽车只起到辅助作用，主要以服务于市中心的短途交通为主，与地铁衔接非常紧密。

通过东京公交协会网站(www.tokyobus.or.jp),可以方便地查询到地铁或城铁站周边的公共汽车站点。以地铁上野站为例,该站附近分布着7条公共汽车线路,分别由3家公司经营,共同服务于这个地铁车站。近年来,东京公交乘车环境不断改善。冬天,座椅会自动加热;夏天,车内不仅设有空调,车窗上还安装有百叶窗。公共汽车的吸引力进一步增强。

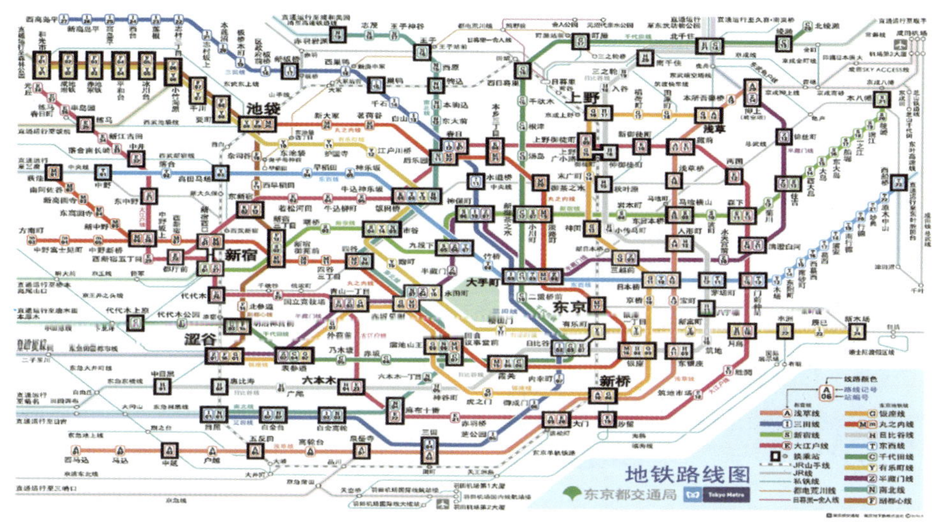

图1-7 东京轨道交通网络布局图

二、英国伦敦:出租汽车可“借用”公交专用道

英国伦敦位于英格兰东南部,泰晤士河下游两岸,距泰晤士河入海口88公里,海轮可直达。伦敦的行政区划分为伦敦城和32个市区。其中,伦敦城外的12个市区称为内伦敦,其他20个市区称为外伦敦。由伦敦城、内伦敦和外伦敦组成的“大伦敦”,面积1605平方公里,人口717.2万人。

在伦敦,出租汽车由于一定程度上可享受公共汽电车的权利,因此其行业定位有些符合城市公共交通的特征。

(一)出租汽车可“借用”公交专用道

为进一步提高公共汽车在城市道路中的行驶效率,在借鉴其他国家公交专用道的基础上,1968年伦敦首条公交专用道开始运行,目前已拥有公交专用道580公里。为减少私人交通出行,同时又满足居民出行需求,伦敦市运输局允许出租汽车“借用”公交专用道路(图 1-8),提高出租汽车行驶效率。而其他车辆如使用公交专用道,将面临高额处罚。

a)

b)

c)

图 1-8 伦敦出租汽车“借用”公交专用道

(二)对出租汽车不收取交通拥堵费

伦敦是最早开始机动化的城市,也是较早面临机动化带来交通拥堵(图 1-9)、污染严重等问题的城市。为此,伦敦采取了一系列措施进行治理。

a)

b)

图 1-9 伦敦曾面临的严重交通拥堵问题

从2003年2月开始，伦敦市运输局就开始征收市中心交通拥堵费（图1-10），收费标准是每辆车每天进入收费区一次性缴纳5英镑。随后，这一费用在2005年被调高至8英镑。2011年1月开始，交通拥堵费上涨至10英镑。如果有驾驶员欠费不缴纳，将面临最高20倍的罚款。但是，伦敦市运输局不向进入中心区域的出租汽车收取交通拥堵费，使其享受了城市公共汽车的政策待遇。

图1-10　伦敦收取交通拥堵费的中心区域

（三）伦敦出租汽车发展不受限制

伦敦从以下三个方面构建城市客运体系：

一是大力发展轨道交通。伦敦自1863年建造了世界上第一条地铁线路开始，至今已拥有完善的地铁网络。目前，伦敦市内拥有12条地铁线路，275个站点，运营里程达到400多公里，市中心的地铁站之间都步行可达。并且在大伦敦都市圈还拥有300公里的市郊铁路，密如蛛网的线路覆盖整个伦敦，每天搭乘地铁出行的超过300万人次。如今，已有150年历史的地铁已成为大多数伦敦人出行的首选。伦敦地铁与市郊铁路如图1-11所示。

二是大力发展城市公共汽电车。伦敦的公共汽车系统是世界上最庞大的城市交通系统之一，全市共有1.7万个公共汽车站，每天有6800多辆公共汽车在700多条线路上运行，日载客量为600万人次左右。红色双层巴士（图1-12）

已经成为伦敦的城市象征。此外，伦敦通过价格手段吸引公众选择公交方式出行，如18岁以下的青少年可以免费乘坐有轨电车和公共汽车。

a)地铁

b)市郊铁路

图1-11　伦敦地铁与市郊铁路

图1-12　伦敦红色双层巴士

三是由市场自由调节出租汽车的发展。伦敦对出租汽车没有实施数量控制，任何符合规定技术条件的车辆都可以申请出租汽车牌照，通过市场自由调节，充分满足市民对出租汽车的需求。为确保出租汽车的服务水平，伦敦实施了较为严格的出租汽车驾驶员准入制度。

第三节　我国国情下的出租汽车行业定位

出租汽车行业定位是决定行业如何发展的核心问题和重要基础，本节通过研究出租汽车行业定位的相关理论，提出我国现阶段出租汽车行业的定位选择。

一、出租汽车行业定位的理论分析

（一）公共物品理论

公共物品理论是一种现代经济理论，是对事物本身属性的分析，广泛应用于政府公共事务管理等领域。公共物品是与私人物品相对应的一个概念，是指具有非竞争性、非排他性、不能依靠市场力量实施有效配置的产品。非排他性是指,如果一种物品被提供,那么阻止消费者消费该物品本身是不可能的或者其费用是极其昂贵的。非竞争性是指,如果所有消费者都能消费同样单位的一种物品,那么该物品就是具有非竞争性的。非竞争性包括两方面含义,一是增加单一消费者对供给者带来的边际成本为零;二是边际拥挤成本为零,也就是每个消费者的消费都不影响其他消费者的消费数量和质量。公共物品有狭义和广义之分。狭义的公共物品指纯公共物品,广义的公共物品则包括纯公共物品和准公共物品。纯粹的公共物品很少,包括国防、公共安全、灯塔等。私人物品是有一定的排他性和竞争性,以及存在一定边际成本的物品。现实中,大量的物品是基于两者之间的,不能归于纯公共物品或纯私人物品,经济学上一般统称为准公共物品。准公共物品表现为上述两个特性中的一个,而另一个特性则表现不充分。准公共物品一般兼有纯公共物品性质和私人物品性质,在供给方面可以由政府、私人、特定组织单独或混合来承担费用,而需求强烈和涉及面广的准公共物品的供给应由政府承担全部或部分费用。

出租汽车行业属性可从两个层面进行分析:一是具有准公共物品的属性。出租汽车服务具有非排他性,对于同一个城市需求者来说,甲乘客乘坐出租汽车接受运输服务的同时,并不排斥乙乘客接受其他出租汽车提供的运输服务,即不排斥乙乘客获得利益。但是出租汽车服务在非竞争性上表现不充分,因为随着城市内乘坐出租汽车人数的增加,供给方需要提供更多车辆,增加了城市交通负担和管理成本,需求服务边际成本不为零。而且出租汽车服务的总供给有限,当乘客获得服务时,一定程度上影响到其他消费者对服务的可获得性,边际拥挤成本不为零。二是具有明显的私人物品特征。乘客在获得出租汽车服务时,排除了那些没有付费的人消费该物品,具有收益的排他性;其他乘客即使有意愿也无法乘坐同辆出租汽车,具有一定的消费竞争性。而且出租汽车是按照乘客意愿提供服务,具有一定的私人物品的特征。

从公共物品理论分析,城市公共交通更接近公共物品的属性,从广义上讲可以视同为公共物品,而出租汽车虽然具有一定的公共物品的属性,但更偏向于私人物品。城市公共交通具有的收益非排他性和消费非竞争性表现更为充分,一定乘客数量的前提下,乘客在乘坐城市公共交通时并不影响其他人乘车,而且城市公共交通并不是按照个人意愿提供服务,更具有公共物品的特征。在研究出租汽车行业定位时,人们往往只注意到了出租汽车与城市公共交通都具有准公共物品属性这一普遍特征,而忽视了出租汽车与城市公共交通在准公共物品中所处位置不同这一明显差异,导致在确定出租汽车行业定位时,模糊和混淆了两者的区别,甚至得出出租汽车等同于城市公共交通的结论,造成了行业发展方向不清晰、政策措施不明确等问题。出租汽车健康发展必须回归其本质属性。在城市综合交通体系中,城市公共交通是应由政府提供的满足公众普遍出行需求的基本服务,更接近于公共物品,私人交通是满足个人生活品质和追求的私人物品,而出租汽车是介于公共交通和私人交通之间的,满足公众个性化出行需求的准公共物品。

(二)外部性理论

外部性理论是经济学理论之一,外部性指一个人或一群人的行动和决策使另一个人或一群人受损或受益的情况。外部性有正外部性和负外部性之分:正外部性是某个经济行为个体的活动使他人或社会受益,而受益者无须花费代价;负外部性是某个经济行为个体的活动使他人或社会受损,却没有为此承担任何成本。外部性理论在经济学研究中十分重要,特别是在环境问题越来越被社会公众关注的今天,对解决交通运输中的外部性问题有着极其重要的指导作用,其分析方法和政策主张已在运输经济研究和运输产业发展实践中得到了比较广泛的应用。

出租汽车的外部性是指出租汽车服务的消费行为直接影响他人与环境,但车主并未因此而支付成本(补偿)或取得收益(报酬)。出租汽车的外部性也表现为正外部性和负外部性两个方面。正外部性是指出租汽车不仅具有方便、快捷、舒适的特点,又能提供“门到门”的服务,能够满足人们更加个性化的出行需求,能够完善城市交通体系,提升城市的整体形象等,在某种程度上能够替代私家车,但又比私家车经济。但出租汽车的负外部性特征更为明显,主要表现为:一是出租汽车占用城市道路资源较高、效率较低。出租汽车在有限的城市道路资源条件下运行,乘客作为理性人从自身角度出发,希望有更多的车辆随时随地提供服务,实现利益的最大化。当满足所有理性人最大化利益时,不可避免会造成城市道路严重占用和交通拥堵,资源利用效率低下,这种现象符合博弈论理论中“囚徒困境”所阐述的个体理性与集体理性的不一致。二是出租汽车能源消耗较高。与其他城市客运交通方式相比，出租汽车能源消耗较高。有研究表明，按照完成单位客运量计算，出租汽车的燃油消耗约是公共汽车的5倍，排放的一氧化碳、碳氢化合物、氮氧化合物分别是公共汽车的6倍、15倍和10倍。此外，我国出租汽车主要采用巡游服务方式，驾驶员与乘客存在信息不对称，空驶率较高。

在考虑出租汽车行业定位问题时，既要考虑出租汽车的正外部性特征，充分发挥出租汽车在满足公众个性化、高效、舒适、"门到门"运输需求以及特殊事情、特殊时段的运输需求中的作用，同时，更不能忽视出租汽车的负外部性，应注重综合交通运输体系中各种交通方式的合理分工和协调配合，通过多种方式满足公众出行需要，而不宜过度发展出租汽车，以免造成车辆使用过度、道路资源占用过多以及环境污染加重等负外部效应，甚至出现市场竞争过度、服务质量下降等后果。同时，在服务方式上也需要不断加以改善和优化，减少出租汽车巡游服务比重，降低能源消耗和污染排放。总之，出租汽车行业定位不能顾此失彼，应将其正、负外部性统筹考虑，适应我国"资源节约型、环境友好型"社会建设要求。

（三）需求层次理论

经典的需求层次理论由美国心理学家亚伯拉罕·马斯洛提出，是研究行为科学的理论之一。该理论将需求分为五种，包括生理需求、安全需求、情感和归属需求、尊重需求、自我实现需求。这些需求像阶梯一样从低到高，按层次逐级递升，低层次的需要基本得到满足以后，它的激励作用就会降低，其优势地位将不再保持，高层次需求会取代它成为推动行为的主要原因。这五种基本需求在一般人身上往往是无意识的。同时，需求具有特殊性，受到某些因素影响时，还会产生跳跃层次的需求。尽管起始于对人自身心理需求的研究，但需求层次理论已被广泛地应用于人力资源中的激励管理。从研究消费者消费行为角度看，该理论也同样具有适用价值。

城市居民出行方式的选择是一种交通"消费需求"，按照从低到高可以分为不同的需求层次。一是收入较低的人能够"走得了"，可以选择价格最便宜的城市公共交通、自行车或步行方式出行，是最基本的"生理需求"。二是在价格变化不大时，会选择车况好、安全性高、准时到达或提供空调的城市公共交通方式，是“改善需求”。三是一些人愿意付出更高的价格，追求快捷、舒适、个性化的出行，会选择乘坐出租汽车或个人购买私人车辆，属于“走得好”的交通出行方式，是“个性需求”。四是少部分人乘坐豪华车辆出行，把交通方式当作一种身份的标志，是“尊重需求”。五是依据出行方式的精神内涵决定的出行消费选择，如坚持环境保护、节约资源、减少拥堵等绿色出行理念的人，会选择城市公共交通、自行车、步行等方式出行，是最高层次的“自我实现需求”。同时，交通消费需求受到出行紧迫性、时效性等影响，也会产生特殊需求，偏离正常情况下的出行消费水平。如在急症就医或夜间城市公共交通停止服务等情况时，会选择更为昂贵的出租汽车出行。

从需求的多层次理论看出租汽车行业定位，主要有以下三个方面的考虑：一是多层次供给满足多样化的城市交通出行需求。多层次需求需要多层次供给与之相适应，仅仅依靠单一方式满足城市交通出行需求并不现实。城市公共交通满足大多数人基本出行需求，出租汽车、私人交通满足具有一定消费能力群体的出行需求，不同方式合理分工与协调配合，发挥综合交通的整体效率。二是出租汽车为满足特殊出行需求提供了更优选择。从需求层次理论可以看出，一般人群的特殊需求客观存在，而且需要得到满足。在城市综合交通运输体系中，通过城市公共交通出行虽然成本低，但是出行效率和舒适度也相对较低，服务较差，而一般人群又不具有购置私家车的能力。也就是说，城市公共交通和私人交通都不适宜提供一般人群的特殊出行服务。比较而言，出租汽车灵活的服务方式可以相对低成本、高效率地满足一般人群的特殊出行需要。三是调节交通消费需求。由需求层次理论，当低层次基本交通出行消费需求得到满足后，消费意愿会逐渐降低，当经济条件允许时，会被更高层次交通消费需求所取代。随着我国城市居民生活水平的不断提高，人们出行需求已从“走得了”逐渐转变为“走得好、走得快捷、走得舒适”，交通消费方式不断向出租汽车、私人交通等转变，出租汽车出行需求量巨大而且还将持续增加。考虑到出租汽车的负外部性，如果一味地根据需求不断增加高层次供给，势必会突破城市的交通承载能力，造成严重的交通拥堵与环境污染等问题。因此，需要对交通消费需求进行调节：第一，通过提高城市公共交通的服务水平，使基本交通出行服务能有更好出行体验，增强吸引力，留住消费群体。第二，通过出租汽车价格调整提高交通消费需求层次，减少或延缓交通消费需求向该层次转移。第三，通过推行低碳交通、绿色出行、健康出行等理念，引导出租汽车消费者向最高层次消费需求转移。

（四）城市进化理论

城市进化理论阐述了城市规模形态、城市人口等与经济结构转型的关系，该理论按照工业化进程将城市发展大体分为四个阶段：一是“绝对集中”时期。在工业化初期，农村人口不断向城市集中。二是“相对集中”时期。随着工业化进入成熟期，人口仍向城市集中，但开始向郊区扩展，城市规模不断扩张。三是“相对分散”时期。进入工业成熟后期和后工业初期，第三产业的比重开始超过第二产业，郊区人口增长超过城市人口增长。四是“绝对分散”时期。进入后工业化的成熟期，第三产业占主导地位，人口的逆城市化现象显著增加，郊区人口比例超过城市中心区域人口。西方发达国家城市已经进入后工业化的成熟期，郊区人口规模庞大，绝大多数的第三世界国家仍处于工业化的初级阶段，农村人口不断向城市涌入，城市规模不断扩张。

城市交通是城市发展的派生需求。随着城市化进程的不断推进，城市交通需求、发展特点在城市发展的不同时期呈现出不同特征。同样，对于出租汽车行业，在不同城市发展阶段，其需求也是不同的。如在城市发展初期，城市规模较小，人口尚处在大规模聚集的初期，这时的大容量城市公共交通需求少、规模小，可利用出租汽车承担城市公共交通的部分职责，满足人们的出行需求。目前，在我国一些县级城市，公交车数量少，除了乘摩托车、自行车和步行出行外，有的人出行还乘出租汽车，此时出租汽车在一定程度上发挥了城市公共交通的作用；随着城市规模的扩张，出租汽车已经不能满足大规模的城市交通出行需求，需要建立城市公共交通体系，出租汽车也不宜再承担城市公共交通的主要任务，更多的是发挥城市公共交通的补充作用；到城市发展的成熟期，形成了比较发达的城市轨道交通和相对完善的常规地面公交体系，低碳交通环保理念不断加强。出租汽车由于经济性差、占用道路资源多、能耗大、排放高，不应再发挥城市公共交通的作用，仅作为城市综合客运体系中的组成部分，满足特殊的出行需求。从世界各国城市出租汽车发展历程来看，出租汽车行业的定位和作用并非一成不变。即使是同一时期各城市的出租汽车发展，也没有统一的定式。各城市都根据自身城市发展阶段,来界定出租汽车发展的地位、作用和功能。

可见,城市发展的阶段性带来了出租汽车地位、作用和功能的阶段性变化,但这并不是说出租汽车与城市公共交通不同的本质属性随着城市进化而发生了改变,而是在不同时期出租汽车所发挥的作用发生了变化。因此,在确定出租汽车行业定位时,应统筹考虑城市形态、规模大小、人口数量、交通发展等阶段性特征以及未来发展方向,考虑道路资源约束、环境保护等问题,将出租汽车放在城市发展的大环境中综合考量,形成适合于当前我国国情和城市发展阶段的出租汽车行业定位。

二、现阶段我国国情下的出租汽车行业定位

出租汽车的行业定位是关系到整个行业如何发展和管理的重要战略选择,是关系到如何确定政府的责任和市场的作用,正确引导出租汽车行业的健康发展的基础性问题。从理论与实践上看,出租汽车行业定位不是一成不变的,关键是选择一个适合我国国情和发展阶段的出租汽车行业定位。从出租汽车行业的准公共物品属性来看,出租汽车虽然同样作为城市综合交通运输体系中服务社会公众的出行方式,但有别于城市公共交通。从出租汽车行业所具有的外部性特征看,它应当介于城市公共交通与私人交通之间,满足社会公众出行需求。从出租汽车服务对象的需求层次上看,应当区别于城市公共交通提供基本出行服务,更多地服务于社会公众的个性化特殊出行需求。因此,根据我国城市出租汽车发展情况,应将我国现阶段出租汽车行业定位为城市综合交通运输体系的重要组成部分,是介于城市公共交通与私人交通工具之间的准公共物品,为社会公众提供个性化的"门到门"便捷运输服务,主要满足社会公众特殊出行和具有一定消费能力群体出行需求的交通方式。

(一)现阶段以发展公共交通为主解决公众基本出行需求

近年来,我国城镇化加速发展,机动化水平不断提高,居民消费水平显著提升,出行需求增长迅猛。一方面,随着城市人口的迅速增加,城际与城乡交通体系进一步融合,客运出行总量持续增加,对城市交通基础设施供给能力和服务水平提出了更高的要求,也给城市客运带来了很大压力。特别是近年来

我国机动化发展水平远超过经济增长速度和城市基础设施供给水平，给城市交通发展带来了新的挑战。另一方面，随着经济社会的发展，面临的能源和环境问题也是日益突出。交通运输行业是能源消耗大户，自2007年起至今，交通运输行业化石能源消耗年均增长率为10.8%，比全社会总能耗年均增长率高出1.06个百分点，成为能耗增长最快的行业之一。未来，随着机动车数量的不断增加，交通运输行业将逐渐成为我国未来能源需求和二氧化碳增长的主要"贡献者"。在建设"资源节约型、环境友好型"社会的背景下，如何满足公众不断增长的出行需求，成为建设服务型政府所面临的重要课题。

城市交通运输体系包括城市公共交通、出租汽车等多种运输方式。从外部性特征来看，出租汽车具有占用道路资源多、运输能力弱、运输效率低、尾气排放大等特点，属于便捷而不经济的一种运输方式。与之相比，城市公共交通则具有集约高效、节能环保等优点。相关研究数据表明，常规公交的运行效能相当于出租汽车的3倍，而能耗水平仅大约相当于其1/8，更不用说大容量城市公共交通。当前，由于出租汽车的定位不准确，以及出租汽车运价的长期偏低等因素，导致出租汽车成为部分社会公众上下班的通勤工具，进一步加剧了交通拥堵和"打车难"。面对严峻的外部形势，单纯依靠发展出租汽车来满足居民出行需求的做法并不可取。在城市综合交通运输体系中，应当根据城市公共交通和出租汽车的不同功能定位，由城市公共交通扮演城市居民出行"主角"，发挥主导作用，鼓励优先发展。出租汽车不属于普遍服务，而是提供效率服务和个性化服务，只应当合理适度发展。因此，应当按照构建"资源节约型、环境友好型"社会的要求，坚持优先发展城市公共交通，合理适度发展出租汽车，这也是缓解交通拥堵、转变城市交通发展方式、提升人民群众生活品质、提高政府基本公共服务水平的必然要求。

（二）建立多层次、差异化的运输服务体系

城市居民需求涉及衣、食、住、行等不同方面，不同需求具有不同层次，其供给方式也有所不同。其中，基本出行服务作为居民需求的重要组成，其供给方式包括私家车、出租汽车、城市公共汽电车、城市轨道交通、自行车和步行等。随着经济社会的发展，城市居民的出行方式和出行习惯不断变化，城市交通结构和形式不断完善，城市交通需求呈现多样化、多层次的特征。为满足

不同群体的消费需求，应当建立多层次、差异化的运输服务体系。

从服务层次上看，城市公共交通实行较低价格，由政府公共财政进行补贴，主要针对一般或较低收入水平的消费群体，提供最基本的大众化出行服务，用于保障居民（尤其是低收入人群）最基本的日常出行，属于普遍服务范畴，具有较强的社会公益性。出租汽车具有方便、舒适、灵活、全天候及“门到门”等特点，具有较高服务水准，主要为收入水平较高、具有一定支付能力的消费群体提供个性化出行服务，其服务对象虽属公众但并非大众，虽属日常生活需要但并非基本生活必需，是一种较高层次的运输服务。出租汽车的共享程度不及城市公共交通广泛，具有更接近于私人物品的性质，虽然其市场性和公益性并行不悖，但“公益性”要弱于“市场性”，适合更多地发挥市场机制的作用。出租汽车的上述属性特征决定了其具有不经济性与不可或缺性。其中，其不经济性是相对于城市公共交通而言，出租汽车是一种效率低、对环境和道路交通压力大、便捷不经济的交通方式，不宜作为城市交通出行的主体形式；不可或缺性是随着消费水平的提高，人们必然对出行提出更高要求，如舒适、方便、快捷等，这些要求是城市公共交通所不能及的，除了私家车能提供这种服务外，便是出租汽车。相对于私家车而言，出租汽车发展更具可持续性，应当保持良性发展。因此，从服务对象上看，城市公共交通侧重于解决大多数人的普遍出行需求，而出租汽车主要解决部分人的特殊出行需求和特殊人群的一般需求。特殊人群应当具备一定的支付能力，对于出行的舒适性、时效性具有城市公共交通难以满足的更高要求。这种多层次、差异化的运输服务体系，进一步丰富了城市的功能。

（三）优化不同运输方式以提高城市运行效率

城市交通是城市经济社会发展的基本载体，发展目标是最优地满足城市居民的出行需求。针对当前我国部分城市存在的城市公共交通发展相对滞后、出租汽车效率较低和过度使用等问题，需要从城市总体运行效率和可持续发展的角度出发，进一步优化协调不同交通方式，提升城市交通运行效率和服务水平，保障城市有序、高效运行。

一是提高城市公共交通发展水平。将大力发展公共交通作为转变城市交通发展方式、提升人民群众生活品质的主要途径，采取多种措施，创建城市公共交通发展新格局。确立城市公共交通优先发展理念，在规划布局、设施建设、技术装备、运营服务等方面，明确城市公共交通发展目标，确立城市公共交通主体定位；发展多种形式的大容量城市公共交通工具，建设综合交通枢纽，优化换乘中心功能和布局，提高站点覆盖率，提升城市公共交通出行分担比例；改善城市公共交通条件，通过提高供给能力和服务水平，增强城市公共交通竞争力和吸引力，方便群众安全、经济、便捷出行。

二是提高出租汽车运行效率。在准确把握出租汽车定位的基础上，科学制定发展政策。合理规划建设出租汽车停靠站点，在机场、车站、码头等公共场所划定出租汽车专用候车区域，方便群众出行；加强出租汽车信息化建设，建立出租汽车服务管理信息系统，优化出租汽车运营管理模式，降低出租汽车巡游比例，减少车辆空驶里程；适度提高出租汽车运价，引导乘客选择城市公共交通出行方式，探索交通高峰时段采取差别化运价，提高驾驶员积极性；创新出租汽车服务模式，发展推广电话约车、约租车服务方式，方便群众乘车，通过高端服务、优质优价，满足社会公众出行多样化、差异化需求。

第二章　出租汽车运力规模

出租汽车运力规模是指根据出租汽车发展阶段、城市人口数量、经济发展水平、城市交通客运量、公共交通分担率等因素，综合考虑出租汽车出行乘用需求，所确定的城市出租汽车数量的总体规模。近年来，随着城镇化的快速发展和城市居民生活水平的不断提高，社会公众对出租汽车的出行需求也在不断增加。针对一些城市发展过程中出现的“打车难”问题，部分人将其归结为出租汽车运力数量管制，建议全面放开管制，而另一部分人对此并不认同，由此形成了不同观点。

本章主要针对是否需要通过管制手段控制出租汽车运力规模存在的不同观点进行论述，并在借鉴部分发达国家和地区经验的基础上，结合我国实际，探索适合我国出租汽车行业发展的运力规模管理之路。

第一节　出租汽车运力规模的主要观点

出租汽车运力规模的焦点在于是否通过管制手段控制出租汽车数量规模，对此存在三种不同观点：

一、观点之一：主张实行数量控制

数量控制指政府通过建立出租汽车调控指标体系，并根据经济发展水平、市场供求关系和城市化进程等因素进行科学测算，合理确定和调控出租汽车运力投放数量。主张实行数量控制的理由主要有：

(一)市场机制无法实现出租汽车运力规模的自我调整

有专家认为，完全的市场机制与出租汽车属性、市场条件、供求关系等因素并不适应，无法实现对出租汽车运力规模的自我调整。

首先，从属性上讲，出租汽车是一种准公共物品，它不是为特定人或特定人群服务的，是为社会公众服务的。在部分中小城市，公共交通不发达，出租汽车往往是重要的交通工具。同时，在有特殊出行需求时，如去看病、去偏远地区等，可能除了乘坐出租汽车而别无选择。因此，必须根据城市发展的实际情况科学确定出租汽车运力规模。

其次，从市场条件看，出租汽车的市场竞争并不充分。从事出租汽车经营需要政府允许，要满足一定条件才可以开业，不是谁都可以随便进入。运价需要经过相关部门的审批，且要严格执行，不允许根据市场行情自行调整。这些都与市场经济条件下的完全竞争行业存在显著区别。

最后，从现实情况出发，出租汽车行业存在"市场失灵"现象。有的城市出租汽车运力严重过剩，满街巡游找客，空驶率较高，但有些驾驶员并不愿意退出市场，而是通过抢客、宰客等非法手段来获取利益，严重侵害了公共利益。因此，仅仅依靠市场机制无法实现运力规模的科学调整，政府应把握适度供给的原则，对出租汽车数量进行控制。

（二）实行数量控制有利于缓解交通拥堵

有人认为，出租汽车需要占用城市道路等公共资源，与城市公共交通相比，出租汽车的运行效率较低，因此不能任其自由发展，需要进行数量控制。

第一，城市道路资源本身有限，仅仅考虑某种单一运输方式的需求存在缺陷。城市道路不仅要满足出租汽车的行驶需要，而且要满足城市公共汽电车、社会车辆、非机动车和行人的通行需要。出租汽车作为城市交通的一部分，其需求数量应当从提高城市交通通行效率出发，纳入城市交通发展规划统筹考虑，因此需要进行数量控制。

第二，与国家鼓励优先发展城市公共交通相比，出租汽车并不属于优先发展的领域。大力发展城市公共交通，已经成为许多城市特别是大城市缓解交通拥堵的普遍做法。不难想象，一辆大型公交车一次可以乘坐上百人，而一辆出租汽车满载也就是四人。如果一辆公交车的人全部改乘出租汽车，这需要多少辆出租汽车？显而易见，与城市公共交通相比，出租汽车不应属于优先发展的对象，对其采取数量控制的"限制发展"措施也是理所当然的。

(三)实行数量控制有利于降低污染

控制机动车尾气排放已经成为治理城市空气污染的重要手段之一。2013年初,我国华北地区、中东部地区持续遭受雾霾天气影响,部分城市空气一度出现重度污染,PM2.5监测指数达到峰值(500微克/立方米),甚至出现"爆表",详见专栏2-1。

专栏2-1

空气变"毒气"

2013年1月12日,中国环境监测总站网站《全国重点城市空气质量24小时均值》显示,北京市的可吸入颗粒物浓度为786微克/立方米,天津市的可吸入颗粒物浓度为500微克/立方米,石家庄市的可吸入颗粒物浓度为960微克/立方米。截至13日零时,全国74个监测城市中,有33个城市的部分监测站点监测数据超过300微克/立方米,即空气质量达到了严重污染。面对如此高的监测数值,不少网友惊呼"空气有毒"。

来自环保部门的数据表明,如今的城市污染已经由过去的煤烟型污染转成以机动车尾气排放污染为主。如图2-1所示,就不同污染源类型对PM2.5的"贡献"来看,机动车占22.3%,燃煤占16.7%,扬尘占16.3%,工业占15.7%。不难看出,控制城市特别是大城市机动车数量,从源头减少排放,已是大势所趋。

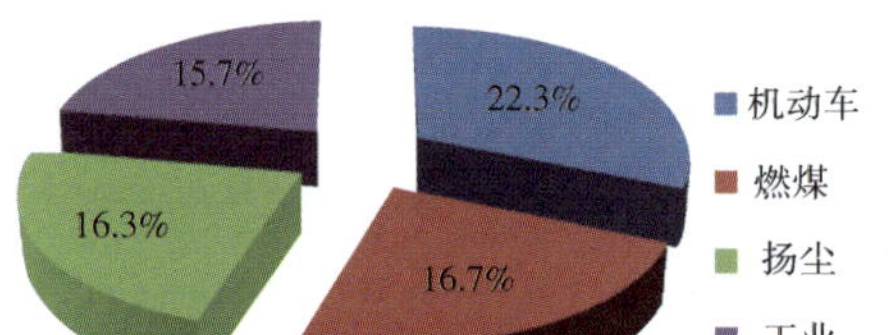

图2-1 不同污染源类型对空气质量的影响

对于出租汽车而言,与私家车相比,由于长时间在城市道路行驶,排放大量尾气对空气造成污染,是PM2.5的来源之一。放开出租汽车数量控制,不仅会导致城市机动车数量增加,使道路交通更加拥堵,而且由于出租汽车持续低速行驶或频繁加减速,既会增加能耗,又会加大尾气排放量。

(四)实行数量控制有利于避免行业过度竞争

有人认为,出租汽车行业就业灵活,收入也相对稳定,对劳动者的素质要求相对不高。一旦放开数量控制,势必造成运力的盲目进入,过度竞争的直接后果就是现有出租汽车驾驶员的收入减少。在不能提高出租汽车运价的情况下,为降低运营成本,增加运营收入,只能采取减少车辆养护、延长报废年限、增加工作时间等方法,甚至违法违规来获取利益,这会导致出租汽车服务质量显著降低,也不利于出租汽车行业长远发展。

二、观点之二:主张放开数量控制

近一段时期,一些城市出现了“打车难”等问题,社会公众和一些专家学者及部分新闻媒体认为,“打车难”问题的根源在于出租汽车行业数量控制政策,认为政府不能科学确定出租汽车数量,无需进行数量控制,应当放开出租汽车市场,以解决供需矛盾。有专家认为:“无论是公众普遍为之痛苦的‘打车难’、态度差、价格高,还是驾驶员们反映的‘份钱’居高不下、司企关系紧张、‘黑车’屡禁不止,以及政府部门头痛出租汽车、担心出租汽车的问题,归根结底是出租汽车行业一直没有打破垄断格局。”归纳起来,主张放开出租汽车数量控制的理由主要包括以下方面:

(一)数量管制造成出租汽车供给不足

有人认为,由于出租汽车数量管制,导致出租汽车市场供给严重不足,与消费需求刚性增长的冲突长期不能解决,从而派生出“打车难”、态度差、价格高、“黑车”多等一系列问题。出租汽车数量管制的最大受害者是广大消费者,在汽车价格不断降低,交通运输业高度发达的今天,许多城市却面临着“打车难”的困境。因此,只有全面放开出租汽车数量管制,才能给公众带来利益最大化,才能让广大人民群众得到最大好处。形成全面放开、没有数量限制、人人均可进入、自由竞争的出租汽车市场经营格局,能够使广大消费者以最低的价格获得最方便、最多元、最优质的市场化服务。作为竞争性领域,出租汽车行业应该与餐饮业一样,完全自由进入、自由发展,没有必要进行数量管制。设想,如果用行政手段来控制饭馆的总量及其规模的话,我们还能享用丰富多彩、物美价廉的饭菜和微笑服务吗?至于出租汽车的多少,则完全可以交给市场去调节。出租汽车数量太多,驾驶员挣不着钱,就会自己退出去;如出租汽车驾驶员有利可图,就会接着干。

(二)数量管制造成利益分配不均

有人认为,由于数量管制,导致无形的出租汽车经营权一路溢价,又由于部分地区经营权界定不清晰，造成出租汽车公司与驾驶员、出租汽车车主与驾驶员之间经营权纷争不断，易引发不稳定事件。

有人认为，因为数量管制和准入限制，使出租汽车行业没有办法进行正常的市场自由竞争，从而带来垄断暴利。无论是出租汽车公司还是个体出租汽车车主，谁持有稀缺而垄断的出租汽车经营权，谁就拥有垄断利润，谁就能坐享源源不断的红利。这实际上是一种公共资源被拿来私用，为少数人创造利润。对没有出租汽车经营权的驾驶员而言，一方面，因为“别无他店，唯有我车”的垄断格局，造成出租汽车驾驶员容易发生拒载、挑客、甩客，甚至强行拼客等行为；另一方面，驾驶员们又普遍面临需要向经营权所有者即出租汽车公司或车主缴纳“份钱”，经营压力大，工作负担重。对于消费者来说，不仅得不到好的服务，打车也很困难。

有人认为，经济学家丹尼斯·缪勒提出“政府可以帮助创设、提高或者保护某个集团的垄断地位，在这样做时，政府会使既得利益集团的垄断租金增加”，这种对租金的追逐行为就是寻租。寻租理论把政府的控制过程，看成是一个寻租过程，并由此认为现有出租汽车经营主体出于垄断的动机，倾向于通过各种合法或者非法的努力，来达到使政府减少或控制出租汽车数量的目的，从而帮助其建立和维持垄断地位并获取高额垄断利润。政府对出租汽车数量实施总量控制，一定程度上维护了现有出租汽车经营主体的垄断地位。

（三）数量管制影响行业服务质量

有人认为，有效率的市场会通过竞争实现优胜劣汰。在服务行业，服务水平是体现服务提供者行业竞争力的重要方面。因此，在竞争条件下，为提高自身竞争力，出租汽车驾驶员需要通过优质服务来保持竞争优势。而良好的服务质量，体现在驾驶员对乘客的礼貌态度、诚信度以及对当地人文、交通地理信息的掌握程度等各个方面。然而，一旦出租汽车行业实行严格的数量管制，竞争者就立即被排除在外，甚至入行者退出都需要经过复杂的程序。由于出租汽车行业内部因数量管制而造成竞争机制缺失，从业者的服务质量和收入水平不再相互关联，使驾驶员丧失了提升服务水平的动力，造成拒载、绕道、宰客等行为时有发生。出租汽车行业就容易出现“劣币驱逐良币”效应——富有经验的老驾驶员陆续被缺乏经验的新手所取代的现象。

（四）数量管制催生“黑车”群体

有人认为，数量管制政策并没有实现其控制出租汽车数量的目的。虽然表面看来，正规经营的出租汽车确实被限定在一个严格的数量内，但市场会针对数量管制进行自我适应性调节，催生了一个庞大的“黑车”群体。一个城市，如果出租汽车数量不够，“黑车”就会上路弥补这部分市场需求。事实上，出租汽车数量控制政策的实施，也由于“黑车”的大量存在而相对失效。

（五）出租汽车行业应充分发挥市场机制调节作用

有人认为，市场是供求关系的调节器，而且是最有力、最灵活的调节器。市场的这种自我调节功能，以需求为核心，即市场能够提供满足相应需求的供给。在自由竞争的市场条件下，需求一旦产生，则满足其所需数量、质量及多样性的供给必然出现。市场的作用，就是向需求和供给双方传递信息，从而调节经济资源，实现行业的高效率运作。反映到出租汽车市场，道理同样简单。在自由竞争的出租汽车市场环境中，随着出租汽车行业的不断发展和完善，出租汽车的供给会持续地适应各种需求形式，从而在数量、质量以及多样性上满足市场的需要。

（六）放开数量控制有利于促进社会就业

有人认为，如果取消出租汽车数量控制，全面放开出租汽车市场，让每个人公平进入这个市场寻求自由发展，既能拉动 GDP，又可以增加就业岗位，从而使中国城乡每个地方的人们，出行问题得到解决，这就是市场经济的好处。如同餐馆业、服装业等行业一样，服务网点在每一个可以赚到钱的角落自发出现，自然繁衍，自由竞争，服务市场，繁荣市场。

三、观点之三：主张间接控制数量

针对出租汽车数量控制问题，一些专家学者不像主张数量控制观点和放开数量控制观点那样绝对，而是主张走中间路线，认为应充分借鉴西方发达国家经验，通过设立严格的准入门槛，从驾驶员从业资格、车辆车型条件、服务质量管理等方面，间接对出租汽车总体数量进行控制。主张间接控制数量的理由主要包括以下方面：

（一）直接数量控制和放开数量控制都存在一定弊端

有人认为，直接数量控制，是用行政手段调控市场无形之手，难以真实、快速反映市场需求，同时实施直接数量控制，由于信息等不完整、滞后性，反馈机制滞后等原因，容易导致政府设定的出租汽车数量控制目标与市场需求出现偏差。与市场“失灵”相比，政府“失灵”更可怕。因此，直接的数量控制，其效果并非最佳。而完全放开数量控制，除了容易加剧城市交通拥堵和污染排放外，还会导致无序竞争，造成出租汽车公司效益与驾驶员收入降低，从而引起出租汽车行业已有从业者的严重不满，容易影响出租汽车行业的稳定。

（二）间接数量控制对保障服务质量效果更明显

从发达国家经验看，20 世纪 80 年代起，西方国家开始讨论是否解除出租汽车行业管制，部分国家首先解除出租汽车的数量控制，希望解除控制后出租汽车行业规模趋于扩大，价格趋于下降，而服务质量和安全水平有所提高。但事实上，解除出租汽车市场数量控制，并未达到预期效果，许多城市甚至出现了相反情况，美国放松数量管制情况详见专栏 2-2。20 世纪 90 年代中期以后，欧美国家对出租汽车市场改革的趋势，转为逐步放松或者取消直接的数量控制，采取了提高驾驶员从业准入门槛、提高车辆车型标准、强化服务质量与安全监管等方式。这既有效实现了对出租汽车数量的间接控制，又显著提升了出租汽车行业服务质量，取得了良好效果。

专栏 2-2

美国放松数量管制做法

1979—1984 年间，美国的一些城市陆续放松对出租汽车市场的数量管制。其中，有 16 个城市实质性地放松对出租汽车营运牌照的管制。从效果来看，出租汽车数量大幅增加，如西雅图几年间增加了 33%，菲尼克斯增加了 83%，但预期的价格竞争并没有出现，市场集中度降低的同时，越来越多的个体出租汽车经营者倾向于在固定场所候客，非生产性时间增加，生产率下降，加之运价上涨，驾驶员收入受到影响，下降幅度达到 30% 左右。在出租汽车服务质量方面，电话召车的反应速度也没有提高，相反在西雅图等城市，由于车辆使用年限还普遍延长，在某种程度上降低了出租汽车服务质量。

第二节　出租汽车运力规模案例分析

本节将对美国纽约、中国香港、英国伦敦、新西兰等地的出租汽车运力规模管理政策进行介绍和分析。从不同城市的案例中可以看到，随着经济社会的不断发展，城市出租汽车的运力规模管理方式也在不断地变化。

一、美国纽约：直接数量控制

纽约市是美国第一大城市及第一大商港，也是世界的经济中心，被人们誉为世界之都，位于纽约州东南部。截至 2010 年年底，纽约市区人口为 918 万余人（大纽约都会区人口大约为 1988 万多人），城市面积为 790 平方公里。目前，纽约市共有 13148 辆传统出租汽车（图 2-2），44816 名传统出租汽车驾驶员；40046 辆电召约租车（图 2-3），53036 名约租车驾驶员；2543 辆其余类型出租汽车，2155 名其余类型出租汽车驾驶员。传统出租汽车车身为黄色，可通过扬手招车、出租站点等候或接受预定提供服务，由数家规模较大的出租汽车公司经营，并且 90% 以上的车型为维多利亚皇冠，如图 2-4 所示；而电召约租车只能通过电召提供服务。

图 2-2　纽约黄色出租汽车

纽约市出租汽车历史悠久。1907 年春，美国富家子弟艾伦同他的女友去纽约百老汇看歌剧。散场后，他去叫马车（图 2-5），问车夫要多少钱，车夫竟要了平时 10 倍的车钱。艾伦与车夫争执起来，结果被车夫打倒在地。艾伦伤好后，为报复车夫，就设想利用汽车来挤垮马车。他请一个修理钟表的朋友设计一个计程仪表，并且给出租汽车起名为“Taxicar”，意思是“计程车”。1907 年 10 月 1 日，装有计程仪表的 65 辆出租汽车首次出现在纽约的街头，并很快风行全球。出租汽车很快淘汰了双轮双座马车，艾伦的出租汽车也迅速达到 700 辆。在以后的几十年里，这种新型交通方式不断发展壮大起来。

a)

b)

c)

d)

图 2-3　纽约电召约租车

图 2-4　纽约维多利亚出租汽车

图 2-5　19 世纪末 20 世纪初的美国出租马车及车夫

1923 年，纽约市出租汽车由数家规模较大的出租汽车公司经营，总体数量已达 1.5 万辆。由于当时出租汽车行业进入门槛很低，造成了出租汽车数量增长过快，出现了供大于求的局面。特别是 1929—1933 年发生“经济大萧条”后，失业工人大量涌入出租汽车行业，使供给过剩的形势更加恶化。到 1931 年，纽约市出租汽车数量已增至 2.1 万辆。出租汽车数量过剩，导致出租汽车服务质量无法保证，并产生了大量社会稳定问题。1937 年，纽约市政府通过立法对出租汽车数量实施管制，将出租汽车牌照总量控制为13595张。由于经济状况不佳，到20世纪40年代，纽约市实际运营的出租汽车只有不到1.2万辆。1971年，纽约市设立出租汽车和轿车委员会，负责制定纽约市出租汽车行业规范，颁发出租汽车运营执照，指定使用车型，制定运营价格和服务标准等，监督行车安全和尾气排放，处理各种违章和投诉等。该委员会对出租汽车数量、运行的方式和范围、收费标准、安全标准、服务规范等都有十分详细的规定。至今，纽约市传统出租汽车数量仍基本保持不变。

二、中国香港：直接数量控制

中国香港是世界上最繁忙的国际大都市之一，面积1100平方公里，人口约711万人。目前香港特区政府对出租汽车运力实施数量控制，主要通过配额拍卖牌照的形式来实现。香港特区政府综合考虑市民需要、交通咨询委员会等机构建议、出租汽车行业和城市公共交通发展现状、环保要求及道路承载能力等方面因素，确定出租汽车牌照的拍卖时间及拍卖的最低价格，最终以招标方式向公司和个人公开拍卖。

根据运营范围的不同，香港的出租汽车可分为红色市区的士、绿色新界的士和蓝色大屿山的士三类。各类出租汽车均可提供巡游载客、站点候客或电召预约服务。截至2010年年底，红色市区的士、绿色新界的士和蓝色大屿山的士分别有15250辆、2838辆和50辆，总量约占机动车保有量的3%。红色市区的士、绿色新界的士和蓝色大屿山的士的运营范围及数量见表2-1。

据香港运输署记录，1947年已登记及领牌的出租汽车数量为329辆，1960年突破1000辆。1964年，政府改以公开招标方式向公司或个人拍卖出租汽车牌照，从此个体也可进入出租汽车行业，这促使出租汽车总量快速增长。至20世纪60~80年代末，出租汽车总量分别突破3000辆、8000辆、17000辆。至20世纪90年代中期，香港出租汽车数量趋于饱和。图2-6所示为自1990年起，香港市区的士、新界的士和大屿山的士牌照发放以及出租汽车的数量变化情况。香港在1992年和1993年暂停发放牌照。此后，香港在1994年、1997年分别拍卖了400个和10个牌照。

香港出租汽车基本情况

表 2-1

类　别	运营范围	发牌起始时间	2010 年数量	车辆外观
市区的士	香港绝大部分地方(东涌道及南大屿山的道路除外)	1964 年	15250 辆	
新界的士	新界东北部(即沙田以北)及西北部(即荃湾以北)	1976 年	2838 辆	
大屿山的士	大屿山(愉景湾除外)、赤鱲角及迪士尼乐园	1983 年	50 辆	

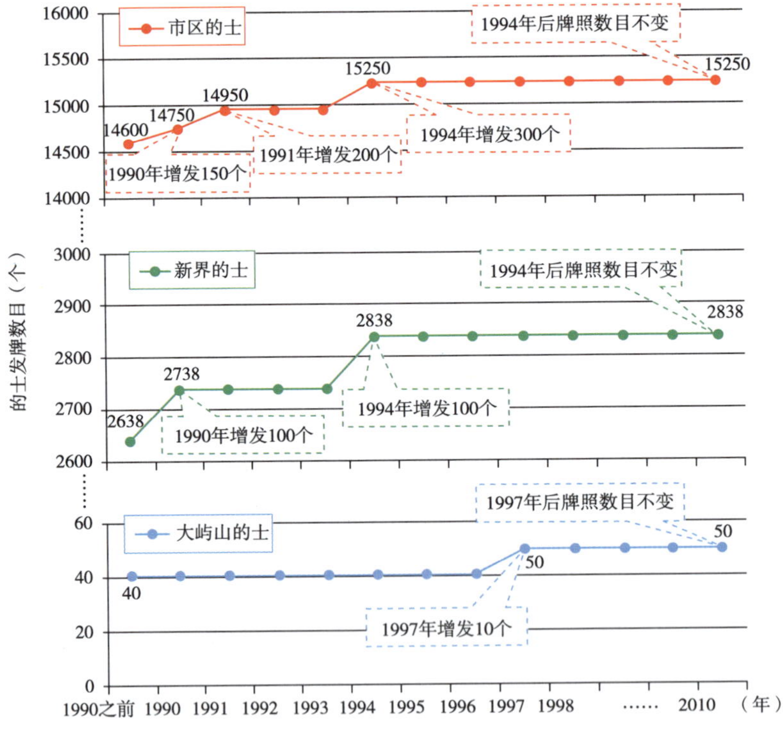

图 2-6　1990 年以来香港出租汽车牌照发放数量变化

三、英国伦敦:间接数量控制

伦敦市出租汽车分为传统出租汽车(Hackney Carriage,HC)和预约出租汽车(Private Hire Vehicle,PHV)。传统出租汽车,车身为黑色,如图2-7所示,所以又称黑色出租汽车,可通过扬手招车、出租站点等候或接受预定提供服务;而私人预约出租汽车(图2-8),包括迷你轿车、高级轿车和豪华轿车等多种类型,只能通过预定提供服务。目前,伦敦市共有22500辆传统出租汽车,25150名传统出租汽车驾驶员;51300辆预约出租汽车,62200名预约出租汽车驾驶员。

图2-7 伦敦黑色出租汽车

图2-8 伦敦私人预约出租汽车

出租车起源于英国伦敦。1620年,伦敦市出现了第一家四轮马车出租车队,如图2-9所示,尽管整个车队只有四辆马车,但是车夫们穿着统一订做的制服,行驶于街道上,还是引来了众人的关注。这一行业由此也开始迅猛发展起来。1630年,英国当局制定了法律,用以规范出租马车业发展。经过多年的发展,出租马车法规得以不断完善。

图2-9 伦敦17世纪20年代四轮出租马车

1654年,英国议会颁布了出租马车管理法令,并给出租马车主发放营业许可证。1847年颁布了《市镇治安管理条例》,形成了现代出租汽车管制法律的雏形。该条例授权地方政府管制出租马车数量,建立了沿用至今的出租汽车营业许可制度,此外还授予地方政府很多自主权,使得各地出租马车管制差异较大。依据相关法律,英国各地对出租汽车的管制主要包括三个方面：数量管制、服务和安全标准管制以及运价管制。1985年以前，英国大多数地区（不包括伦敦市）对出租汽车实行数量控制。据统计，1985年在英国全国369个独立的管制辖区中，有274个实施数量控制，占总数的74.3%。

为了治理城市交通拥堵，伦敦市自1635年开始对出租马车数量进行管制。到1833年，随着道路设施逐步改善，出租马车数量管制又被取消。从此，符合法定条件的驾驶员和车辆均可以获得牌照，伦敦市政府部门不再设定数量限制。尽管伦敦市没有对出租汽车数量实施直接管制，但是通过对出租汽车驾驶员实施严格的考试准入及动态监管，成为间接调控出租汽车总量的有效手段。

要成为伦敦市出租汽车驾驶员，申请人需要通过所有考试取得出租汽车从业资格证件，这一过程需要3～4年时间。如表2-2所示，取得出租汽车从业资格必须符合以下五个方面条件：一是达到年龄标准。申请人需要年满21周岁。二是品行要求。政府部门只对其认为安全和诚实可信的驾驶员发放证件，申请人需要通过英国犯罪记录局（CRB）审查合格，没有诸如暴力犯罪、强奸及性骚扰等不适于从事该职业的记录。三是身体健康检查。出租汽车驾驶员作为以载客为职业的专业人员，他们的身体状况应到达英国运输部驾驶员与牌照管理局（DVLA）规定的第二组健康状况标准，相当于客运和货运驾驶员的标准，若申请者患有癫痫、视力差、严重糖尿病和心脏病等，将会被拒绝颁发证件。四是交通路线寻找技能。伦敦市运输局组织的知识测试，考试知识点多、考试周期长、考试难度大、考试通过率低。该考试侧重评价出租汽车驾驶员的路线寻找技能（图2-10），包括初步面谈、自我评估、笔试和面试等多个环节，需要掌握全市320条主要线路（包括任意起讫点间最佳往返路线及其附近半英里相关信息）、2.5万条街道和4万个交通信息点等。五是驾驶能力考核。申请人必须具有正式的英国运输部驾驶员与牌照管理局（DVLA）颁发的驾照或者北爱尔兰、欧洲经济区（EEA）国家的驾驶执照，并且须通过英国运输部驾驶标准局（DSA）的出租汽车驾驶技能测试。预约出租汽车驾驶员除应持有符合规定的驾驶执照外还要有3年及以上的驾驶经验。

伦敦市出租汽车驾驶员从业资格条件 表 2-2

项目	传统出租汽车驾驶员	预约出租汽车驾驶员
年龄	须21周岁以上	须21周岁以上
品行	英国犯罪记录局(CRB)审查合格	英国犯罪记录局(CRB)审查合格
身体健康状况	达到英国运输部驾驶员与牌照管理局(DVLA)规定的第二组健康状况标准	达到英国运输部驾驶员与牌照管理局(DVLA)规定的第二组健康状况标准
路线寻找技能	通过知识测试(初步面谈、自我评估、笔试和面试)	通过知识测试(初步面谈、自我评估、笔试和面试) 具有地图阅读和路线计划能力
驾驶能力	具有正式的英国运输部驾驶员与牌照管理局(DVLA)颁发的驾驶执照或者北爱尔兰、欧洲经济区国家的驾驶执照 通过出租汽车驾驶技能测试	具有正式的英国运输部驾驶员与牌照管理局(DVLA)颁发的驾驶执照或者北爱尔兰、欧洲经济区国家的驾驶执照 具有3年及以上驾驶经验

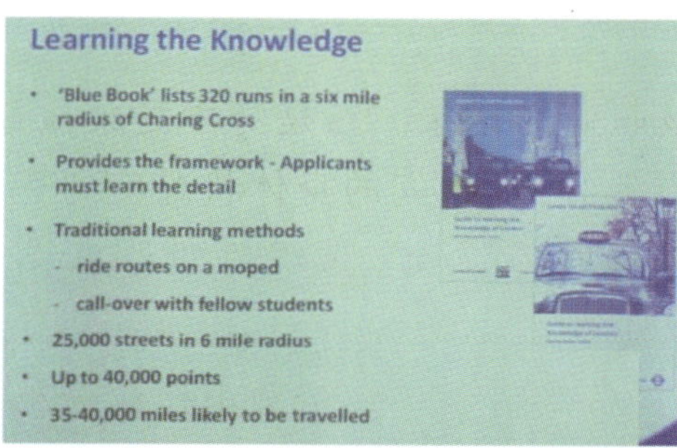

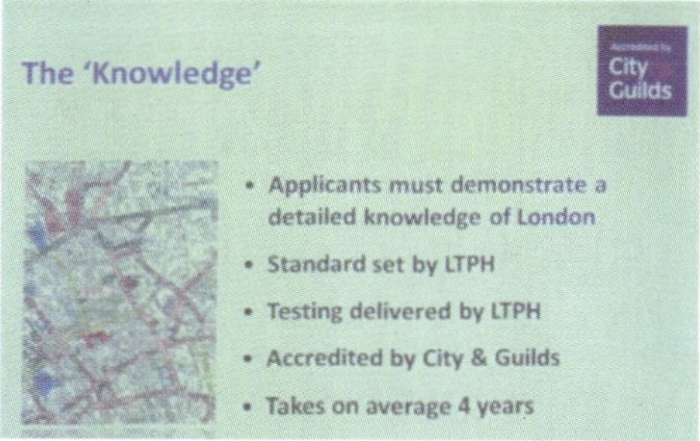

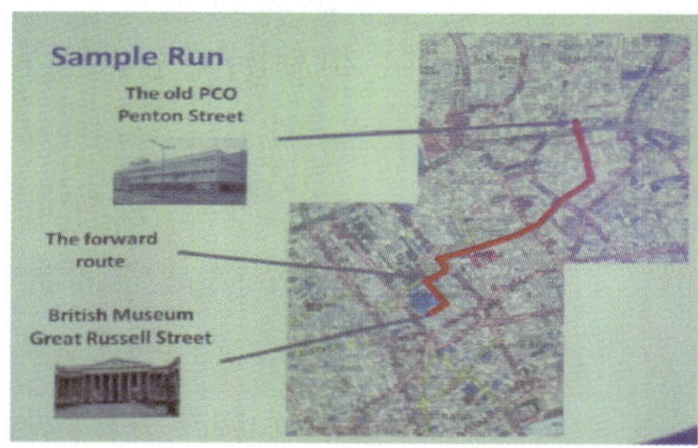

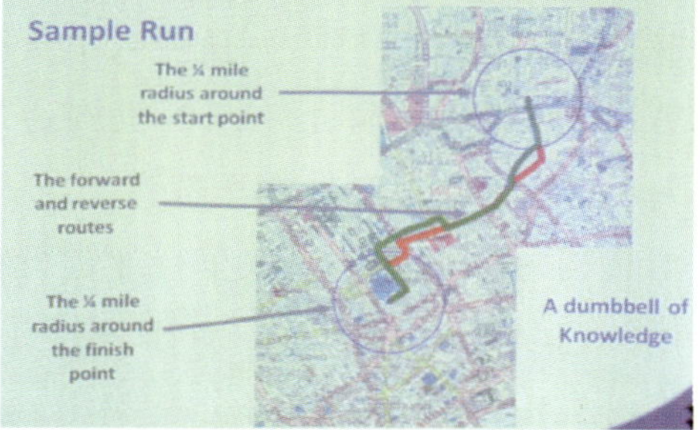

图 2-10 知识测试侧重路线寻找技能

对已经取得从事出租汽车驾驶员从业资格的人员，伦敦市运输局还对其实行严格动态监管。一是证件设立有效期。伦敦市出租汽车驾驶员从业资格证有效期为3年，有效期届满前申请换证，过期作废。换证时需提供近期照片、驾驶执照及出租汽车驾驶员从业资格证件，并需要对从业行为和无犯罪记录等内容进行再次审查。二是定期参加体检。出租汽车驾驶员年满45周岁后，需每5年进行一次体检，年满65周岁后需每年进行一次体检。三是持续接受教育。出租汽车驾驶员需要接受英国运输部驾驶标准局的安全教育，从业人员素质较高，主动学习、不断提高职业能力已成为自发需求，政府部门还通过开展专项活动等方式引导从业人员提升素质。四是联合开展市场监管。地方政府与警方联合开展监督检查，保证出租汽车服务质量。伦敦市运输局共有150名工作人员负责出租汽车管理，伦敦市警察局有56名专职警察负责对出租汽车进行执法检查，查处违反出租汽车管理规定的驾驶员。在全球最佳出租汽车评选的7项指标中，伦敦市的黑色出租汽车有5项被评为第一，分别是最安全、最友善、最干净、驾驶质量最佳和地理情况了解最全面。

四、新西兰：放松数量控制

新西兰位于太平洋西南部，主要由南北两大岛屿组成，国土面积近26.9万平方公里，人口约为417万（截至2009年）。

（一）放松数量控制前的做法

1984年前，新西兰出租汽车管理主要包括运营准入限制、地域限制、价格管制、车辆技术状况要求、从业人员资格认定等几个方面。在出租汽车数量控制方面，新西兰运输证件许可机构通过“客运服务许可证”（Passenger Service License，PSL）控制出租汽车数量。对人口在2万以上的城市，新西兰运输证件许可机构每三年对出租汽车行业进行检查，并进行测算分析后，决定是否需要新增“客运服务许可证”。对于人口在2万以下的小城市，则由新西兰运输证件许可机构自行决定检查分析频率。“客运服务许可证”可以进行转让，但必须到新西兰运输证件许可机构进行登记，并进行公开听证，获得同意之后方可完成转让。

(二)放松数量控制后的做法

1984年起,新西兰掀起了激进的市场化改革。交通系统改革是其中的重点之一,尤其是陆上交通系统。政府将行业准入限制、数量限制全部放开,将此类调整杠杆交由市场;而政府的关注重点,限于安全保障和服务质量控制。但由于出租汽车行业工会代表的强烈反对,当年通过的《1983年运输法修正案》(the Transport Amendment Act 1983)中没有涉及出租汽车行业改革。至1989年,新西兰全国出租汽车共有2762台,而私家车的普及率却大幅度提高,导致出租汽车行业的服务对象很窄,成为了社会的奢侈品。1989年11月11日,新西兰《1989年运输服务许可法案》颁布实施,开始对出租汽车行业进行改革。

出租汽车行业实行改革后,出租汽车数量出现了大幅增长,外观也多式多样,如图2-11所示。至1994年,新西兰出租汽车数量升至4079辆;至2004年,达到8087辆。人口集中的大城市的出租汽车数量增长尤为明显。以首都

a)

b)

c)

图2-11　新西兰出租汽车外观

惠灵顿为例,1989 年共有出租汽车 454 辆,1994 年出租汽车数量增至 932 辆。但是,小城市的出租汽车公司和出租汽车数量都出现了暴跌。人口在 5000 人以下的市镇,出租汽车行业已逐渐消失。

改革后,新西兰政府对出租汽车行业实行放松数量管制,但加强了质量控制,具体有以下做法:

1. 没有数量限制,但"客运服务许可证"申请程序严格

在新西兰,任何个人都可以申请"客运服务许可证",但必须具备以下条件:一是进行公示。申请者必须在 7 天之内以媒体广告的方式,公示自己准备申请"客运服务许可证",并作为证据提交给新西兰运输证件许可机构。二是完成三种考试。分别是所运营区域的地理知识考试、安全知识考试和管理措施考试。每种考试都为开卷形式,题型为多项选择题,时间为 1.5 小时,80 分以上为合格。三是向新西兰运输证件许可机构申请检查自己的财务和信誉状况,以证明自己可以从事出租汽车客运业务。四是提交姓名、住址等档案材料,以便于后续检查。以上所有条件符合者,将材料全部递交给新西兰运输证件许可机构。申请人所提供的材料如全部真实、可靠,那么新西兰运输证件许可机构没有任何理由拒绝该申请人获得"客运服务许可证"。

2. 驾驶员要求取得"客运资格证"

新西兰出租汽车驾驶员必须取得有效的"客运资格证"(Passenger Endorsement,PE)。假如取得"客运服务许可证"的人兼做驾驶员,则必须取得"客运资格证";假如取得"客运服务许可证"的人雇人开车,则本人可以不取得"客运资格证",但受雇的驾驶员必须取得"客运资格证"。如未取得"客运资格证"而进行出租汽车载客运营,则为违法行为。对"客运资格证"的申请,相对于"客运服务许可证"来说,更加严格。申请者要通过"客运资格证"考试,以证明自己掌握相关法律规定,对自己在载客运营时的责任义务也很清楚。具体要达到以下条件:一是"客运资格证"申请者必须提交体检报告,尤其是眼科检查合格的报告;二是提供其身份证明的公证书、地址证明,其签名还要经过电子处理存档等。以上仅是申请参加"客运资格证"考试时所需提供的材料;三是新西兰运输证件许可机构有权在验证这些材料的时候,加入面试程序,并最后给出申请人是否合适从事出租汽车运营的决定。驾驶员如有"犯罪记

录”，则不宜从事出租汽车经营。曾有200多名驾驶员因为犯罪记录而被认定为是“不合适”的驾驶员。

3. 加强出租汽车公司管理的约束力

1989年后，出租汽车公司的地位得到了加强，这是新西兰政府放松出租汽车数量管制，但要求加强质量管制后必然的选择。所有“客运服务许可证”的取得者，必须隶属于某一出租汽车公司方能经营出租汽车业务。出租汽车公司必须达到以下要求：一是公司必须提供每天24小时，每周7天，每年365天不间断的电话预约出租汽车的服务。如获得当地市政委员会的许可，可以暂时歇业；二是必须统计属下出租汽车车队的数量；三是加强公司属下所有从业人员的资格管理，如“客运服务许可证”取得者、受雇驾驶员个人信息的更新等；四是提供投诉服务和投诉处理；五是保证本公司的驾驶员取得运营地区的地理知识考试合格证书，具备一定的英语口语交流能力；六是对于本公司的所有变更情况，须第一时间告知政府管理部门；七是保证客运服务许可证取得者和驾驶员都遵守政府管理部门颁布的法律法规；八是公司可以自行决定出租汽车运价，但运价作任何调整，都要向政府管理部门备案；九是无论出租汽车公司大小、所在城市的人口规模大小，出租汽车最高使用年限为10年，到期后进行强制淘汰。

第三节　我国国情下的出租汽车运力规模

一、运力规模管理的理论分析

出租汽车运力规模可分为预设限额和不预设限额两种，分别对应于“主张实行数量控制”和“主张放开数量控制”两种观点。所谓预设限额是指政府根据出租汽车发展定位、社会经济发展水平、市场供求关系和城市化进程等要求，对出租汽车需求进行科学测算，合理确定和调控出租汽车运力投放总量或预先确定每个时段的营业牌照的增加特定数额，是政府实施出租汽车行业管理的基本手段。不预设限额是指市场根据出租汽车的供求关系自动调节出租汽车的进入与退出，从而实现出租汽车运力的自我调整。这两类出租汽车运力规模管理方法的主要区别在于决策主体不同。预设限额的运力规模管理，其决策主体是政府，而不预设限额的运力规模管理，其决策主体是市场。

（一）以政府主导的运力规模管理方式

基于出租汽车的准公共物品特性和较为明显的负外部性特征，以及需要占用具有显著“公共池塘”资源特性的城市道路资源，决定了出租汽车的运力规模应当以政府为主导，由政府对出租汽车运力规模进行数量管理。具体原因如下：

1. 出租汽车具有准公共物品性质

与大容量公共交通一样，出租汽车也是为城市公众提供出行服务的客运方式，其服务对象面向社会全体成员，任何人只要付费就可以乘坐出租汽车，具有服务对象的非特定性、服务的共享性和公用性的特点。但是，出租汽车是一种较高层次的运输服务，主要为支付能力较强的消费群体以及有特殊要求的消费群体提供个性化的服务，其公益性与城市公共交通相比相对较弱。同时，通常出租汽车运价是法定的，出租汽车公司及驾驶员之间只能从服务质量上展开竞争，具备有限的非竞争性。因此，出租汽车是介于城市公共交通与私人交通工具之间的准公共物品。

根据管制经济学理论，在市场经济条件下国家通过管制作为干预经济政策的重要手段。为实现某种公共政策目标，政府需要对微观经济主体进行规范与制约，具体体现为通过管理部门对特定产业和微观经济活动主体的进入、退出、价格、投资及涉及环境安全、生命健康等行为进行监管来实现。日本经济学家植草益将这种政府规制分为经济性规制和社会性规制。其中，经济性规制是指对存在自然垄断和存在信息不对称的领域，为了防止资源配置低效和确保使用者的公平利用，政府运用法律手段，通过许可和认可等手段，对企业的进入、退出及提供产品或服务的价格、数量和质量等有关行为进行规范和管制。具体到出租汽车行业，由于出租汽车所具有的准公共物品特性，政府对出租汽车进行数量控制，就是这种面向公共政策目标的管制经济学理论的具体应用。

2. 出租汽车行业的负外部性特征明显

出租汽车在城市道路上行驶时，特别在交通高峰期对城市道路资源的占用，以及汽车尾气排放引起的环境问题，必然影响到其他交通工具和其他群体的利益。因此,出租汽车行业的负外部性非常明显。

按照社会性管制的观点,政府针对企业的行为造成诸如产品质量、职业卫生和安全等负内部性和环境污染等负外部性的市场失灵,应该采取管制。在城市道路承载能力有限的情况下,一旦不设门槛而完全开放出租汽车市场,很可能会因出租汽车数量激增而造成道路交通拥堵,影响着城市功能的正常发挥,影响着城市公民的出行和生活质量。因此,应站在社会利益最大化的角度,将城市出租汽车的投放数量纳入城市发展规划进行相应调控,而不是单纯由出租汽车市场供求来决定。

3. 出租汽车运营占用有限的公共资源

2009 年诺贝尔奖经济学得主埃莉诺·奥斯特罗姆在公共资源管理领域提出公共池塘资源理论(Common-pool Resources,CPR),认为公共池塘资源是一种人们共同使用整个资源系统但分别享用资源单位的公共资源,具有非排他性和竞争性特征,如水资源、森林资源、公用的草地资源等。非排他性体现为公共物品一旦被提供,便会有众多的受益者共同消费这一物品,很难将其中的任何人排斥在外。竞争性则体现为公共物品一旦被提供,多一个参与者的加入都会影响其他人的利益。为实现这一物品的使用,参与者之间需要展开竞争或争夺。公共池塘资源的这两方面性质,可能会导致因过度使用资源造成"拥挤"。当超过"拥挤点"之后,增加更多的消费者将会减少全体消费者的效用,且消费者之间的竞争加剧,造成对资源系统过度使用,甚至会因此破坏资源系统。

城市道路具有显著的公共池塘资源特性。出租汽车的运营以有限的公共资源为基础,行驶时占用城市公共道路资源,且其资源利用效率远低于城市公共交通。从保证消费者福利来看,出租汽车发展规模应当受到约束。

(二)以市场主导的运力规模管理方式

基于出租汽车具有私人物品的性质,和政府针对市场供需的管控存在局限性,决定了出租汽车的运力规模应当以市场为主导,充分发挥市场机制的作用实现最优化。具体原因如下:

1. 出租汽车具有私人物品的性质

亚当·斯密在《国富论》中提出"看不见的手",认为当个体自私地追求个人利益时,他将被市场这只“看不见的手”引导去实施公众的最佳福利,市场在发展经济和提高资源配置效率方面存在巨大的优越性。

就出租汽车而言,其有限的容量决定了其提供的服务具有明显的消费竞争,某一乘客对出租汽车的使用会减少其他人的消费,具有典型的消费竞争性和受益排他性。从理论角度上来讲,相对于城市公共交通等公共物品,出租汽车具有更接近于私人物品的性质。通常,出租汽车的数量、运价和服务质量会随着物价水平、居民消费水平和市场供需变化而发生一定程度的变化。作为城市综合交通运输体系的组成部分,出租汽车提供的客运服务也能够被城市公共汽电车、地铁和私家车等不同程度地替代。因此,出租汽车与其他城市客运方式之间存在一定的竞争性。对乘客而言,选择哪种交通方式主要考虑价格、时间、舒适性和便捷性等因素。出租汽车运营需要充分依靠市场机制,通过取消数量控制实现充分竞争,调动各方的积极性,提高出租汽车行业的服务水平。

2. 政府针对市场供需的管控存在局限性

出租汽车市场需求是受城市人口规模、经济发展水平、城市客运交通量、客运结构等因素的影响,始终保持动态变化,而出租汽车的运力规模应该是与市场需求保持合理的平衡。有专家认为,政府在推行管制政策过程中可能存在获得信息的不可靠性,导致政府在数量控制中难以实现预期效果。

西方经济学家在经历长期出租汽车数量控制的过程后,开始对政府数量控制观点产生质疑。乔治·斯蒂格勒的“管制俘虏理论”认为,数量控制是满足产业的需求而产生的,整个数量控制将为产业所俘虏,受管制并不比无管制产业具有更高的效率。根据政府管制失灵理论,政府为了克服市场失灵等情况采取相应的管制措施时,由于政府部门面临不完全的信息所决定的有限理性,将可能出现经济效率没有改善甚至降低的现象。政府并不具备指导资源配置的价格和传递市场信息的渠道,被管制者通常又不会给政府提供所有的信息甚至会提供虚假信息,政府将受到信息不对称的困扰,数量规模控制不一定能达到预期的管理目标。

同时,在政府实施数量控制时,还将导致供给无法及时跟上市场需求,使得出租汽车市场供求关系出现一定程度的失衡,带来了出租汽车牌照溢价和非法营运等问题。因此，出租汽车的数量应该通过市场条件来确定，市场竞争可以使提供低水平服务的经营者被淘汰，才能充分发挥市场机制的调节作用，维持出租汽车市场需求的平衡。

二、运力规模管理的方式选择

（一）运力规模管理的方式具有阶段性

1. 实行数量管制和放开数量管制均有其合理性

出租汽车运力规模实行数量管制还是放开数量管制，一直是社会争论的焦点。不少观点倡导取消数量控制，认为数量管制导致了出租汽车市场的供需矛盾，制造了垄断利益格局，出租汽车行业出现的问题，其根源就是数量管制，数量管制是“万恶之源”，应当解除对出租汽车的数量管制。也有观点认为，数量控制有其存在的必要性。由于城市道路资源和服务市场等原因，出租汽车行业规模理应受到限制。当前出租汽车行业出现的问题，并非是数量管制本身存在问题，而是在实施数量管制的过程中出现了偏差。从国外经验来看，目前绝大多数大中城市都对数量进行控制，只有少部分取消了数量控制；从我国实际看，也是普遍对出租汽车数量进行了控制。应当说，不管是主张实行数量管制，还是倡导取消数量管制，从理论上看，都有其内在的合理性。

2. 运力规模管理方式受到多方面因素影响

对出租汽车市场是否要实行运力规模管理，以及实行何种管理方式，要与当时的经济和社会条件、发展阶段和发展环境相适应。宏观经济、当地人口和交通条件以及行业和市场结构等因素，对是否以及如何实施运力规模管理具有重要影响，但任何一个条件都不可能单独决定政策的取向。一般而言，在道路资源紧缺、人口密度大等情况下，应当对运力规模实行管制。而当发展到一定阶段，满足一定条件如区域内人口密度较小、大容量的城市公共交通系统较完善、道路资源较充分、政府的监管能力较强、严格和规范的市场准入管理等前提下，可以考虑放开出租汽车直接数量控制，通过市场手段对运力规模进行调节。

3. 国外管制历史证明了管制的阶段性

美国出租汽车行业的数量管制和放松管制历程是成熟市场经济国家出租

汽车发展方式的代表。从美国出租汽车行业发展历程看,其出租汽车行业生产特征、行业组织特征与行业管制特征密切相关,并呈现明显的阶段性。早期出租汽车行业市场条件不成熟,市场自由放任发展;经过一段自由发展,开始暴露自由市场经济的问题,政府干预加强,经过长期严格管制,生产的基本条件和行业的市场结构均趋向稳定,但管制的弊端也随之明显,又开始放松管制的历程。随着行业的动态发展,放松管制也带来一些新问题,这对新管制又提出新要求,行业监管呈现出更加灵活的放松管制与加强管制并重的局面,为出租汽车行业发展创造公平有序的有效竞争环境。芝加哥出租汽车数量控制的发展史详见专栏2-3。

专栏2-3

芝加哥出租汽车数量控制的发展史

早在1866年,芝加哥就制定了出租马车有关管理的法规,但因为人口较少,并未对出租马车进行总量控制。出租汽车出现后,也没有进行数量控制,而由市场自由发展。在20世纪20年代末,正处在大萧条时期,失业工人大量涌入出租汽车行业并导致过度竞争,驾驶员为争抢客源而发生斗殴,驾驶员和出租汽车经营权所有者利润减少,出租汽车行业服务质量也显著下降。芝加哥政府为解决出租汽车行业存在的问题,于1929年起开始控制出租汽车数量。一些年后,社会开始对限制出租汽车数量制造垄断进行抨击谴责,政府于是决定取消数量管制。美国实施"工业复兴法"后,全国出租汽车行业又开始普遍实施数量管制,以保证出租汽车经营者和驾驶员的收益,并缓解城市交通拥堵。

(二)现阶段我国出租汽车运力规模应当适度数量控制

在现阶段我国的国情条件下,由于人口密度大、道路资源有限、环境承载能力不强、市场机制不健全、社会守法意识不强等原因对出租汽车运力规模还必须坚持适度的数量控制。同时,应根据出租汽车市场变化和需求,对出租汽车总量实行动态管理。在坚持数量适度控制的同时,还要通过建立市场准入机制、加强服务质量监管等手段,促进出租汽车行业的健康稳定发展。

1. 有利于保障服务质量和安全水平

出租汽车市场的进入与退出成本较低，决定了易于大量就业人员进出。如果没有数量管制，在出租汽车供给增加而消费者需求并没有显著上升的条件下，驾驶员为了获得收入所采取的主要方式是降低价格以争取更多的乘客，或者通过延长工作时间以尽量获取同过去一样的收入，据此可以预计，其提供的服务质量也将相应下降，从而引起消费者不满。与此同时，原有的试图保持质量标准的出租汽车经营者和驾驶员也面临着需求下降的问题，这将导致高水平的驾驶员和出租汽车经营者离开行业，出租汽车行业将损失一批有经验的服务提供者，而消费者只能接受现有的低劣的服务水平。可以说，自由进入将导致服务质量和安全水平下降。

从世界各国一些解除出租汽车管制的城市看，虽然出租汽车供给随着解除管制会显著增加，但实际可用性却微乎其微，价格出现了普遍上涨，恶性竞争普遍，服务质量明显下降，拒载、宰客、抢客等违规行为不断增多，车龄不断延长，车况水平同步下降。解除出租汽车数量管制后，由于服务质量低劣，引起了公众的强烈不满；由于收入下降，导致出租汽车驾驶员和经营者强烈不满。20 世纪 80 年代期间，美国共有 22 个城市对出租汽车行业实行解除管制，但到 1993 年后，包括圣地亚哥、西雅图、凤凰城等大城市在内的 18 个城市又恢复了经济管制特别是数量管制。

2. 有利于防止出现市场过度竞争，维护公共秩序和行业稳定

从我国出租汽车的行业定位来看，出租汽车行业是准公共物品，任何人都可以使用出租汽车资源。车辆数量过多，会发生交通拥挤和空气污染等外部不经济后果；车辆数量过少，满足不了市民出行需求，将导致社会总福利的损失。根据公共管理政策理论，市场机制可以高效配置私人物品，却难以高效地配置公共物品。出租汽车作为有限的公共资源，市场机制难以解决行业自由竞争带来的问题。如果仅靠市场调节机制对出租汽车数量规模进行调控，可能会引发资源使用拥挤、竞争加剧等一系列市场失灵问题。引入政府管理，才能克服公共物品配置的市场失效。政府作为公共利益的代表，可以通过强制性的方式，来解决非排他性和消费上的非竞争性问题。在当前退出机制尚不完善的情况下，完全放开出租汽车行业，任由市场自治，可能会导致当前出租

汽车行业出现较大的问题,因此需要由政府实施一定的数量管制。通过数量规制,有利于维护市场秩序,实现出租汽车经营者和驾驶员相对稳定,并确保出租汽车运输服务的基本水准。

不管从理论上还是实践上看,自由进入出租汽车市场,很容易造成过度供给,导致过度竞争。在现阶段我国国情下,由于出租汽车行业投资较少、资金回收快、技术要求低,具有就业灵活和收入相对稳定的特点,在存在巨大就业压力和劳动者素质水平相对较低的情况下,劳动者进入出租汽车行业往往具有很大的盲目性,一旦放开数量控制很容易导致供给过剩,造成"车多为患,无序竞争"。虽然出租汽车市场会逐渐作出调整,迫使部分出租汽车退出市场,但调整过程可能是持久的,同时也是痛苦的,这不仅会造成城市公共秩序混乱,使驾驶员个人财产遭受损失,而且很可能会造成行业不稳定。对出租汽车市场实行总量调控,是在现阶段的特定环境下政府对出租汽车行业实施管理的重要内容,主要目的是纠正出租汽车市场失灵,保证消费者利益,维护出租汽车行业稳定,促进出租汽车行业健康发展。

3. 有利于缓解城市交通拥堵

目前,我国出租汽车以巡游服务方式为主,车辆为了寻找在街道旁等车的乘客而在城市道路中巡游,这种没有特定目的的行驶行为占用了有限的城市道路空间。在现有的城市综合交通运输体系中,出租汽车的道路资源使用率并不高。据测算,一般运送相同客运量,采用出租汽车所需道路面积大约是公共汽车的10倍。

在当前各个城市道路交通资源普遍紧张并且相继出现交通拥堵的情况下,政府应当优先发展最节约使用有限道路空间、最经济高效的交通工具,而限制其他不经济地使用道路空间的交通工具的增长。如果不对出租汽车数量进行管制,其自由进入后,会显著加剧城市交通拥挤,而且不利于环保。因此,从出租汽车服务市场等方面考虑,出租汽车行业规模应当受到限制。政府统筹布局城市综合交通运输体系发展时,可以考虑优先发展城市公共交通,适度控制出租汽车的数量。

4. 有利于优化城市道路资源配置

城市道路作为一种有限的公共资源,由多种交通方式共享。根据公共池塘资源理论，在采取政府管制来替代市场自治方式对出租汽车进行数量限制的情况下，出租汽车成为政府掌握的一种有限的公共资源，具有在一定时间和范围内可以由不特定社会成员自由、平等使用的公共性特点。当该资源的享有者数量达到一定程度时，就会出现拥挤效应，不能再有新的或更多的成员进入，否则可能导致灾难后果，因而在数量上又是有限制的。

现阶段，我国城市道路资源非常有限，与发达国家相比，还存在较大差距。城市道路资源通常采用城市道路面积率这一指标衡量，即在城市一定地区内，城市道路用地总面积占该地区总面积的比例。在国际上，通常道路面积率不应低于20%，我国城市道路面积率平均为8.9%，属较低水平，如图2-12所示。以目前这种道路资源状况，从城市道路资源的有限性考虑，如果单纯由出租汽车服务市场供求所决定其出租汽车数量，并不一定是优化城市道路资源配置所需要的数量。

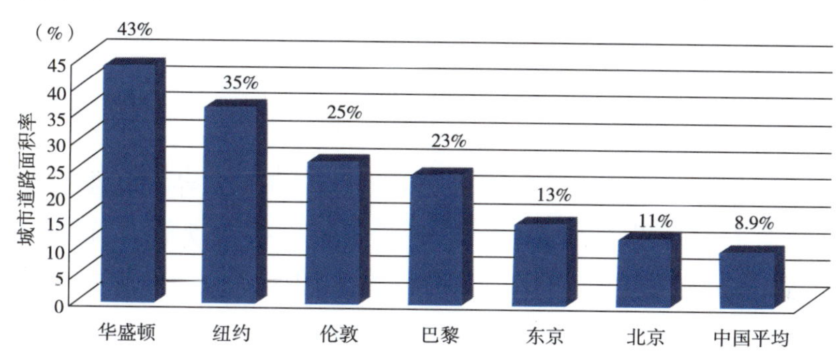

图2-12　世界主要城市道路面积率

(三)建立科学合理的运力动态调节机制

综上分析，在现阶段单纯由出租汽车市场供求来决定出租汽车数量，并不能够形成优化城市综合交通运输体系和城市道路资源配置所需要的最佳数量。因此，目前对出租汽车市场实行总量控制政策，有其必要性。但在实际政策实施过程中，对出租汽车数量控制政策的制定还需要进一步公开透明，加强科学性和合理性。出租汽车总量控制政策，应要根据出租汽车市场的变化，实行动态管理，并逐步建立科学合理的运力调节机制。

1. 加强运力投放规划指导

一个城市究竟应当投放多少出租汽车，需要纳入该城市总体发展规划和综合交通运输体系发展规划、城市道路建设规划当中综合考虑。要根据城市建设、经济社会发展的实际和城市综合交通运输发展规划，编制出租汽车运力规划，将运力规划与城市总体规划、城镇化发展规划相衔接。为避免政府在数量管制上的失灵，对出租汽车运力规划编制应坚持公开、透明的原则，广泛征求社会意见。规划制订后应做好实施工作，适时根据市场变化调整出租汽车运力规模，总体维持出租汽车市场供求平衡。

2. 科学构建运力规模指标

政府对出租汽车的数量管制，应当遵循供给规模与市场的需求状况相适应，努力满足出租汽车乘客的乘车需求，实现供需总体平衡的原则。出租汽车的需求规模与城市人口总量、市区总面积、流动人口数量、城市国民生产总值、城市公共交通发展水平、私家车保有量、人均收入水平因素等密切相关，城市出租汽车的投入数量必须按照科学的方法进行测算，并由政府综合多方因素，对出租汽车的测算数量和规模进行适当优化，采取总量调节，促进出租汽车行业稳定健康发展。

3. 根据市场变化保持运力总量的动态调整

数量控制政策应是一个动态的总量，应随着社会生活和公众需求的变化而不断调整，并且这个数量控制是一个有进有出的动态控制，这需要建立健全出租汽车行业退出机制。出租汽车运力规模管理的主要方法详见专栏2-4。

专栏 2-4

出租汽车运力规模管理的主要方法

对出租汽车运力规模的管理，在实际操作中主要依据对一些关键指标（如空驶率、里程利用率、驾驶员劳动强度、驾驶员收入、运价水平以及企业利润等）的评价，来确定出租汽车运力的具体数量规模，主要有以下方法：

（1）供求平衡法：依据测定的出租汽车空驶率、里程利用率等来判定出租汽车市场的供求关系，调控出租汽车运力。当实测的空驶率、里程利用率低于基准空驶率、里程利用率时，考虑新增运力。其中，基准空驶率、里程利用率与出租汽车市场的供求平衡状态相对应。

(2)合理收益法:基本原理是保证出租汽车经营者和驾驶员在正常情况下能获得合理的受益,一旦收益超出合理范畴,就应该通过增加出租汽车数量来稀释市场调整收益。

(3)时间扩容法:在出租汽车市场总体规模持续扩大的背景下,每隔一定的时间投放一定数量的出租汽车以补充运力。

(4)自由出入法:政府对出租汽车的市场供给规模不进行任何限制,完全由市场调节,出租汽车经营者根据自己的收益随时进入或退出市场,即“自由申领,不限量投放”。

4. 建立科学的运力规模调控程序

城市出租汽车的需求量涉及多方面的因素,要得出一个完全科学的总量控制目标难度较大,但是应当从程序上保证对于运力规模总量控制的相对科学和合理。一是建立科学的测算方法,合理确定城市出租汽车总量;二是规范确定出租汽车总体规模的程序,进一步增强政策的透明度,增强出租汽车数量控制公正性和可信度;三是广泛听取意见。广泛听取社会公众、专家学者和出租汽车驾驶员以及出租汽车经营者的意见和建议。

第三章　出租汽车经营权

出租汽车经营权是指经政府许可，出租汽车经营者取得从事出租汽车经营活动的权利。出租汽车经营权是在出租汽车经营申请者和出租汽车车辆配置符合许可条件和标准规范的前提下，出租汽车行业主管部门授予出租汽车经营者进入市场，允许其在一定期限内从事出租汽车经营的权利许可证明，代表着经营者具备从事出租汽车经营的资格。出租汽车经营权的实物载体是出租汽车营运牌照，实践中常常将两者等同视之。出租汽车经营权管理作为政府调控的重要手段，是出租汽车行业管理的主要内容之一。政府对出租汽车经营权使用费用、使用期限、配置方式以及经营权转让等相关问题，不仅关系到出租汽车经营者的切实利益，也直接影响行业的发展与稳定。从保障出租汽车经营者合法权益和提高行业服务质量、促进出租汽车行业健康稳定发展的角度出发，需要对出租汽车经营权问题加以深入剖析。

第一节　出租汽车经营权的主要观点

出租汽车经营权管理涉及配置方式、使用费用、使用期限以及经营权转让等四个方面的内容。社会各界对以上内容均持有不同的观点。

一、出租汽车经营权配置方式的主要观点

出租汽车经营权的配置方式，实质上就是出租汽车市场的准入模式。目前，国内主要通过行政审批、拍卖或者服务质量招投标等方式对出租汽车经营权进行配置，详见表3-1。对于究竟应当通过何种方式向出租汽车经营者配置经营权，存在以下三种观点：

我国经营权配置方式分类　　表3-1

配置方式	代表城市或地区
行政审批	我国大多数城市曾经的许可方式
拍卖	香港、澳门,以及过去国内其他一些城市的做法
服务质量招投标	我国大多数城市现行的许可方式

(一)观点之一:主张实行行政审批

出租汽车经营权的行政审批,是指出租汽车行业主管部门根据自然人、法人或者其他组织的申请,经依法审查,准予其从事出租汽车经营活动的行政许可。主张通过行政审批方式配置出租汽车经营权的理由主要有:

1. 出租汽车经营权属于行政审批的范畴

有人认为,出租汽车经营权产生的产品及服务只同维护社会公共利益和消费者利益有关,并不涉及任何运用国家有限公共资源问题。出租汽车的服务对象是不特定的社会公众,出租汽车营运存在着安全问题,这种安全属于公共安全。出租汽车运营途中发生交通事故,不仅伤害乘客,还会危及路人。因此,出租汽车客运经营行为需要政府实行监督,需要政府对出租汽车客运经营者的经营条件进行审批。车辆技术条件、驾驶员(身体健康状况、驾龄、从业时间等)等可能导致出租汽车危及乘客及公共安全的各项因素都必须符合要求,得到政府许可。因此,它属于行政法上的一般行政许可(一般行政许可等同于通常所说的行政审批)。

2. 实行行政审批有利于保障出租汽车运营安全

有人认为,不同的职业、行业既具有共性,又具有特性。每一个人、每一个企业都具有从事某种职业、行业活动的权利,但从事不同职业、行业所应当具备的条件不同。有些职业、行业所需物质与信息资源较少,技术与管理水平较低,一般单位与个人容易达到,其经营资质与资格无需政府核准与认定;有些职业、行业关系到社会公共利益与公共安全,可能危害消费者身心健康和生命财产安全,所需物质与信息资源必须相对充足,技术与管理水平相对较高,一般单位和个人难以达到,这种资质必须通过政府及相关主管部门核准与认定。出租汽车行业因具备公共安全服务的性质,其资格条件和经营条件有其特殊的要求,出租汽车运营直接关系到乘客及其他交通参与者的人身健康与生命财产安全,政府应当实行严格管理。通过行政审批方式配置出租汽车经营权,有利于保障出租汽车运营的安全。

3. 实行行政审批有利于发挥政府的宏观调控作用

有人认为，政府部门应依法设定相应的准入条件，对出租汽车经营实施行政审批。行政审批多侧重于对出租汽车经营权申请人的相关经济能力进行审查，比如运营车辆、运营资金、办公场地以及行业投资综合性分析等。通过行政审批，可以实现政府力量主导出租汽车行业发展，实现出租汽车经营资源向规模大、实力强的企业集聚，提升出租汽车行业的规模化、集约化发展水平。市场经济的运行带有一定的规律性，也存在着难以克服的缺陷——市场失灵。政府通过行政行为管理出租汽车的经营权，可以弥补市场机制的缺陷和不足，从而达到稳定市场的作用。

从 20 世纪 80 年代开始，由于出租汽车车辆投入成本相对较高，消费需求的规模较小，出租汽车数量相对较少，整个行业处于自由发展状态，运力基本不受控制。全国各个城市尤其是北京、上海等大城市，由于历史原因采用了以审查出租汽车经营权申请人经济能力为主要条件的审批体制，并延续至今，成为出租汽车经营权授予的一种通行做法。出租汽车经营权行政审批流程类似于其他行政审批流程，如图 3-1 所示。

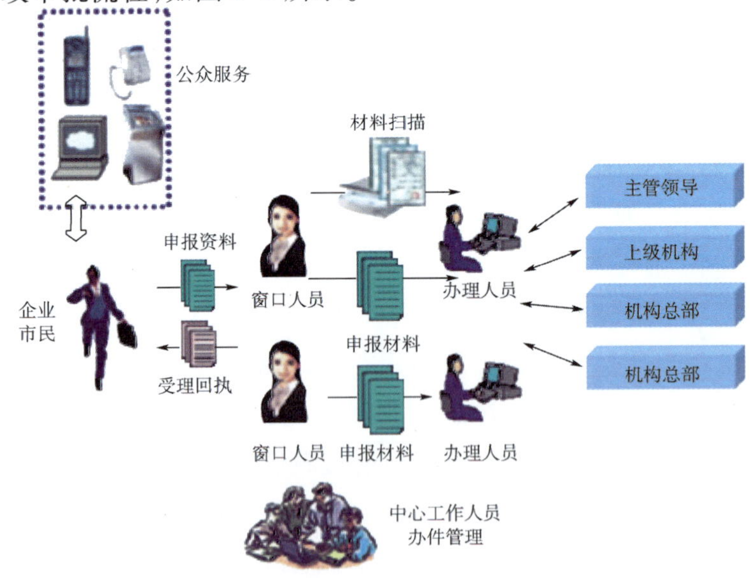

图 3-1　部分城市出租汽车经营权行政审批流程图

(二)观点之二:主张拍卖

拍卖是指在符合许可条件的前提下通过公开竞价,由出价高者获得资源的占有权、使用权的一种交易方式。出租汽车行业特许经营权拍卖,是政府部门采用公开竞价方式,将出租汽车经营权转让给最高应价者,从而使其获得出租汽车经营许可权利的一种方式。主张通过拍卖方式配置出租汽车经营权的理由主要有:

1. 实行拍卖可以更好地实现出租汽车经营权的经济价值

有人认为,从法律角度讲,拍卖是在主体公平、公正、公开的基础上订立竞买契约的行为。这种契约以竞争缔约的方式进行,体现了最大限度地实现出让物价值的特征。在拍卖的法律关系中,只要买者合法自愿地竞买,就有可能买到自己想要买的东西,一旦其出最高价将拍卖标的拍定成交,就依法获得领受拍卖标的的权利,同时有按最高价支付价款的义务。出租汽车经营权作为一种有限的公共资源,通过拍卖方式予以配置,能够很好地体现其经济价值。

2. 实行拍卖能够发挥其本身所具有的保值增值功能

有人认为,拍卖具有促进商品流通、中介服务、价格发现和保值增值四大功能。通过拍卖方式配置出租汽车经营权可以充分发挥其价格发现和保值增值功能。通过拍卖方式确定的出租汽车特许经营权,最终价格一般会高于政府部门的政策性定价,作为公共资源所有者代表的政府获得了利益最大化,这是部分地方政府适用这一方式的主要原因。

3. 实行拍卖能够保证公平竞争

有人认为,与行政审批制度可能会导致分配不公甚至是产生权力寻租相比,政府通过拍卖方式配置资源,能保证竞争更加公平。由于出租汽车的总量控制,出租汽车经营权可能会发生溢价,因此通过公开拍卖的方式配置经营权,能够保证公平。

4. 拍卖在实践中得到了较多应用

有人认为,拍卖在出租汽车行业中得到广泛应用,并取得了成功。国内部分大中城市过去都采取过拍卖方式投放出租汽车经营权。2007 年,河南省新乡市拍卖了出租汽车经营权,拍卖会现场如图 3-2 所示。拍卖通常分为限价与不限价两种形式。限价拍卖是指先由政府确定每个出租汽车营运最低限价与最高限价，供竞投者竞买。2007年之前，深圳市拍卖出租汽车运营牌照采用的就是限价拍卖方式。不限价拍卖是指不限定最高价，竞买数量等于拍卖数量的竞价便是拍卖价，香港特别行政区、广东省珠海市和深圳市2007年的出租汽车营运牌照拍卖采用此方式。2005年，澳门特别行政区采用此方式投放了30个10年期的出租汽车营运牌照。温州、沈阳、广州等少部分城市也曾经采取拍卖等方式实施出租汽车经营权的无期限或永久性出让，其单车经营权的拍卖价格根据出租汽车的投放数量和出让期限的不同，从几万元到几十万元不等。

图3-2　河南省新乡市城市出租汽车经营权专场拍卖会现场

（三）观点之三：主张实行服务质量招投标

招投标是指招标人向社会发出招标公告或通知，邀请潜在的投标人投标，在指定的期限内，由符合条件的单位和个人以书面投标形式，向出租汽车行业主管部门提交符合内容和格式要求的投标申请书，由招标人根据一定的程序和条件，按照一定的标准进行综合评比，最后将出租汽车经营许可发放给条件最好的申请者。采用服务质量招投标配置出租汽车经营权是指出租汽车行业主管部门确定一套综合考评体系，对出租汽车经营者在一定期限内的经营资质、管理水平、经营行为、安全生产、服务质量、社会评价等情况进行综合测评，以经营者在经营过程中服务质量综合测评结果或拟在经营过程中实现的服务质量承诺作为主要竞标条件，择优发放出租汽车经营权。主张通过服务质量招投标的方式配置出租汽车经营权的理由主要有：

1. 实行服务质量招投标能够有效促进出租汽车行业服务质量水平提升

有人认为，采取服务质量招投标方式配置出租汽车经营权，招标人在评标和确定中标人时，不以出价的最低或最高为唯一衡量标准，而是从服务质量、经营能力等诸多方面对投标人进行综合审查，能够促使出租汽车经营者重视服务质量。而拍卖方式所遵循的“价高者得”原则导致政府部门只能选择最高价成交，容易导致部分具有雄厚资金但缺乏足够专业经营能力的申请者在拍卖中胜出，从而造成对服务质量的忽视。服务质量招投标以服务质量而不是价格作为主要竞标条件，可以促进出租汽车行业服务质量和服务水平的提升。

2. 实行服务质量招投标能够有利于出租汽车行业和谐稳定发展

有人认为，出租汽车行业的特性决定了“价高者得”的原则在出租汽车经营权配置中不宜也不能成为最高准则。拍卖方式一定程度上会引发竞拍者的非理性行为，导致成交价格畸高。这种畸高的拍卖价格，终将内化为权利人的经营成本，并最终被权利人通过各种方式转嫁给作为终端服务提供者的驾驶员和作为最终消费者的市民，以至于加重经营者负担和经营风险，易形成经营权主体和驾驶员之间的利益不平衡格局，甚至会引发出租汽车行业不稳定等社会问题的产生。同时，拍卖也易造成出租汽车运价提高，增加社会公众出行成本。

3. 实行服务质量招投标能够避免竞争关系的扭曲

有人认为，虽然拍卖方式具有公平竞争的特点，也可以实现经营权保值增值，但由于这种方式过于强调出租汽车经营权的资本特性，客观上抬高了出租汽车经营权价格，而弱化了出租汽车的服务特性。而且，“价高者得”会阻止“价低”的市场主体获得权利，甚至会迫使市场中先期进入者退出市场，不利于整个出租汽车行业稳定有序发展。此外，“价高者得”的出租汽车行业市场准入方式，有可能导致出租汽车经营权被资金雄厚者操控，造成竞争关系扭曲，恶化市场环境。采用服务质量招投标方式，则可以重点考虑服务质量，综合其他相关因素，择优配置出租汽车经营权，能够避免竞争关系的扭曲。在实践中，服务质量招投标方式较拍卖方式，更能适应出租汽车行业作为服务公众的事业所应该具有的“非财产利益至上”的属性，是更适合出租汽车经营权取得或授予的最有效方式。

4. 实行服务质量招投标有利于实现市场经营主体优胜劣汰

有人认为，在城市政府具体实践过程中，以服务质量招投标方式配置出租汽车经营权，也有相当程度的应用，并取得了良好效果。原因在于，与行政审批制度相比，服务质量招投标方式对于出租汽车经营权的配置更加公平，也有利于实现市场经营主体优胜劣汰。除极少数城市对最新投放的一批出租汽车经营权采取公开拍卖的方式外，其他大部分城市对拟新投放运力都在尝试采取服务质量招投标的方式。例如，苏州市、长沙市、绵阳市等实行了以服务质量招投标为主的出租汽车经营权配置方式，招投标会现场如图 3-3 所示。长沙市以服务质量招标为主的经营权配置方式详见专栏 3-1。武汉市和广州市也通过建立规范的出租汽车公司服务质量考评监督体系，为通过服务质量招标进行新运力投放奠定了基础。

a)

b)

图 3-3　城市新增出租汽车经营权招投标会现场

专栏 3-1

长沙市以服务质量招投标为主的经营权配置方式

根据长沙市出租汽车管理的相关法规规定，目前长沙市出租汽车经营权的出让方式主要有 2 种：

(1)政府收回的经营权、新增出租汽车运力将采取以服务质量为主要条件和定价的招标方式出让。

(2)已经取得出租汽车经营权申请新一轮经营权的，采取有条件续期的方式出让。即申请续期的经营者必须达到基本条件和作出相应的承诺，并在规定的期限内向市出租汽车主管部门提出申请，由市出租汽车主管部门对申请企业的条件进行初审、审核后，给予经营权续期 8 年。

基本条件包括：

①车辆规模：企业的经营规模必须达到 100 台以上。

②经济实力：企业具有一次性缴纳全部经营权出让金和全额购买车辆的经济实力。

③服务质量：主要包括有效服务投诉情况、服务和交通违章情况、安全和综合治理情况、乘客满意度测评情况、经营者年度考核情况等。

④办公场地和停车场地：不得少于2.8平方米/台的标准。

⑤设置专岗和实行三统一：相关管理岗位要专人专干，要统一办公、统一服务标准、统一经营核算。

具体承诺包括：

①车辆营运4年必须更新。

②在车辆、服务设施、营运服务标准上履行12项统一（包括车辆颜色、顶灯颜色款式、座套、服装、GPS、防盗防抢网、智能计价器等12项标准）。

③严禁实施全额大承包的经营管理模式，可以实行租赁经营模式，即在考虑到城市出租汽车单车经营的特点和长沙市出租汽车从业人员融资经营出租汽车的积极性的基础上，同时为明确出租汽车产权、保证从业人员利益、降低从业人员经营风险，限定企业收取的租赁经营费不能超过车辆价值与2.5万元经营权出让金之和的65%。

二、经营权使用费用的主要观点

经营权使用费用是指出租汽车经营者在取得出租汽车经营权时所需支付的使用费用。关于向出租汽车经营者配置经营权时是否应当收取经营权使用费，存在两种不同观点。

（一）观点之一：主张无偿使用

无偿使用出租汽车经营权是指出租汽车经营权人向政府相关部门提出权利申请，经依法审查后，无需支付费用就能取得出租汽车经营权从事出租汽车运营。政府部门在审批过程中侧重于对权利申请人的相关安全服务水平和经营管理水平，比如运营车辆、运营资金、办公场地、管理制度、人员素质等，以及行业投资综合性分析等方面进行审查。主张无偿使用出租汽车经营权主要基于以下理由：

1. 实行出租汽车经营权无偿使用能使更多公众受惠

有人认为，很多公共资源都是由政府主管机关负责管理的，很容易形成这些主管机关对这些公共资源的垄断,其他任何主体都无权涉及、参与和享有这些公共资源。其实,管理者的管理并不等于垄断者的权力,公共资源是属于公众的,无偿分配这些资源,才是管理者的职责,而不应当是利用管理者的地位和权力,形成对公共资源的垄断。因此,出租汽车经营权作为一种公共资源,应当让更多公众有机会享有,而不是由行政管理机关垄断。

2. 实行出租汽车经营权无偿使用有利于遏制权力寻租行为

在有偿使用出租汽车经营权的情况下,无论采取何种配置方式均不能从根本上完全杜绝权力寻租行为。如果是真正的公共资源,其分配遵循的就不应是市场竞争中弱肉强食的原则,而应该是反其道而行之,向弱者倾斜,向最需要者倾斜。只有这样,才是公共资源的公平公正分配原则。无偿使用出租汽车经营权相当于釜底抽薪,使得暗箱操作失去了意义,有效遏制了权力寻租行为。

3. 实行出租汽车经营权无偿使用有利于提高行业监管能力

有专家认为,在实践中各地实行经营权有偿使用主要是迫于财政压力。随着政府财力的不断增强,通过有偿出让出租汽车经营权来增加财政收入的做法已不再是唯一选择。而且,有偿使用出租汽车经营权会增加出租汽车运营成本,造成炒买炒卖现象。经营权无偿使用能够有效减轻出租汽车经营者的负担,也是政府惠民利民政策的具体体现。经营权无偿使用有利于出租汽车经营权到期后政府收回对其进行再分配,能够提高出租汽车行业的监管能力,有利于行业的长期稳定发展。

此外,出租汽车经营权无偿使用在我国已正在成为一种趋势。

(二)观点之二:主张有偿使用

政府在配置出租汽车经营权时,主张收取经营权使用费用。主张有偿使用出租汽车经营权主要基于以下理由:

1. 出租汽车经营权具有资源稀缺性

有专家认为,出租汽车经营权虽然是公共资源,但当资源的享有者达到一定程度时,就会出现拥挤效应,不能再有新的或更多的成员进入,否则可能导致灾难性的后果,因而在数量上是有限制的,这也意味着该公共资源具有稀缺性。出租汽车经营权作为稀缺的公共资源,该资源本身会因其稀缺性而成为

“有价资源”,其使用理所当然应实行有偿。收取出租汽车经营权相应的资源使用费,可以提高有限资源的使用效益,从而减少浪费资源行为的发生。作为公共资源的使用者,获得许可的申请人应当支付资源的使用费。

2. 实行出租汽车经营权有偿使用可以缓解地方财政压力

有人认为,从各地实际情况来看,在我国现行财税体制下,地方政府特别是县级人民政府往往是基本公共服务的直接提供者,而一些地方政府对于基本公共服务领域的资金投入较为缺乏。在基本公共服务经费主要由地方财政自行解决的前提下,为拓宽财政收入来源,增加地方财政收入,各类公共资源往往成为转让和出售的对象,出租汽车经营权也不例外。特别是在经济欠发达地区,这种情况表现得尤为突出。还有可供借鉴的是,国外有不少国家对出租汽车经营权实行有偿使用,代表性国家主要有:美国、英国(不含伦敦)、加拿大。我国香港特别行政区也实行出租汽车经营权有偿使用。

3. 实行出租汽车经营权有偿使用有利于提升行业管理水平

有人认为,实行出租汽车行业经营权有偿取得制度,符合特许经营权制度内在特征的客观要求,是出租汽车行业管理体制改革的重要方面,对于提高政府部门的行业监管能力,引进多方投资,促进出租汽车行业健康有序竞争,提高出租汽车行业服务水平都具有重要意义。从理论上说,出租汽车行业特许经营权是一种具有财产属性的权利,有偿使用不违背其财产属性对于取得和转让的内在要求,客观上适应了市场经济体制改革的要求。同时,出租汽车行业特许经营权具有“稀缺公共资源”的属性,而且直接关系公共利益。通过有偿授予的方式,能够实现政府对出租汽车行业准入和服务进行更加有效的管理,也能保障政府在公共资源初次分配过程中的公共利益不致流失,从而有利于加强政府部门对出租汽车行业的管理能力,加强政府部门作为公共资源所有者代表利益的实现。

4. 无偿使用出租汽车经营权弱化了经营权价值

有人认为,出租汽车经营权具有财产属性,是政府公共资源所有权在经济上的实现形式,是政府部门的一种资源配置方式。出租汽车行业是城市综合交通运输体系的一个组成部分,对于政府而言,既是一种公共责任的承担,又是一种特殊的公共资源。作为其所有者,出租汽车行业特许权财产价值的初次分配，理应归政府占有。但在特许经营权无偿取得体制下，却完全忽视了特许经营权的财产属性，直接降低了出租汽车行业自我积累资金的能力。因此在对出租汽车行业经营管理制度进行改革的进程中，各城市政府纷纷对这种权利取得方式进行了变更。

5. 无偿使用出租汽车经营权不利于行业健康发展

有人认为，无偿取得出租汽车经营权，缺乏公开竞争行为，不利于整个行业健康发展。由于缺乏公开竞争，政府部门无法判定哪家企业效率最高，授予特许经营权不能保障实现效率最大化。无偿取得制度还造成权利申请人的权力寻租，容易滋生腐败。出租汽车行业特许经营权的无偿取得制度，工作效率不高，缺乏风险抵抗力。无偿取得出租汽车经营权需要政府部门长时间的行政审批，环节多、手续繁琐、时限长。而且政府部门不是市场风险的直接承担者，不涉及切身利益，缺乏对准入风险的足够关心。

三、经营权期限的主要观点

出租汽车经营权期限，是指出租汽车经营权人取得从事出租汽车经营资格后，享有并行使经营权从事出租汽车运营的时间。出租汽车经营权人只有在这一期限内，才享有提供出租汽车服务并取得收益的权利，经营期限届满就丧失权利。不同国家和地区的城市对出租汽车经营权期限的规定各不相同，见表3-2。

各国出租汽车经营权期限分类 表3-2

经营权期限	代表城市或地区
不设有效期	东京（公司牌照）、香港、台湾（公司牌照）
设有有效期，可续期	东京（个人牌照：3年）、伦敦、多伦多、曼彻斯特、纽约、悉尼（普通牌照）、新加坡（公司牌照）、深圳（“5+5”年）等
设有有效期，不可续期	悉尼（短期牌照：1年）、新加坡（个人牌照：至持牌人73岁）、深圳红色的士（50年或12年）、珠海（直接签发牌照：5年；公开拍卖牌照：50年）、杭州（15年）

对于出租汽车经营权是否应当设置期限，存在以下两种观点：

（一）观点之一：主张设置经营权期限

主张设置出租汽车经营权期限的理由主要有：

1. 设置出租汽车经营权期限有利于政府宏观调控

有专家认为,政府部门为了更好地提供公共服务,通过特别许可的方式允许经营权人从事出租汽车经营行为,这在本质上是对经营权人的一种授权行为。这种所授予权利的性质、内容、期限,均由政府部门根据公共服务所需的相关条件进行设定。整个出租汽车特许经营权制度,是政府部门提供公共服务的一种方式。出于更好地服务社会公众的目的,客观要求此种权利要受到政府部门较多的关注和限制。设置出租汽车经营权期限,可以促进政府对公共服务的灵活管理,便于政府在出租汽车经营权到期后重新对资源进行配置,进一步发挥政府的宏观调控作用,实现出租汽车市场运力供求的总体平衡。

2. 设置出租汽车经营权期限可以提高经营者的积极性

有人认为,出租汽车行业特许经营权制度通过权利授予来提供公共服务,需要具有一定的激励机制来刺激权利人提高服务参与竞争的积极性。对权利设置一定的期限限制,并结合市场准入制度,可以同时对既有权利人和潜在权利申请人产生积极作用,前者受权利期限限制和潜在竞争者的压力,将努力提高经营水平,注重公共服务质量;后者则有机会进入出租汽车经营市场,提供服务并获取盈利。最终的结果是,权利在初始分配阶段得到不断更新,促进了出租汽车行业竞争秩序的良好发展。

3. 设置出租汽车经营权期限可以促进企业提升竞争力

有人认为,出租汽车经营权需要有期限,而且经营权的期限应当与车辆的运营周期相结合,与车辆报废时间保持一致。车辆报废时间一般是 4 年或 5 年,因此,8 年与 10 年分别是两个周期,经营期限也以 8 ~ 10 年为宜。经营期限长一些,出租汽车公司心里就比较有底,会更加努力去经营。出租汽车公司的成长期一般在 10 年左右,经营好的公司可以延续经营权,这有助于帮助出租汽车公司做大做强。这样,公司也可以有一个长远规划。出租汽车经营权期限也关系行业形象,影响城市品位。提高城市品位,车辆要提升档次,如果政府给的年限长一些,就会鼓励出租汽车公司买好车,否则每个月折旧高,运行成本高,公司会失去购买高档车辆的积极性。而且,设置出租汽车经营权期限,能够防止对经营权收益形成过高的心理预期,从而有效遏制非法炒卖、哄抬经营权价格等行为。

4. 设置出租汽车经营权期限能够提升行业整体服务水平

有人认为，当前出租汽车市场退出机制尚不完善，市场的优胜劣汰竞争机制所发挥的作用有限，通过设置出租汽车经营权期限，并结合服务质量信誉考核等机制，可以鼓励出租汽车公司不断增强和扩大自身的实力和规模，使一些长期经营不规范、服务质量差的出租汽车公司和个人退出市场，可以有力促进行业服务质量和水平的不断提升。

5. 不设置出租汽车经营期限不利于行业健康发展

有人认为，如果出租汽车行业特许经营权不设期限，将会产生两种负面效果。一是易造成出租汽车经营权私下炒卖，甚至造成价格畸高。我国当前很多城市由于过去没有设置经营期限，这种现象已经十分普遍和严重。二是容易导致权利申请人通过与政府部门的利益勾结，长期占有出租汽车特许经营权，不利于出租汽车行业良好秩序的形成。

国内外城市出租汽车经营权期限规定详见专栏3-2。

专栏3-2

国内外城市出租汽车经营权期限规定

关于出租汽车经营权期限的具体设置，国内各地做法不尽统一，但总体上都是与营运车辆的运营周期相结合。目前，各地出租汽车经营权期限主要在4~10年之间，其中以8年居多，如长沙、乌鲁木齐、福州、合肥等城市，也有极少数地方规定出租汽车经营期限为20年甚至更长。部分城市曾经采取将经营权期限设为长期甚至无限期的做法，但目前大多数已将其调整为有期限或者缩短了期限。比如，某地通过拍卖经营权并未规定期限，其后通过立法将出租汽车经营权期限规定为50年，之后又进一步调整为10年。关于出租汽车经营权的期限，各国大多作出了规定，只是期限长短有所不同。例如，加拿大多伦多、英国伦敦、美国纽约、澳大利亚悉尼的“普通”出租汽车牌照，新加坡的“公司”出租汽车牌照等均有期限。日本东京的“个人”出租汽车牌照，有效期为5年；罗马的出租汽车牌照有效期为5年,5年后要重新验证。澳大利亚悉尼的“短期”出租汽车牌照期限是1年,新加坡的“个人”出租汽车牌照,至牌照持有人年满73岁终止,我国台湾地区的“合作社”和“个人”出租汽车牌照,至牌照持有人年满65岁终止,均不可续期。

(二)观点之二:主张不设置经营权期限

该观点认为,出租汽车经营权可以长期甚至永久使用下去。持该种观点的理由主要有以下几个方面:

1. 出租汽车经营权具有无期限的特征

有人认为,出租汽车经营权是一项公共资源,为全民所有,每个人都有权得到,不管在何时何地,只要符合从业的资格,就能获得出租汽车经营权。从本质上来说,这种出租汽车营运资格的获得权也是无期限的,但是有权获得和能够获得是不同的概念,就如同结婚的权利一样,必须要达到一定的年龄才能获得结婚的资格,这种资格的获得权在人的生命存续期间是始终都存在的,只是必须达到法律规定的条件才能实际获得这个权利。出租汽车经营因为经营成本和工具都体现为出租汽车,汽车因其自身的构造特点,必然有其报废期。和其他行业比,如店铺经营所依赖的是房屋这一实体成本,并不是因年复一年的使用而报废。然而这种车辆的报废期并不是就等于经营权期限,出租汽车行业的特点要求经营者要参加年审,其经营权的无期限表现在申请资格的连续性和不间断性。因此,出租汽车经营不应当设立期限。

2. 设置经营权期限会影响经营者利益

有专家认为,从投资与收益角度看,出租汽车经营权体现为一种盈利能力,经营权价格的实质是对其未来收益的贴现值。对出租汽车经营权使用设置期限,会对出租汽车经营者的现实利益及预期产生较大影响,不利于经营者加大投入和提高服务质量,也加重了其经营负担。这在个体出租汽车经营者中赞同经营权无期限的尤为普遍,部分个体出租汽车经营者甚至认为,经营权一旦获得便可永久使用,并作为个人财产,可转让、可继承。

3. 设置经营权期限会造成矛盾累积

有人认为，出租汽车经营权问题比较复杂，对于已配置出租汽车经营权指标而未确定经营权期限的地区，如果地方政府确定了明确的期限、截止的日期，容易影响行业稳定，给地方政府带来较大压力。由于历史原因，一些地方存在出租汽车经营权永久使用或者未规定具体的经营权期限等情况。如果通过行政手段予以强制收回，容易引发矛盾。一些地区大部分个体出租汽车经营权未明确使用期限，如果对期限新加规定，出租汽车经营者和政府之间存在的矛盾便会激化。

基于此，有人认为，虽然出租汽车经营权的永久使用也会带来诸多矛盾和问题，要规定出一个截止期限，在目前情况下时机不一定成熟。要考虑城市发展水平、人们的思想认识水平、政府的财政能力等多方面因素，在取得民众理解及合理补偿的前提下，逐步收回并重新配置出租汽车经营权。

4. 设置经营权期限难以达到预期效果

有人认为，从现实看，部分城市即使规定了经营期限，但由于涉及出租汽车行业稳定，在经营权到期后实际难以收回，最后只能采取经营权期限顺延等做法，不仅出租汽车经营权期限规定难以落实，也会导致民众对政府的公信力产生质疑。

四、经营权转让的主要观点

关于出租汽车经营权转让问题，主要存在以下两种观点：

（一）观点之一：主张允许转让出租汽车经营权

主张允许转让出租汽车经营权的观点，主要基于以下理由：

1. 出租汽车经营权的财产权属性决定其能够转让

有专家认为，传统的财产概念特指有形物品，而经济发展到今天，这种强调有形物的传统财产概念，已经远远不能满足需要，越来越多的财产没有可以观察到的具体形态，这类财产因而被称之为无形财产。美国法学家雷齐（Reich）基于政府管制与新财产关系的分析认为，当代政府创造出的福利、专营特许、政府合同、公共资源的使用权等都成为了新的财产形式，财产日益具有无体性的特征，任何潜在利益都可成为无形财产。这些新的财产形式具备了财产的三个特征:有用性、稀缺性和可交易性。出租汽车经营权属于政府为管理公共事务而创造出来的一种专营特许权,个人或企业一般可以通过行政审批或者公开招标的方式获得,并作为从事经营的首要条件,因此它的有用性不言自明;由于政府对出租汽车的总量控制,它的稀缺性始终存在;有的地方规定允许出租汽车经营权进行转让,它同样具备了可交易性。出租汽车经营权与任何具有较长时期盈利潜力的"品种"一样,具有财产权的某些属性,因此出租汽车经营权应当允许转让。

2. 转让出租汽车经营权属于市场行为

有人认为,出租汽车经营权具有财产权属性,其转让属于市场行为。基于通过市场机制能够实现公共资源的合理配置,政府就不应当干预,应当允许出租汽车经营权转让。即使政府对出租汽车经营权转让进行干预,也应当区别对待。对于出租汽车经营者不愿或无法继续从事经营且其经营权没有到期,政府可优先回购并重新配置经营权;如果政府不回购,应当允许出租汽车经营权进行转让。出租汽车经营权转让非常复杂,政府可以通过税收调节、有效让渡经营权期限等方式,实现经营权的有条件转让。如果采取强制方式禁止转让出租汽车经营权,不仅无法避免转让行为,反而会让情况变得更糟。

在我国,凡实行出租汽车经营权有偿出让的城市,大多对转让作了相应的规定。如《温州市区出租汽车客运经营权有偿使用暂行办法》曾规定:"通过有偿取得的出租汽车客运经营权,长期有效,属个人的,可以继承、转让;属法人的,可以转让。"

澳大利亚的出租汽车"普通"牌照、新加坡的出租汽车"公司"牌照、我国台湾地区的出租汽车"公司"牌照及香港地区的出租汽车牌照,都规定可以在市场中自由转让。在加拿大,出租汽车经营牌照可以转让和拍卖。在英国的英格兰和威尔士,永久性牌照可同车辆一起出售,但伦敦除外。美国的出租汽车"公司"牌照可以无条件转让。法国巴黎实行出租汽车牌照有偿转让制度,由于政府对出租汽车执照实行总量控制,新批的数量很少,一般需要待老驾驶员退出后再向其购买执照,这使得出租汽车从业执照变成了一项可以买卖的产品,但价格不菲。

（二）观点之二：主张禁止转让出租汽车经营权

认为出租汽车经营权应当禁止转让的观点，主要基于以下考虑：

1. 行政审批方式配置的经营权进行转让有悖公平

有人认为，通过行政审批途径无偿获得的出租汽车经营权，如在市场上进行交易，有悖公平原则，在理论上很难获得支持。政府无偿分配出租汽车经营权，一方面是为了将出租汽车经营权授予服务水平更高的经营者，提升出租汽车行业整体的服务质量，另一方面是为了减轻出租汽车经营者的负担。对无偿使用的出租汽车经营权进行转让，与政府的初衷不相符合。

2. 私下转让出租汽车经营权会导致政府的服务行为变质

有人认为，无偿使用出租汽车经营权，是政府向社会提供服务的具体表现形式，私下擅自转让会让政府的服务行为变质。因此，应严禁出租汽车经营权私下擅自转让。出租汽车经营权是一种稀缺的公共资源，经营权到期后，政府应当收回并进行重新分配，私下擅自交易会导致经营权价格畸高、经营者负担加重和出租汽车行业混乱，不利于政府的宏观调控和监督管理。

英国伦敦出租汽车牌照、美国的出租汽车"个人"牌照、澳大利亚的出租汽车"短期"牌照、新加坡的出租汽车"个人"牌照、我国台湾地区的出租汽车"个人"和"合作社"牌照，均规定不得转让。

第二节　出租汽车经营权案例分析

由于社会经济发展水平以及产业结构方面的差异，各个国家和地区所采用的经营权模式也是不尽相同。本节将对东京、香港、伦敦等地的出租汽车经营权案例进行介绍。

一、日本东京：出租汽车经营权实行行政许可

（一）出租汽车行业基本情况

自20世纪60年代后，日本对出租汽车实行数量控制。在1964—1997年长达34年的时间里，东京地区就没有出租汽车公司进入市场。1995年后，日

本开始放松对出租汽车行业的管制,目的是刺激出租汽车公司间的竞争,实行运输费率和服务组合多样化,最终使出租汽车消费者受益。1997 年,东京新设 9 家出租汽车公司、增加 304 辆出租汽车,这是自 1964 年以来首次有新出租汽车公司进入东京市场。出租汽车数量增加后,东京夜间的出租汽车服务随之增多。在出租汽车费率方面,也出现多层次的运价。到 1998 年 11 月底,139 家公司和大约 6000 辆出租汽车降低了起步价。

目前,东京约有 5.2 万辆出租汽车,其中 3.5 万多辆由出租汽车公司运营,1.7 万多辆由个体经营。东京街头的出租汽车一般是排量 2.8 升以上的丰田、尼桑、本田等车型,都是环保型车,不仅用的都是天然气,而且尾气排放还经过特殊处理。东京的出租汽车运价比较昂贵。据“日本出租汽车协会联盟”东京分会统计,日本出租汽车驾驶员平均每年能够挣到 340 万日元,约合 22 万元人民币,比日本所有工人的平均工资低 38.8%。

(二)出租汽车实行行政许可

根据 1951 年日本《道路运送法》及其他相关法律法规,当局对出租汽车的数量、费率、入行标准、服务和安全标准等作了全方位的规定和要求。《道路运送法》及其实施细则规定了出租汽车公司和个人出租汽车申请者的资格条件,以确定申请者是否为适宜的经营者。这些出租汽车经营资格条件,有的直接或间接涉及出租汽车服务和安全水平,也有的与追求规模经济有关。其中,申请出租汽车公司牌照的资格条件包括以下几个方面:一是最低车辆数要求。东京都特别区为 10 辆以上,多摩交通圈为 5 辆以上;二是营业场所要求;三是停车场要求;四是供驾驶员休息的设施要求;五是营运车辆要求;六是资金要求,包括最低开业资金的规定;七是收支预估;八是管理人员要求,公司管理人员中,必须有 1 人以上为专职,且能够掌握管理和营运制度方面的技能;九是管理制度的要求,必须建立适当的乘务制、劳动时间和薪资体系,有足够推行经营计划所需具备相应资格的驾驶员;十是偿付能力要求。对人须有 8000 万日元以上、对物须有 200 万日元以上的保险,或者营运车辆全数加入“共同救济计划”。同样,对个人出租汽车牌照的资格条件也作了要求,除同样对营业场所、停车场、最低开业资金、最低保险标准等进行要求外,还要求申请者具有 10 年以上出租汽车从业经历、连续若干年无违章记录,并且通过颇具难度的地理知识和交通法规考试。

1995 年 3 月，日本政府开始实施“规模缓和推进计划”。涉及出租汽车行业放松管制的主要内容有：放松出租汽车费率和数量控制，降低个人出租汽车牌照申请考试的难度以及改革分区运营管制。

2002 年 2 月，日本修订了《道路运送法》。根据修订后的《道路运送法》，取消了出租汽车数量控制，原则上不得以限制出租汽车经营者和营运车辆的数量为由拒绝发放出租汽车牌照；出租汽车费率进一步放松，运费多样化程度提高。但是，进入出租汽车行业的资格条件与服务和安全标准并没有放松。日本国土交通省（授权下辖的地方运输局）负责审查出租汽车经营申请者是否符合法定资格条件，并对出租汽车经营者和驾驶员的资质、技能、培训、安全运营等进行日常监管。

依照日本《道路运送法》，国土交通大臣必须对申请出租汽车经营许可的法人或个人能否确保运输安全、营业计划是否可行、是否具备完成营业计划的能力等事项进行审查。对于符合《道路运送法》规定的出租汽车公司开业条件和个人出租汽车经营者条件的申请者，予以许可和批准；对于达不到《道路运送法》资格条件的出租汽车经营申请人，则不予许可。特别是，对于存在以下事由的申请者，国土交通大臣不得许可其开业：一是申请人受 1 年以上徒刑或禁闭刑罚，执行终了未满 2 年；二是申请人受吊销“普通旅客汽车运送事业”或“特定汽车旅客运送事业”营业许可处罚，自吊销之日起未满 2 年；三是申请人为限制行为能力人的，其法定代理人有上述两种情形；三是申请人为法人时，该法人的管理人员存在前三项事由之一。

根据《道路运送法》的授权，国土交通省制定了出租汽车经营许可的审查标准的规范性文件，各地方运输局也结合本地实际情况，制定了适用本地的出租汽车许可条件。总体来看，各地的出租汽车经营许可条件和国土交通省的出租汽车许可条件大同小异。

（三）出租汽车经营权实行无偿使用

东京出租汽车经营权由于经过行政许可取得，因此实行无偿使用。东京出租汽车牌照经政府同意，可以转让，但不得在个人和出租汽车公司之间转让。

在东京，取得个体出租汽车经营权的方式有三种：一是新申请出租汽车经营许可证；二是接受转让的出租汽车经营许可证；三是继承出租汽车经营许可证。新出租汽车经营许可证的申请在每年9月，转让出租汽车经营许可证的申请在每年的1月、5月和9月，具体由国土交通省关东运输局审批。

总体来看，出租汽车经营许可证申请人年龄越低，许可条件越为严格。

（四）出租汽车经营权分有期限和无期限两种

在东京，出租汽车分有期限和无期限两种，其中出租汽车公司的出租汽车牌照不设特定有效期，而个人拥有的出租汽车牌照设了有效期。个体出租汽车经营许可证的使用期限为3年，具体从许可取得之日起计算，在这之后要办理出租汽车经营许可证更新手续，到时视年龄、违规等情况再次给予1～5年不等的使用期。

二、中国香港：出租汽车经营权实行拍卖

（一）出租汽车经营权拍卖的基本情况

香港出租汽车经营权的配置方式历经多次变迁。1964年以前，政府只将出租汽车牌照发放给香港8家出租汽车公司。1964年以后，政府改以招标方式将的士牌照拍卖给个人或公司。20世纪70年代末到80年代初，每年配额发出1000个牌照。1984—1991年，每年配发少于300个牌照。1992年、1993年停发牌照。此后，政府只在1994年、1997年分别拍卖了400个和10个牌照。

香港出租汽车牌照拍卖，是在综合考虑市民需要、交通咨询委员会等机构的建议、出租汽车行业和其他公交工具发展现状、道路承载能力、环保要求等因素基础上，确定何时以何种价格拍卖多少出租汽车牌照。在香港，拍卖到的的士牌照永久有效。车辆损毁、报废之后可以换车。政府对牌照买卖、过户、换车、车身展示广告等进行管理并收取一定税费。

（二）出租汽车经营权拍卖的特点

香港的出租汽车牌照拍卖有以下三个特点：

一是市民或公司只要有能力买到出租汽车牌照，都可以作为主体进入出租汽车行业。香港有约90家车行或出租汽车公司经营出租汽车业。香港的

车行首先是投资者,它们通过从政府或市场上买到大量出租汽车牌照获得经营资格;其次,车行又是经营者,它们出租拥有的牌照和车辆赚取租金,转卖自己拥有的牌照和车辆赚取差价;再次,车行还是一种中介机构,它们帮助市民买卖车牌或帮车主雇驾驶员,收取中介费。

二是出租汽车牌照可进入市场自由买卖,价格自由浮动。香港的出租汽车牌照一经政府拍卖,就可进入市场自由买卖。出租汽车从一种交通工具转化为投资工具,香港各大银行也提供按揭给炒车牌者。出租汽车牌照的价格自由浮动,车行每天公布最新的车牌价格行情。除了赚取差价,相当多的人还把买牌照当作长期投资。

三是为防止垄断产生暴利或损害出租汽车驾驶员的利益,政府在拍卖牌照时尽量避免使牌照集中到少数车行。90 多家车行平均每家拥有 200 多辆出租汽车,规模最大的"的士大王"最多时也只拥有 400 辆出租汽车。

(三)出租汽车经营权转让费越来越高

据媒体报道,由于低息持续加上供求失衡,香港市区(指港岛、九龙半岛区域)的士牌照已飙升至 635 万港元的天价,较 2012 年初急升近 30%。有业内人士表示,美国继续推行量化宽松政策及维持长期低利率,使的士牌照成为投资保值的重要工具,相信牌价仍会高企,有人更估计市区的士牌价可高达 700 万港元。

根据香港"的士联合交易所"的网上数据,2012 年 1 月市区的士牌照价徘徊在 500 万港元左右,不少业界当时预期牌价应已"行人止步",岂料牌价高处未算高,过去几个月更辗转向上,7 月份突破 600 万港元,且升势持续。同时,新界的士牌价升幅更惊人,已高达 452 万港元,较 2012 年 1 月约 340 万港元上升 33%;全港仅 50 个的大屿山的士牌价也达 568 万港元。

有经营的士牌照买卖的人士指出,估计目前有近 1 万个的士牌照是以约年息一厘承做按揭,车主卖出的士牌照,等如放弃超低利率按揭及稳定车租收入,现时投资市场前景不明朗,手持现金没有出路,持牌照者均不会轻言出货,这造成的士牌照市场供求失衡。数据显示,香港现在单一车主拥有最多的士的人,拥 606 部市区的士及 192 部新界的士,牌价总值已超越 46 亿港元。

的士牌价屡创新高,香港的士商会却认为业界仍有加价需要,因牌价与调整车费是两回事,维修、保险、零件等成本一直有增无减,车用气价格也正回升,须加价弥补成本上升。

(四)出租汽车经营权拍卖的目的

配额拍卖出租汽车牌照是特区政府对的士行业最重要的宏观管理。其好处有:一是保证了市民对的士的需求。二是控制了的士总量,有利保持交通畅通。三是避免了的士行业恶性竞争,有利维护投资者、经营者及的士驾驶员的利益。四是每个牌照拍卖出数百万港元,政府获得高额财政收入,公共利益首先得到保障。

为了减少城市交通拥堵以及空气污染,香港近年来已停发新的出租汽车牌照,以控制出租汽车数量。

三、英国伦敦:出租汽车经营权实行期限制

(一)出租汽车经营权实行无偿使用

伦敦市运输局对出租汽车营运牌照实行政府许可制度,不收取经营权使用费用,并且对出租汽车经营者牌照转让进行严格限制。出租汽车经营者取得政府部门许可的出租汽车牌照后,可以进入出租汽车市场,具备了从事出租汽车经营的资格条件。伦敦市的有关法律规定,出租汽车牌照不能出售,其所有权归伦敦市运输局所有。若出租汽车牌照持有人死亡,其出租汽车牌照才可与出租汽车一起转给其近亲属,同时出租汽车牌照持有人的近亲属必须承担作为牌照持有人的责任并符合从事出租汽车经营的要求。若出租汽车牌照持有人不再从事出租汽车经营时,其出租汽车经营的权利也随之终止。此外,出租汽车牌照不用于投资或养老金目的。

(二)出租汽车经营权实行期限制

伦敦市对出租汽车经营权实行期限制,并根据出租汽车的分类,实行不同期限。伦敦市对出租汽车分为两类:一类是传统出租汽车,另一类是预约出租汽车。对于预约出租汽车的个人或公司,出租汽车主管部门向经营者、车辆和驾驶员分别发放牌照,并定期进行审核。预约出租汽车驾驶员取得牌照相对容易,取得一张有效期3年的牌照,办证费用为262英镑,不过还需要参加地理能力评估测试,花费30~50英镑;并提交体检合格报告,花费60~100英

镑。时效为一年的预约出租汽车牌照的办理费用只需114英镑，不过需要通过半年一次的审核，每次审核须缴纳50英镑。

伦敦市出租汽车经营权期限和驾驶员从业资格证期限及工本费情况如下(具体如表3-3所示)：

(1)出租汽车牌照：有效期为1年。

(2)出租汽车驾驶员从业资格证：有效期为3年。

(3)预约出租汽车经营者牌照：有效期为5年，包括小型运营商牌照(拥有3辆以下车辆)和标准运营商牌照(拥有3辆或以上车辆)两种。

(4)预约出租汽车牌照：有效期为1年。

(5)预约出租汽车驾驶员从业资格证：有效期为3年。

伦敦出租汽车许可收费情况及经营权期限　　表3-3

类　别	费用(英镑)	有　效　期
出租汽车牌照	163	1年
出租汽车驾驶员从业资格证	249	3年
知识测试费用	250	—
预约出租汽车经营者牌照(小车)	1253	5年
预约出租汽车经营者牌照(大车)	2410	5年
预约出租汽车牌照	114	1年
预约出租汽车驾驶员从业资格证	262	3年

(三)严格管理出租汽车牌照使用

伦敦出租汽车运行及服务行为需要遵照严格的法律规定，如有违反将受到重罚。出租汽车法律由一系列法案共同构成，法案随着时代的发展不断修订和增加，不断完善出租汽车行业管理。法案对出租汽车牌照、徽章的使用、巡游服务、计价器、运输服务行为、驾驶行为等都进行详细规范。如伦敦出租汽车牌照和驾驶员徽章申请、使用、遗失、更换、期限等方面要求非常严格。如在申请出租汽车牌照时使用了虚假信息和未能真实回答问题，将面临1000英镑的罚款。驾驶员在驾驶出租汽车时，必须携带出租汽车牌照和牌照复印件以供检查人员检查。出租驾驶员驾驶出租汽车时必须佩戴徽章，不允许使用和佩戴不属于本人的徽章，否则将面临200英镑的罚款。使用没有牌照的出租汽车巡游揽客，将面临2500英镑的罚款。任何伪造出租汽车牌照和驾驶员徽章的行为将面临无限制罚款，甚至10年的监禁。在出租汽车驾驶行为上，如果出租汽车驾驶员在可停车的路段停下车辆并与招手乘客交谈，那么出租汽车驾驶员必须要搭载乘客，否则将被视为拒载，将面临1000英镑的罚款。出租汽车驾驶员如果抢客将面临200英镑罚款。如有野蛮驾驶、造成他人伤害、酗酒驾车、言语污秽、使用侮辱性手势以及其他不检行为，将面临200英镑罚款或2个月的拘禁。

第三节　我国国情下的出租汽车经营权

在讨论我国的出租汽车经营权时，需结合我国的具体国情，找到适当的管理方式，以促进出租汽车行业的健康稳定发展。

一、经营权管理的理论分析

出租汽车经营权配置的理论基础如下：

1. 行政许可理论

行政许可理论是行政法学理论的重要组成部分，行政许可制度也是行政法学重要制度之一。《中华人民共和国行政许可法》（以下简称《行政许可法》）第二条对行政许可进行了定义，该条规定："本法所称行政许可，是指行政机关根据公民、法人或者其他组织的申请，经依法审查，准予其从事特定活动的行为。"

从性质上讲，行政许可是行政机关依法管理社会政治、经济、文化等各方面事务的一种事前控制手段和重要制度，是政府为了规制自然人、法人或者其他组织的活动而采取的事前控制机制。获得行政许可只能是符合一定条件的人，达不到规定条件的人不能取得行政许可。为了避免鱼龙混杂，便于区别取得行政许可的人与未取得行政许可的人，行政许可往往以证件、决定或公告等能够为公众所知的方式显现，并且被许可人往往负责有从事有关活动时展示行政许可证件或其他证明文书的义务。

行政许可具有以下功能：

一是防止危险。如果自然人、法人或者其他组织的行为具有潜在的危险性，可能对社会或个人的人身或财产造成损害，政府必须适当限制。防止危险是行政许可最主要、最基本的功能。行政许可作为一种具体的行政行为，其直接目的，是将那些对社会及公民个人来说是必要的或者是有益的，但同时又可能对社会或者公民个人带来某些不利甚至危害性的活动纳入规范化的管理，置于行政部门的直接监督之下。行政许可兼具审查与监督两方面的内容，其主要作用就是行政机关通过对自然人、法人或者其他组织的条件进行严格的审查，对其行为进行必要的监督，排除可能产生对社会、个人带来危险的活动，维护社会秩序和自然人、法人或者其他组织的合法权益。

二是配置资源。市场经济条件下，市场在配置资源过程中起基础性作用，通过价格杠杆和竞争作用的引导，资源会向能够取得最大效益的地方流动。但是经济学理论和实践同样证明，市场不是在所有领域都万能的，如在公共物品的配置、资源的分配、精神和文化产品的生产和分配等方面，市场往往无能为力或者难以达到理想的效果。在这种情况下，市场的失灵为政府通过行政许可进行介入提供了可能。由于市场与政府各自能够有效作用的领域受到多种因素制约，在不同时期、不同国家，行政许可在配置资源方面能够有效发挥作用的领域是不一样的。相对而言，市场机制在配置资源中未起基础性作用的国家，行政许可可能在配置资源方面能够发挥更大的作用。因此，由于各国国情不同，同样一件事情，不同的国家可能有不同的资源配置机制。同样一个事项，在不同国家是否设置行政许可，如何实施行政许可都不同。在我国，市场经济尚不发达，市场的发育仍有一个较长的过程，因而市场机制作用的范围、尝试及效果不可能像西方市场经济国家那样有效，政府的行政许可在一定时期内会在多数领域中长期存在。此外，行政许可还有提供公信力证明的功能。

行政许可作为政府经常运用的一种管理和配置资源手段，在行政管理活动中广泛存在，无论是公安、交通管理，还是文化、卫生管理；无论是建设、规划管理，还是资源、环境管理，都运用了大量的行政审批、核准、特许等行政许可。《行政许可法》第十二条规定的可以设定行政许可的事项有：

(1)直接涉及国家安全、公共安全、经济宏观调控、生态环境保护以及直接关系人身健康、生命财产安全等特定活动，需要按照法定条件予以批准的事项。

(2)有限自然资源开发利用、公共资源配置以及直接关系公共利益的特定行业的市场准入等,需要赋予特定权利的事项。

(3)提供公众服务并且直接关系公共利益的职业、行业,需要确定具备特殊信誉、特殊条件或者特殊技能等资格、资质的事项。

(4)直接关系公共安全、人身健康、生命财产安全的重要设备、设施、产品、物品,需要按照技术标准、技术规范,通过检验、检测、检疫等方式进行审定的事项。

(5)企业或者其他组织的设立等,需要确定主体资格的事项。

(6)法律、行政法规规定可以设定行政许可的其他事项。

通过行政许可授予出租汽车经营权,目的就是防止危险,公平合理配置公共资源。《行政许可法》中所指的公共资源,是指自然资源以外基于有限准入的公共政策形成的、具有稀缺性的、由政府管理或所有的公共财产。公共资源产生于政府的控制进入,如果要从事这些事项,就需要行政许可机关予以许可,否则就不能进入特定行业。从本质上看,出租汽车经营权就是对城市道路资源的使用收益权和经营出租汽车的收益权。

城市道路属于国家公共资源,在出租汽车占用城市公共道路资源进行运营的同时,必然影响到城市公共交通及私人车辆对公共道路资源的使用权利。出租汽车主要在城市范围内营运,占用的是城市公共道路资源,营运的车辆多了,会发生交通拥挤和空气污染(外部不经济);营运的车辆少了,又满足不了社会需要。市场机制无法解决自由竞争带来的问题,或者说这一问题代价太大。因此,由政府实施一定的数量管制是必要的。限制出租汽车总量可以缓解交通拥挤、减少空气污染、降低出租汽车行业内的管理成本、保持供给的连续性和稳定性从而保持价格和服务质量的平衡。

出租汽车经营权是经过政府行政许可授权之后产生的一种可以从事出租汽车营运并获取利益的权利,获得许可者即可从事出租汽车营运,未获得者则无从进入,不具有从事出租汽车行业的权利和机会。此种许可授权并非普通主体达成一定条件均可获得,也非任何主体均能享有,只有经过法定程序在申请者和政府部门之间达成协议方可最终取得。这种行政许可因不能普遍性存在就具有了经济学意义上的“稀缺性”，而稀缺即产生经济学意义上的价值。因此这种出租汽车行业特别许可授权行为就能够使权利人获得一种具有经济利益的权利，且这种权利不能无限供给。因而，出租汽车经营也是有限的公共资源，具有资源稀缺性。

政府对出租汽车进行数量限制，出租汽车经营权就成为政府掌握的一种有限的公共资源。其特征为：在性质上本来应该是共享的，在一定时间和范围内可以由不特定社会成员自由、平等使用（公共性），但当资源的享有者数量达到一定程度时，就会出现拥挤效应，不能再有新的或更多的成员进入，否则可能导致灾难性的后果，因而在数量上是有限制的（有限性）。

城市公共道路属于国家公共资源，亦是有限的公共资源，在出租汽车占用城市公共道路资源进行运营的同时，必然影响到城市大型公交车及私人的公共道路资源的充分使用，从而导致负外部性问题。因此，出租汽车数量不能够无限制地增长，需要通过行政许可将出租汽车经营权有限资源进行合理配置。出租汽车行业的发展规划应由出租汽车主管部门会同有关部门，根据所在城市的经济发展水平和社会实际需要，依据科学的方法及公平、公正的程序确定出租汽车的数量和定期投放新的出租汽车经营权指标，以实现资源利用的最大化效益。

2. 公共政策选择理论

公共政策选择理论在 20 世纪 60 年代初期的美国，以詹姆斯 · 布坎南和戈登图 · 洛克为代表的公共选择学派作为西方经济学发展中的一个新的支流学派而形成，在英语文献中被称为公共选择（Public Choice）、公共选择经济学（Economics of Public Choice）。以布坎南为代表的公共选择学派的核心思想有以下几点：

（1）人是理性的自利主义者。

（2）在行动上每个人是理性的，充分利用信息使其利益最大化。

（3）自利的过程：从好的—较好，坏的—最坏的，往往寻求投资最小，获利最大。

（4）把政治视为交易，政治活动是政治家和选民出于自利动机而进行的一系列交易过程。

该理论还认为,国家是社会公共事务的管理者。从理性人的角度解释政府行为,可以认为政府行为也是理性的。一个决策者在面临几种可供选择的方案时,会选择其中使他的效用得到最大满足的方案。政府不是一个人,它是包括多个利益主体的集合体。从本质上说,任何公共政策都是一种利益或价值的分配,是"对一个社会进行的权威性价值分配",一项政策的实质在于通过政策不让一部分人享有某些东西而允许另一部分人占有它们。换句话说,一项政策包含着一系列分配价值的决定与行动。因此,提高公共政策效率的有效方法,是把竞争机制引入公共政策选择之中。通过不断提高国家对于资源整合的能力,提高决策者的素质,使国家的创新能力得到提高,使公共政策选择更好地把握宏观调控的方法和力度,使政策规划更加注重连续性,政策选择更加注重公共性,政策措施更加注重创新性,政策过程更加注重形成整体合力,使公共政策选择的价值取向体现公正与公平。通过科学的合理的和有效的公共政策作用,使社会矛盾进一步缓解,进而维护社会稳定,促进经济发展和社会全面进步。

由于城市客运资源的公共物品属性及出租汽车经营权管理的外部性,出租汽车经营权这一准公共产品必须也只能由国家供给,而国家(政府)的利益格局或价值取向会影响到制度供给的质量和数量。同时,在政策决策过程中,其他利益相关方如出租汽车公司、驾驶员和乘客的利益问题也是政策制定过程中应当考虑的问题,也是政策执行成功与否的关键。在研究出租汽车管理政策各参与主体的利益冲突问题中,公共政策选择理论提供了一个很好的解决问题的视角。

出租汽车经营权管理政策也是一样,通过制定与实施出租汽车经营权管理政策,对政府、出租汽车公司、驾驶员和乘客的利益进行界定与调整,以实现利益均衡的最大化。因此,出租汽车经营权管理政策的制定与执行并非是一个技术过程,而是上述各利益主体博弈的政治过程,其实施绩效也就取决于上述各利益主体的利益兼容程度。由于各利益主体涉及内部主体及其复杂的关系,出租汽车经营权管理政策制定过程呈现不同层级政府之间、政府与出租汽车公司、出租汽车公司与驾驶员、政府与驾驶员之间等多重关系协调。作为掌握出租汽车经营权资源的政府一方,应当以理性的思维和角度,在出租汽车经营权配置过程中,充分考虑到上述各利益主体的利益诉求,不断创新管理方法,注重出租汽车经营权管理的政策连续性、公共性,制定出符合出租汽车现阶段发展情况的出租汽车经营权管理政策。

3. 公共利益理论

公共利益理论是西方微观规制经济学的一个主要流派,其基本主张是政府规制乃是对市场失灵的回应,政府运用公共权力的力量来提高资源配置的效率以增进社会福利。公共利益理论假定,市场是脆弱的,在有些领域市场失灵是不可避免的,如果对市场失灵视而不见,放任自流,将导致不公正或低效率,政府规制就是为了维护社会公正和提高资源配置的效率而产生的。同时公共利益理论假定,政府在规制的过程中,可以代表公众对市场进行理性的计算,使规制符合帕累托最优原则。政府规制所应采用的主要方式有:控制进入、决定价格、确定服务条件和质量及规定在合理条件下服务所有客户时的应有义务等,这样就能防止某些企业对价格进行垄断或对消费者滥用权力。总之,公共利益理论认为,政府规制是政府在存在市场失灵的领域的直接干预,以防止无效率的资源配置的发生和确保需要者的公平利用为目的。也就是说,政府规制是从公共利益观点出发,以纠正在市场失灵下发生的资源配置的非效率性和分配的不公正性以及维护社会秩序和社会稳定为目的。

所谓市场失灵就是指通过市场这只看不见的手不能实现资源的有效配置的情形。通常将因市场缺陷而引起的资源配置的无效率称之为市场失灵现象。市场失灵只能由公共部门的代表,即政府运用其强大的公共权力和有效的经济手段来加以纠正。市场机制在提供公共物品方面的无能为力,要求政府承担起这一重要职能。

出租汽车行业是政府为社会公众提供的具有准公共物品性质的行业,其提供公共服务是从维护公共安全、公民身体健康和生命财产安全及环境保护出发,因此需要获得政府职能的保障。出租汽车行业关系社会公众交通安全、正当权益、健康卫生和环境保护等众多利益,政府必须通过制定各种经营规范、运价、服务质量标准强制出租汽车经营者执行,由政府对出租汽车经营者采取措施,促使其消除负面的外部效应,最终提高提供的服务的水平。

出租汽车是城市综合交通运输体系的重要组成部分。城市轨道交通、地面公交、出租汽车三者将根据各自的特点和优势，以形成结构合理、功能匹配、协调共赢的一体化城市综合交通运输体系，这是未来城市综合交通运输的发展趋势。这一定位要求出租汽车实行优质优价，改善营业环境，吸引素质相对较高的人员进入出租汽车行业，增强出租汽车行业发展潜力，不断提高服务质量和水平。

总之，根据上述理论分析，结合我国各地出租汽车行业的发展历程都表明这一行业的市场调整面临巨大挑战，政府干预必不可少。有效干预方式有很多种，结合出租汽车行业自身特点，通过授予出租汽车从业主体以特别权利从事行业经营，是对市场不能有效配置资源的一种纠正方式。至于在这个过程中产生的一些问题，则是需要从如何去完善和健全出租汽车经营权管理制度的角度去解决。

二、经营权管理的方式选择

（一）现阶段出租汽车经营权配置实行服务质量招投标

政府究竟应当对出租汽车经营权实行怎样的配置方式，从各国的经验、做法以及各种理论观点来看，迄今为止还没有一种统一的范式和解释。选择什么样的配置方式，既取决于出租汽车行业的一般特性，也取决于出租汽车的发展环境。政府如何出让出租汽车的经营权，不但涉及对公共资源的配置是否公平合理，也直接影响到政府的调控手段、监管效果和出租汽车行业的健康稳定发展。出租汽车行业发展和管理中的不少问题，都与经营权出让方式不当有关。由于我国各地城市规模、发展水平，出租汽车公司发展的起点、路径各异，因而各地在经营权配置方式方面的做法也不同，目前主要有行政审批、公开拍卖和服务质量招投标三种方式，其中，服务质量招投标方式正在成为出租汽车经营权配置的主流方式。出租汽车主管部门通过确定一套综合考评体系，对公司的服务资质和水平进行综合测评，择优配置出租汽车经营权。这种方式大多是有期限的，既有有偿出让的，也有无偿出让的。目前，除极少数城市采取公开拍卖的形式外，其他大多数拟新投放运力的城市正在尝试采取服务质量招投标的形式。部分过去采取经营权期限过长甚至无限期的城市，对新投放的运力大多缩短了期限或者改为有期限。

因此，根据我国目前经济发展状况和出租汽车行业发展的实际，出租汽车经营权的配置应当主要采取服务质量招投标方式，其理由如下：

1. 服务质量招投标方式符合法律规定

出租汽车经营权既为公共资源，就可以通过设定行政许可的方式进行资源配置，即通过行政许可实现经营权数量的分配。《行政许可法》第五十三条规定："对有限自然资源的开发利用、公共资源配置以及直接关系公共利益的特定行业的市场准入等，需要赋予特定权利的许可事项，除法律、行政法规另有规定外，行政机关应当通过招标、拍卖等公平竞争的方式作出决定。"目前，我国并没有法律、行政法规对出租汽车经营权行政许可的具体方式作出明确规定，因此根据上述规定，出租汽车经营权通过招投标方式配置应符合《行政许可法》的规定。

2. 行政审批方式已逐步不适用于出租汽车经营权配置

在我国行政许可实践中，行政审批通常作为行政许可的一种具体方式。行政审批设定的起因，主要是防止危险、保障安全、保护环境等。行政审批的运作机理是，政府针对市场在保障安全、维护环保方面存在的失灵问题进行事前的监管，申请人只要符合安全、环保要求便可进入市场，通常没有数量限制。

在出租汽车行业发展初期，也即在20世纪80年代，行政审批制度对于行业的迅速发展起到了至关重要的作用。在出租汽车经营权采取拍卖和服务质量招投标方式配置之前，通过行政审批方式无偿给予出租汽车公司或个体业主经营权，曾是各地出租汽车市场准入的通行做法。当时由于车辆投人成本高，消费需求规模较小，出租汽车数量相对较少，整个出租汽车行业处于自发发展阶段，运力基本不受控制，经营权的获得主要经由行政审批。

但是从改革开放至今，出租汽车行业进入了治理整顿和促进规范发展的阶段。在政府对出租汽车经营实行价格管制，出租汽车行业退出机制尚不健全的市场环境下，行政审批存在着明显的制度性缺陷：一是经营权分配质量难以保证。由于缺乏公开的竞争，行政主管部门难以根据企业的服务质量对经营权进行配置，不利于建立优胜劣汰的市场竞争机制。二是实施行政审批环节较多、手续繁琐、时限较长，效率较低。三是容易引发腐败问题。在稀缺资源配置领域，行政审批意味着行政机关掌握着分配经济利益的权力，行政分配带来的市场利润促使企业采用非常规手段获得经营权，容易产生腐败问题。在行业管理实践中，近年来对出租汽车经营权采取行政审批制度的城市越来越少。在现代经济学中，行政审批很难找到存在的依据，这与《行政许可法》的立法精神以及国家总体改革方向也不符合。

3. 拍卖方式并不适合于出租汽车经营权的许可

尽管拍卖方式具有公开、公平、公正的特点，有助于将资源配置给机会成本最高的经营者，保证资源的最有效利用，但也存在一些问题。一方面，拍卖方式抬高了出租汽车经营权价格，增加了出租汽车运营成本，成本增加最终有可能转嫁至消费者。另一方面，拍卖方式强化出租汽车的资本运作特性，竞拍者只要有足够的资本便可以获得出租汽车经营权，而竞拍者采用何种运营管理模式、能否提供优质的出租汽车服务与是否中标没有必然联系，在制度设计上不利于出租汽车行业的健康发展。此外，拍卖方式还强化了出租汽车经营权的产权特性，增加了市场退出难度，难以做到优胜劣汰。政府拍卖出租汽车经营权，激烈的竞拍会造成经营权出让价格水涨船高，结果使申请人需要向政府支付巨额费用后才能从事出租汽车经营，这无疑变相提高了出租汽车经营门槛，增加了经营者费用，不利于整个出租汽车行业的健康发展。

4. 通过竞标配置出租汽车经营权扰乱了市场

从理论上说，运用市场化手段，通过价格竞标实现出租汽车客运经营权的有偿使用，从而为市场主体提供一个公平竞争的平台是一种比较理想的方式。但事实表明，实行经营权竞标出让，标的价格的攀升大大超过了政府的预计。结果在竞标中获得出租汽车经营权的业户，由于标的过高而背上沉重的包袱，直接影响了他们的经营收益，出现了市场紊乱。这种经验说明，对于出租汽车经营权的有偿使用，不仅要考虑到出租汽车经营权的准入价格，还要考虑到准入价格的带来的各种影响，考虑到服务质量，考虑到市场主体间的公平竞争，还应当把出租汽车经营者的资格条件、内部管理、服务质量作为重要的评标内容。

目前，全国部分地区政府通过竞标的方式出让出租汽车经营权。从有利的一方面来说，当地政府能够获得一定的财政收入；从不利的一面说来，则是加大了出租汽车行业的进入成本，对行业潜在进入者产生排挤作用，同时也增加了出租汽车公司的资本压力。在这种情况下,出租汽车公司又往往向出租汽车驾驶员转嫁成本,最终压力会被传导到广大消费者头上。拒载、乱收费现象既与出租汽车驾驶员本人的素质有关,也与这种经济压力不无关系。由于“黑车”不需要承担这一部分成本,可以获得更高的利润,因而“黑车”才会铤而走险,最终造成“黑车”等非法经营行为的存在。

5.通过服务质量招投标配置出租汽车经营权有利于提升行业服务水平和促进行业良性发展

相比较而言,拍卖或竞标方式以竞价为主要手段,价高者得,虽然公开透明,但容易引起价格虚高,忽视了出租汽车公司的资质和服务质量,不利于企业做大做强和服务质量的提高,且已被实践证明是不利于出租汽车行业发展的;行政审批的方式比较简单,但容易造成暗箱操作。相比较而言,服务质量招投标具有以下优势:

一是有利于做到公开、公正、透明。服务质量招投标是以出租汽车经营者过去的质量信誉考核结果和将来的服务承诺为主要评标内容,既可以做到公开、公正、透明,又有利于企业提高管理水平,实现集约化经营,更有利于出租汽车行业整体服务质量的提高。

二是有利于出租汽车行业建立完善的优胜劣汰市场竞争机制。出租汽车行业存在一定的信息不对称。一方面,出租汽车服务与消费过程并存,乘客很难在乘坐某一辆出租汽车前对其服务水平进行评判。另一方面,由于服务质量存在优劣的出租汽车经营者在吸引客源时的区别并不明显,经营者将缺乏提升服务质量的积极性。而一旦采用服务质量招投标方式,如果出租汽车经营者的服务质量未获得认可,将无法继续获得经营权,从而有利于建立完善优胜劣汰的市场竞争机制,提升出租汽车行业整体服务水平和服务质量。

三是有利于鼓励出租汽车经营者加强自身建设,增强竞争能力。保障服务质量是政府管理的主要目标。在建立完善出租汽车市场准入与退出机制过程中,应当以服务质量作为最重要条件,将有限的经营权指标配置给服务质量最优的出租汽车经营者,促进其加强自身建设和发展。正因为此,国家有关文件要求,要按照公开透明、公正有序、公平负担的原则,逐步推广采用以服务质量为主要竞标条件的经营权招投标方式,建立科学合理的出租汽车经营权配置机制。

政府在出租汽车经营权配置时，应该公开透明，建立以企业服务质量和综合素质为标准的经营权招投标配置方式，逐步建立中期考核评价制度。同时，出租汽车经营权期限届满，为维护出租汽车行业稳定和城市形象，保持出租汽车行业平稳发展，应当允许服务质量优良的出租汽车公司延续经营。同等条件下，服务质量优良的出租汽车公司应优先获得出租汽车经营权。对经营状况不好、服务质量不佳的企业，政府要及时收回经营权并进行重新配置。对于质量信誉考核不合格的企业，政府可以全部收回或适当减少经营权数量。

（二）现阶段出租汽车经营权倡导无偿使用为主的方向

从历史上看，我国出租汽车经营权从产生之日起，就采取行政许可无偿使用。北京、上海等城市也一直沿用无偿使用出租汽车经营权的方式。改革开放后，我国部分地区限于地方财政压力，曾对出租汽车经营权探索实行市场化运作的方式，对出租汽车经营权实行有偿使用。一方面，政府实施经营权有偿使用，对于加强出租汽车运力调控、规范出租汽车行业起到了一定的积极作用，也为地方募集了一定的城市建设发展资金；另一方面，出租汽车经营权有偿使用也带来了诸多问题：一是有偿使用不利于出租汽车经营权到期后的回收和重新配置，容易造成政府在管理中处于被动地位；二是有偿使用导致出租汽车经营权私下交易和转让行为普遍存在，市场过度炒作导致经营权价格畸高，不利于出租汽车行业的健康发展；三是有偿使用客观上增加了出租汽车经营者的负担，容易引发市场波动和影响社会稳定；四是部分城市的出租汽车经营权有偿使用费并未完全投入到出租汽车行业，不利于出租汽车行业的健康发展。

基于上述原因，《国务院办公厅关于进一步规范出租汽车行业管理有关问题的通知》（国办发〔2004〕81 号）明确提出：“所有城市一律不得新出台出租汽车经营权有偿出让政策。已经实行出租汽车经营权有偿出让的，可召开听证会，在充分听取有关专家、从业人员和乘客等社会各方面意见的基础上，对经营权出让数量、金额、期限、审批程序、出让金用途以及经营权转让、质押、权属关系等进行全面清理和规范。”与有偿使用相比，出租汽车经营权无偿使用更有利于政府加强对出租汽车行业的规范和管理，应当成为未来出租汽车管理的发展趋势。

1. 出租汽车经营权的性质决定了无偿使用的合理性

出租汽车经营权原本属于一种公共资源，虽然由政府掌握，在性质上应该是共享的，理论上应为全民所有，在一定时间和范围内可以由不特定的社会成员自由、平等使用，以体现其公共性。因此，出租汽车经营权应实行无偿使用。

2. 无偿使用出租汽车经营权优势明显

第一，无偿使用出租汽车经营权避免了政府与经营者之间的买卖关系，更有助于政府加强对出租汽车行业的规范管理和建立相应的调控机制，促进出租汽车行业的有序竞争；第二，无偿使用能够减轻出租汽车公司和驾驶员的负担。政府管理的目的不是“与民争利”，利润空间更多地让渡于出租汽车公司、驾驶员和消费者，有利于提供和保障优质的出租汽车出行服务；第三，随着政府财力的不断增强，原先采用经营权有偿使用方式的部分城市，无需也不应当再将经营权配置作为财政资金来源的渠道，也给政策的调整完善提供了有利条件。

3. 无偿使用出租汽车经营权凸显了出租汽车行业公共服务的特征

出租汽车经营权虽然是有限的公共资源，具有资源稀缺性。但同时，出租汽车行业发展的最终目的是为社会公众提供公共服务。无偿使用出租汽车经营权降低了出租汽车经营者的成本，避免了经营者将过高的经营成本转嫁到消费者身上，打击了投资者炒买炒卖、牟取暴利的心理预期，遏制了权力寻租行为，从而能使用社会大众能够享受到更加经济、便捷、质优的服务。

4. 有偿使用出租汽车经营权增加了社会效益与经济利益之间的矛盾

有偿使用出租汽车经营权存在一个问题，这个问题也正是社会效益与经济利益之间的矛盾所在。在其他市场要素不变的条件下，如果有偿使用金过高，出租汽车经营者的负担就会过重，就会影响出租汽车经营者的经营收益，一旦经营者的经营收益低于合理化的水平，就必然会导致出租汽车经营者的不满心理和不良行为。如果出租汽车经营者经营收益过低，可能造成出租汽车行业不稳定。相反，有偿使用金越低或者没有有偿使用金，出租汽车经营者的负担就会越轻，经营者的经营收益就容易得到保障，出租汽车经营者的成就感一旦得到满足，就能将自己的经营行为同社会要求联系起来，将自己的行为引入到社会的评价体系，从而会自觉增强职业自律，提高服务水平。

由于各地实际情况差异较大，历史遗留问题较多，在有些地方出租汽车有偿使用已形成了一种既有的格局，采用“一刀切”方式要求立即停止经营权有偿使用的做法，也可能并不完全切合实际，因此各地应结合实际情况，采取逐步消化过渡的方式予以处理。一是应明确目标，发出明确的政策导向信号，今后的发展方向是鼓励经营权无偿使用，降低投资者的心理预期。二是新增运力逐步采取服务质量招投标方式配置出租汽车经营指标，实行无偿使用。条件成熟的城市，应当尽快全面推行。已经实行出租汽车经营权指标有偿使用的地区，在一定时期内仍确需继续实行的，应当在充分论证和广泛征求意见的基础上，就有偿使用的方式、经营期限、使用金额和用途，提出具体方案报省级人民政府审查批准后实行，并向社会公布。经批准在一定时期内继续实行出租汽车经营权有偿使用的地区，不得通过拍卖或以价格为竞标条件的招投标方式配置出租汽车经营权。三是有偿使用金应当主要用于改善出租汽车服务设施、行业科技进步和文明创建等方面，并按照批准的用途实行专款专用，接受社会监督。四是对于过高的出租汽车经营权价格应当逐步予以稀释，鼓励各地结合新增运力投放积极实践探索，实现经营权价格从高位逐步回落。五是建立对各类出租汽车公司的中期评估、激励、质量监督制度，确保到期出租汽车经营权的收回。六是积极推进出租汽车公司规范化建设。在时机成熟时，最终取消出租汽车经营权有偿使用，推行以服务质量招投标为核心的经营权配置方式。

（三）现阶段出租汽车经营权理论上应有期限

当前，对出租汽车经营权设置一定的使用期限较为合理。出租汽车经营权应当具有一定的使用期限，其期限可以与其车辆报废时间的倍数基本保持一致。

1. 出租汽车经营权具有附期限性

行政法学理论认为，行政许可权具有附期限性。所谓附期限性是指行政许可权的存续应有经营期限的限制。首先，如果将行政许可权永久授予权利人，则该权利所指向的资源归属形式实际上已经改变了性质，不再成为政府所控制的资源而成为了私人资源，与行政许可权的设立目的相悖；其次，限定行政许可权的期限可以增加权利人的竞争压力，为了在将来再次获得行政许可权，权利人就会努力改善经营管理，提高技术水平，促进整个产业的进步；再次，随着经济社会的发展和技术的进步，某些产业可能会失去由政府进行垄断或控制的经济政策理由，限定经营期限就给政府一个对行政许可权范围的调整空间，以适应社会的发展。出租汽车经营权通过行政许可取得，当然具有附期限性特征。

2. 设置出租汽车经营期限是政府更好地提供公共服务的保障

从出租汽车经营权授予本身来看，政府为了更好地提供公共服务，通过行政特许的方式允许出租汽车经营权人从事出租汽车经营行为，本质上是对出租汽车经营权人的一种授权行为。这种所授予的权利的性质、内容、期限均由政府根据公共服务所需的相关条件进行设定。通过行政许可授予出租汽车经营权也是政府提供公共服务的一种方式。出于更好地服务社会公众的目的，客观要求此种权利要受到政府较多的关注和限制。

政府通过授予出租汽车经营权来提供公共服务，需要具有一定的激励机制来刺激出租汽车经营权人提高服务参与竞争的积极性。对权利设置一定的期限限制并结合市场准入制度，可以同时对既有出租汽车经营权人和潜在出租汽车经营权申请人产生积极作用。前者受期限限制和潜在竞争者的压力将努力改善经营管理，提高经营水平，注重公共服务质量，从而可以在将来再次获得行政许可权；后者则有机会进入出租汽车市场提供服务并获取盈利。最终的结果是，出租汽车经营权在初始分配阶段得到不断更新，促进出租汽车行业竞争秩序的良好发展。如果将出租汽车经营权永久授予经营权人，则出租汽车经营权所指向的资源归属形式、性质就会发生改变，出租汽车经营权就会成为私人资源，而不再由政府控制，这就违背了行政许可设立的目的。行政许可设立的主要目的就是政府通过行政许可配置公共资源。

3. 设置经营期限是实现政府调控目标的有力手段

对出租汽车经营权作一定的期限限制，可以促进政府对公共服务的灵活管理，政府通过建立和完善退出机制，根据社会的发展在经营期限内对出租汽车经营权范围进行调整，从而实现并加强政府对出租汽车行业的宏观调控。出租汽车经营权到期后，整体实力强、服务水平高的出租汽车公司可以继续从事经营，有利于维护出租汽车行业稳定和城市良好形象，而对服务质量差、经营不佳的企业，政府可以收回经营权进行再次分配，实现资源的优化配置。当然，出租汽车经营权期限的设置应当科学合理。经营期限过长不利于政府调节，经营期限过短则不利于企业的发展及规划，同时也会增加经营者负担。同时，政府在收回经营权的同时，需要建立完善相应的配套机制，保障企业服务水平和驾驶员合法利益。

4. 设置经营期限是提高企业自身服务质量的有效途径

设置经营权期限，出租汽车公司需要在经营权期限内通过加强企业管理、提供优质的车辆设施和提高服务质量等，不断加强自身经营和竞争实力，从而在经营权到期后再分配时能够继续经营。因此，设定出租汽车经营权期限可以提高出租汽车公司的服务质量，促进整个出租汽车行业的健康发展。

5. 出租汽车经营权无明确期限或允许永久使用有诸多弊端

如果经营权无明确期限或永久性出让，容易引发诸多问题，弊多利少。一是导致对出租汽车经营权人保护不利，影响出租汽车经营权人的积极性。因为没有固定期限则意味着政府可能会随时收回出租汽车经营权。二是容易导致出租汽车经营权人长期占有出租汽车经营权，不利于出租汽车行业良好秩序的形成。三是容易使社会对出租汽车经营权能够带来的经济效益形成过高的心理预期，为非法炒卖、哄抬出租汽车经营权价格提供了空间。四是一些企业和驾驶员长期经营不规范、服务态度差，造成社会公众不满，但由于缺乏退出机制，优胜劣汰的市场竞争机制难以发挥作用。五是不利于政府运力调控，即使供大于求时，政府也难以减少运力总量，运力发展规划难以实施。同时，对于运力优化结构调整也缺乏有效手段，行业整体服务与发展水平难以提高，不利于出租汽车行业的良性发展。六是不利于政府实行监管。这种方式导致了出租汽车经营者对社会公共资源的永久占有，是对公共利益的一种侵害。一旦无限期出让的经营权成为一种私人产权，政府监管部门就在很大程度上失去了对经营权的约束和管理权限，不利于对出租汽车服务质量的监管。

出租汽车经营权期限的设定，要结合政府部门城市客运整体发展战略、出租汽车行业特点、经营规模、经营方式和市场供求情况进行综合考虑。因此，出租汽车经营权的出让，应当以经营者提供满足服务质量标准和相关监管要求为条件，并充分考虑便于经营者进行经营管理，将经营权出让期限尽可能与车辆使用年限或更新周期相一致，以避免经营权到期而车辆未到报废期，从而给经营者为处置车辆而增添不必要的负担和麻烦。

在我国实践中，出租汽车经营期限分为较短期限、较长期限。经营权期限的长短也是一个需要注意的问题。经营权期限过长或过短都会造成不同的问题。经营期限过长，不利于政府调节，容易影响政府对出租汽车市场的调控能力，造成企业缺乏竞争力；经营期限过短，又会造成经营者短期经营行为，不利于企业的发展及规划，企业缺乏发展后劲，行业服务质量难以保障，同时也会增加出租汽车经营者的成本，影响出租汽车社会公益效能发挥。我国一些城市将经营权期限规定为 20 年、30 年、50 年，甚至 70 年，而一些县城将经营权规定为 2 年或 3 年，这均不利于出租汽车行业的长远发展。

从我国目前实际情况来看，出租汽车经营权的期限可以与车辆的车型和报废周期相结合来确定。对于出租汽车经营权的具体期限，期限的长短各地可以根据当地具体情况而定。新投放的出租汽车经营权期限原则上不应超过 10 年。对于已经配置出租汽车经营权指标且确定经营期限的，应当执行已经确定的经营期限；已经配置出租汽车经营权指标未确定经营期限的，应当合理确定经营期限。出租汽车经营权指标期限届满后，出租汽车经营者在经营期限内服务质量信誉考核合格的，可以延续经营；质量信誉考核不合格的，应当由政府收回经营权，并按照相关规定重新配置。要妥善处理永久经营权这一棘手问题，具体可在保持社会稳定有序的原则下制定相应办法。

出租汽车经营权期限可以依法改变，改变的方式有两种。第一种是依据法律法规双方达成合意而变更出租汽车经营权期限。双方作为行政许可经营的平等主体合意达成变更协议。第二种是由政府单方面作出变更。政府部门可以根据公共利益的需要，规定在一定期限到来之后对经营权期限进行变更或者撤销。该变更或撤销经营权的年限应在经营权的期限开始至经营权期满前的相当时间内，并且应当给予经营权人以相应的补偿，否则不能撤销经营权。政府也可以规定一定的具体情形，一旦规定的情形发生即可变更或撤销，而不必等到一定期限之后，也不必给予相应补偿。第二种情况之下必须严格控制政府单方面变更和撤销权的行使，否则将会严重损害权利人的利益。

(四)现阶段出租汽车经营权转让应区别对待

在我国现实情况下,出租汽车经营权不得私下擅自转让,到期后应当由政府收回,重新配置。法律、法规规定可以转让的,应当按照规定的条件和程序转让,并且应到出租汽车主管部门办理登记。

1. 出租汽车经营权的产权属性决定其能够转让

经济学理论认为,但凡具有产权属性的权利皆具有可转让性。从出租汽车经营权的内容来看,获得出租汽车经营权,就意味着取得从事出租汽车经营并获取利益的权利。而未获得者则无从进入,不具有从事出租汽车经营的权利和机会。这种权利因不能普遍性存在就具有了经济学意义上的"稀缺性",而稀缺即产生经济学意义上的价值,即成为财富或资源。因此,出租汽车经营权就成为能够使权利人获得一种具有经济利益的权利,这也使得其具有了产权的属性,也就具有了可转让性。

2. 基于公平竞争方式取得的出租汽车经营权可以转让

行政法学理论认为,行政许可通常是与持证人个人属性相关,因为只有在申请人具有适当的品行、技能、素质,符合规定的条件,才能获得许可。行政许可只能反映被许可人的情况,不能反映其他人是否符合法定条件。因此,行政许可一般不得转让。例如,律师执业许可不能转让。但如果是申请人以公平、竞争方式取得的行政许可,依照法律、法规规定的条件和程序,则可以转让。根据上述理论,出租汽车经营权如果是通过行政审批方式取得的,理论上不能转让;如果是通过行政许可中的拍卖、招投标等方式取得的,理论上可以允许转让,但必须经过政府的允许才能转让。

3. 出租汽车经营权转让必须受到一定条件限制

作为具有财产属性的权利,出租汽车经营权应当允许转让,当无疑义。但是因其关乎政府提供社会公共服务,必须保证其所提供服务的稳定性和持续性。因此,出租汽车经营权的转让必须受到相应限制。这一限制不仅体现在对出租汽车经营权人转让权利本身的限制,也表现在受让人不能随意变动出租汽车经营权的内容、期限及其他主要内容。第一,受让人必须符合法定条件,即符合法律法规规定的出租汽车经营的要求。第二,出租汽车经营权受让人必须承担权利主体获取权利时所承诺承担的社会公共服务责任。这部分义务必须全部承担，且应获得政府授权部门审批。第三，出租汽车经营权转让有最低服务期限限制，即出租汽车经营权人取得经营权后必须在经营一定期限后，才能转让，受让人取得剩余期限内的经营权。这是为了避免权利人以盈利为目的恶意转让从而危害公共服务。例如，《杭州市客运出租汽车经营权有偿使用管理办法》第十七条明确规定："客运出租汽车经营权需要转让的，必须待第一次取得经营权满两年后方可转让，并且应转让给具有一定经营规模的客运出租汽车经营单位。"

4. 出租汽车经营权转让应当符合法律规定

《行政许可法》第九条规定："依法取得的行政许可，除法律、法规规定依照法定条件和程序可以转让的外，不得转让。"这一规定原则上对行政许可采取禁止态度，但实际上给行政许可的转让留下了空间。该规定意味着，只要法律、法规明确规定可以转让的，行政许可就可以转让。但行政许可的转让不同于一般商品的转让，为便于行政机关对相对人进行监督管理，转让双方应当到有关行政管理机关办理登记手续，以便行业管理部门及时了解有关情况，审查转让条件，进行后续监督管理。现行不允许转让行政许可的规定主要是由于没有明确的法律依据造成的。

针对现阶段我国出租汽车经营权的现状，在出租汽车经营权转让问题上需要予以区别对待：第一，出租汽车经营权不得私下擅自转让。但法律、法规规定依照法定条件和程序可以转让的，应当依照法定条件和程序进行转让，并办理登记手续。第二，无偿使用的出租汽车经营权，经营期限内不再继续经营的或经营期限届满的，由政府收回，重新配置，车辆由产权所有人自行处理。第三，有偿使用的出租汽车经营权，在经营期限内确需转让的，政府可综合考虑出租汽车运力规模、有偿使用金标准和已经营运年限等因素优先回购；政府不回购的，可向质量信誉考核合格的出租汽车经营者转让，并按照规定办理转让变更手续。第四，违反规定私下擅自转让经营权的，转让无效，依法追究相关经营者行政责任，包括吊销一定数量的经营权。第五，出租汽车经营权的转让应当经过价格评估等程序，禁止私下倒卖、炒买炒卖、牟取暴利等扰乱正常市场秩序行为，严厉打击各种私下擅自转让经营权的行为，防止过去已经出现的高价炒卖经营权现象的发生。第六，要加强市场监管和制度建设，进一步研究制定规范出租汽车经营权转让细则，确保出租汽车经营权转让公开、公平、合法、有序进行，依法查处黑市交易和“炒买炒卖”行为。

总体来看，以上分析主要是在目前我国出租汽车行业整体所处的发展阶段和所面临的环境条件下，针对大中城市的出租汽车经营权管理和发展所提出的思路和建议。由于各地发展模式和路径差异较大，在中等城市和小城市，乃至大中城市相互之间，也很难做到“一刀切”。而且，随着时间的推移，出租汽车行业发展的环境条件都会发生变化。因此，以上思路和建议，一些原则性的东西，各地要严格遵照和执行；一些方向性的东西，要发挥其对各地出租汽车规范管理的指导作用。而对于一些已经形成与总体发展方向和思路区别较大的城市和地区，不能急于进行大的转变，应当允许其在现有经营管理方式的基础上，通过制度创新和增量调整，逐步理顺管理和发展的关系，探索形成新的管理方式。

第四章　出租汽车经营模式

出租汽车经营模式的选择，关系到出租汽车行业的发展方向，影响着出租汽车的服务质量和政府的管理效率，涉及出租汽车经营者和驾驶员的切身利益。当前，我国出租汽车的经营模式总体上可分为公司化经营和个体经营两类。近年来，对于出租汽车经营模式如何选择，大家众说纷纭，未形成一致意见，已为社会所关注。本章将对主张公司化经营和个体经营的不同观点进行分析，在借鉴国外出租汽车经营模式经验的基础上，对我国出租汽车行业经营模式的现状及利弊进行剖析，提出我国国情下的出租汽车经营模式建议。

第一节　出租汽车经营模式的主要观点

从国内外出租汽车行业管理实践，以及社会各界观点来看，目前对出租汽车行业究竟应实行哪种经营模式，主要存在三种不同观点：一是主张实行公司化经营；二是主张实行个体经营；三是主张公司化经营和个体经营两种模式并存。

一、观点之一：主张实行公司化经营

公司化经营是出租汽车公司出资购买出租汽车，取得出租汽车经营权，并组织经营管理，通常采用招聘驾驶员驾驶车辆或将车辆承包给驾驶员经营两种形式。公司化经营与我国当前一些城市存在的出租汽车挂靠经营有着本质不同。挂靠经营组成的公司不拥有出租汽车所有权或经营权，甚至所有权和经营权都不拥有，不是真正意义上的公司化经营。本章所指的公司化经营，不包括实行挂靠经营的出租汽车公司。主张公司化经营的理由主要包括以下几个方面：

（一）公司化经营有利于提高服务质量

有专家认为，出租汽车公司与个体出租汽车经营者相比，其实力和信誉乃至履责能力都要强得多，这是众所周知的事实。虽然也有人提出，信誉并不是大公司的专利，造假也不是个体户的代名词，仅从个别事例来看，的确如此。但从整体上而言，公司经营在各方面都要比个体经营存在优势。其一，现有的公司经营，虽然也存在不规范和不安全等因素，但总的来说，各个出租汽车公司还是有一定的信誉，遵守着一定的秩序和规则。出租汽车公司有相对严格的管理手段，使出租汽车驾驶员难以越轨，诸如对闯红灯、欺客等行为有处理手段。其二，公司经营能形成一定实力和价值的品牌，这个实力和品牌不仅决定了它要力图为乘客提供质量更高的服务，还决定着它在履行责任能力方面要比个体强得多。取消公司经营，实行个体经营，则是回到市场经济的起点上去。个体经营的发展方向，必然是走向公司化、规模化，以足够的实力去赢得市场竞争。这从其他行业的发展情况就可以充分证明这一点。

有人认为，在竞争激烈的市场环境中，个体经营不利于形成现代化的出租汽车产业，不利于实现出租汽车行业的健康发展。在公司化经营的模式下，通过全面构建规范的出租汽车市场准入、日常管理和奖励惩罚制度，可以促进出租汽车驾驶员学习掌握相关技能、提高服务质量，减少出租汽车违法违规行为的发生，从而有效保障乘客的合法权益。出租汽车公司招聘出租汽车驾驶员，是对进入出租汽车行业的二次把关及评估，通过优胜劣汰等方式，有利于进一步加强对出租汽车驾驶员的准入把关。出租汽车公司通过加强对驾驶员的培训和教育，提高了驾驶员的素质；通过规范公司内部管理，对出租汽车驾驶员有了制度上和管理上的约束。此外，公司化经营可以通过建立车辆的维修制度，确保车辆运行的安全性。

（二）公司化经营提高行业抗风险能力

有人认为，由于经济能力有限，个体出租汽车抗风险能力相对较差。各地出租汽车行业发生赔偿额度在百万元以上的重特大交通事故，需要大量资金赔偿时，即使个体驾驶员倾家荡产也无力赔偿，事故受害人难以获得足额赔付。与个体经营相比，公司化经营则具有较强的风险承担能力。同时作为法人单位，出租汽车公司要承担这个单位在生产过程中潜在的运营风险和在出现突发状况下对出租汽车驾驶员的救济。当发生交通事故等意外情况时，出租汽车公司能够与出租汽车驾驶员共担风险，避免因驾驶员无力承担巨额赔偿导致受害者无法得到应有补偿等问题。

（三）公司化经营降低社会监管成本

有人认为，出租汽车产品的特点决定了其服务质量光靠驾驶员的觉悟是无法保证的，一定需要监管。特别是，由于出租汽车行业的产品是服务，生产过程与消费过程重叠，与有形产品的监管有很大差别，如果缺少了出租汽车公司这一中间环节，政府直接面对动辄数以万计的驾驶员，进行日常性监管的难度非常大，还可能会引发监管不到位或对出租汽车行业自主经营干涉过多等问题。

有人认为，政府要有效管理出租汽车市场，就要面临两种选择：要么大幅度增加政府部门的监管资源，形成庞大的政府监管机构；要么在中间衍生出新的代理机构。这两种管理的方式，都需要由政府承担极大的监管成本，其管理效果也很难尽如人意。行业监管如采取规范的公司化运营模式，将监管成本社会化，管理效果也会比较好。

还有人对出租汽车行业个体经营后产生的管理问题进行了探讨，他们认为，如果取消公司经营后，数量庞大的出租汽车个体驾驶员产生了，没有公司这一层的有效管理，谁来保证他们提供优质的服务？谁来保证他们能营造一个安全、文明、有序的乘车环境？出现问题谁来制约他们？有人说，让政府来管理。然而，从目前政府所具有的管理手段、人力配置、管理能力来看，这一点基本上是很难做到的。有人说，这个具体管理权，可通过成立一个个体出租汽车协会来解决，代为执行政府的监管职责。但也有人认为，目前有的协会变成"二政府"，有的协会只为赚钱，只怕成立这个协会后，个体出租汽车驾驶员又多了一个管理者，又要多出一份钱。这样不但不能给出租汽车市场和广大乘客带来什么好处，反倒会制约出租汽车市场的进一步发展。

（四）公司化经营有利于维护驾驶员权益

有人认为，规范的公司化经营，能够为出租汽车驾驶员提供管理和服务，使驾驶员获得保险、医疗、养老等社会基本保障。而从地方实践来看，个体经营存在着层层转包等问题，反而造成一线出租汽车驾驶员负担更重，待遇更差，收入更低。以温州出租汽车个体化经营为例，1998 年温州对出租汽车行业曾经实行过“个体化改革”，公开拍卖经营权给个人，并实行永久买断，这种模式当时被誉为“温州模式”。有人认为，该模式打破了以往国有、集体企业对出租汽车行业的垄断，转而由市场主导出租汽车行业运行，是管理模式的重大创新和突破。但遗憾的是，随着出租汽车牌照价格不断攀升，二级市场的价格最高炒到 100 多万元，那些过去花 3 ~ 4 万元得到产权的驾驶员，许多人已经自己不开车了，而是当上了老板，甚至出现“出租”出租汽车的现象，把出租汽车经营权和车辆完全委托给类似于房产中介的中介公司，由中介公司层层转包，而具体运营的驾驶员则处在“食物链”最低端，收入不高、工作艰辛。所以说，个体化经营的方式并不一定能带来出租汽车驾驶员利益的改善。而出租汽车车主已经结成了利益共同体，反对政府扩大出租汽车市场规模，增加了政府投放新运力的难度，带来诸多管理难题。2009 年 10 月，温州市政府出台了《温州市出租汽车客运管理办法》，该办法最受人关注的是关于运力投放方式的改变。办法规定了今后投放的出租汽车经营期限，温州市区为 5 年，县（市）可以根据实际确定期限，但最长不得超过 8 年，期满后，政府无偿收回经营权。办法还规定出租汽车经营权证不得擅自转让，按合同规定需转让的，除了提供相关法律文书外，需经该市出租汽车服务维权中心鉴证后才可办理转让手续。出租汽车经营权人不得将车辆转包给无出租汽车经营许可证的单位和个人。此前，温州市出租汽车经营权归个人、永久性持有，并可在市场上自由转让、可在银行抵押贷款等。办法的出台，可以看出管理部门将鼓励、引导温州市出租汽车公司实行规模化和规范化管理，温州个体化出租汽车的经营模式将出现变化。

（五）公司化经营有利于实现规模化效益提高行业形象

有人认为，出租汽车行业必须采取强强联合、集约化的模式，依靠规模经营，塑造行业品牌，实现可持续发展。例如某市在采取规范的公司化经营模式后，一线出租汽车驾驶员利益得到明显的改善，驾驶员高兴地表示终于从“彷徨阶段”进入了“心花怒放阶段”。规定出租汽车公司全额出资获得出租汽车经营权并购买车辆，实行经营权有条件延续转让方案，建立以服务质量为核心的评价体系，对达不到标准的出租汽车经营者，出租汽车行业主管部门可以中止、调整、减少、终止经营权，有助于建立市场退出机制。政府通过规范出租汽车经营合同等方式，适度介入出租汽车公司与驾驶员之间的利益分配格局，让公司与驾驶员共享收益、共担风险。公司化的存在，有助于出租汽车行业声誉和企业品牌激励功能的发挥，可以实现规模经济效益。

二、观点之二：主张实行个体经营

有人认为，出租汽车行业实行公司化经营，政府把出租汽车经营权要么低价、要么无偿地给予出租汽车公司，公司向驾驶员收取"份钱"，获取很高的利润，建议政府放松管制、取消公司环节、实现个体化经营。该观点主要基于以下考虑：

（一）出租汽车经营特点适合个体经营

有人认为，出租汽车行业并不是一个追求规模效益的行业，而是一个个体经营特点很强的行业。一辆出租汽车完全可以实现一对一服务，完成运输生产服务全过程，载客送客完全取决于出租汽车驾驶员的努力，经营效益的好坏，服务质量的高低，最为关键和唯一的决定因素都是驾驶员。驾驶员独立驾驶、独立经营、独立收钱、独立结算，工作独立性很强，外人没有必要介入单车的经营管理。通俗地说，一个驾驶员能否找到服务对象，是否能够提供高质量的服务，是否遵守交通法规，是否树立服务品牌，这一切几乎与外人没有关系。

有人认为，出租汽车行业与餐饮行业类似，开一个小饭馆只需两三个人，只要申领了营业执照，有健康证、卫生许可证等证件，依法纳税，就可以开门营业。同样道理，出租汽车行业比起餐饮行业更适合个体经营，因为驾驶员一个人就能完成所有的生产、组织、经营管理，完全实行单车运营。因此，不管是从生产模式、经营模式，还是从结算模式来看，出租汽车行业都是最适合个体化经营的行业之一。

（二）出租汽车公司获得过高垄断利润

有人认为，出租汽车经营权由政府分配给企业，造成了客观上的垄断，导致个体出租汽车经营者无法独立参与市场运营。垄断致使出租汽车行业的竞争和效率下降，出租汽车公司获得稳定的高额收益，却不承担任何市场和经营风险。而在一般企业，应该由雇主承担风险。经济学中有一种关于企业存在的厂商理论解释说，企业之所以占有合作剩余，就是因为要承担风险。但在出租汽车行业，企业与雇员的风险分布完全颠倒过来：公司旱涝保收，驾驶员几乎承担全部风险。在油价上涨或者发生其他影响出租汽车驾驶员收入情况的时候，驾驶员立刻面临收入下降的风险，而出租汽车公司却几乎不受影响。

有人认为，出租汽车行业存在经济性垄断现象，主要体现为公司获得高额利润、驾驶员过度劳累和消费者权益受损这三种危害后果。出租汽车实行公司化经营后，个体经营逐步被淘汰，公司拥有了有限的出租汽车运营牌照，出租汽车经营权成了一种被不合理垄断的稀缺资源。

（三）公司化经营损害了驾驶员的正当权益

有人认为，出租汽车公司利用其对经营权的垄断，对出租汽车驾驶员收取各类费用，不仅仅有每个月上交的“份钱”，还渗透于公司运营的各个环节。例如，个别地区就曝出了出租汽车驾驶员在入职时需向公司管理人员上交“茶水费”的丑闻，这种事情之所以会发生，就是因为出租汽车公司拥有了经营权可以控制驾驶员，而驾驶员为了谋得一个在城市里开出租汽车的权利，不得不向出租汽车经营权的持有者屈就。公司虽然收了驾驶员的“份钱”，但对作为公司员工的驾驶员的劳动保护和国家规定的福利待遇，却没有落实到位。驾驶员在营运中发生车损等意外，多数由驾驶员承担。这样的公司，看不出它对这个市场的运转有多大的积极作用，它只是增加了出租汽车行业的运营成本，增加了乘客的消费支出。

（四）出租汽车公司未发挥相应作用

有人认为，出租汽车公司作为出租汽车营运的外在因素，在目前的管理水平和技术条件下，很难有实质性的作用。出租汽车公司无非就是代办执照、代缴年费等行政琐事，这些完全可以由专事中介服务的商业机构代办，而且这种商业机构互相之间为了争取商业机会，会尽量发挥价格合理、服务热情周到的优势，出租汽车驾驶员也会感受到花自己的钱不用再看别人的脸色。

（五）个体经营有利于提升行业服务质量

有人认为，出租汽车个体经营，最大的好处是由于“份钱”消失，可以让驾驶员保持一种较为从容的心态。在公司化经营制度下，“份钱”高悬在出租汽车驾驶员头上。每天睁开眼，欠公司几百块，这构成了一种沉重的心理压力。

这种压力必然让驾驶员普遍处于焦虑状态。他们担心自己生病，担心出现任何意外。一旦开动汽车，他们就抱定了多拉快跑的念头。以这样的心态，他们很难自然、热情地对待乘客。一旦从驾驶员的头顶上拿走"份钱"的高压，出租汽车驾驶员就可以成为真正的自由职业者。他们可以自由地支配自己的时间，而不必疲于奔命，他们可以更为从容地安排工作与生活。如此一来，他们的心态将会更为平和，工作起来也会心情舒畅，不再有满腹的怨气，出租汽车行业的服务质量和水平也会更高。

有人认为，出租汽车个体经营能够促使一些从业者实现出租汽车行业的自我管理。自己既当驾驶员、又当经理，会自我调整心态和工作方式，增强维护行业信誉的自律意识、责任意识，更没有必要担心出租汽车行业个体经营后"难以管理"的问题。

（六）个体经营能够提高出租汽车驾驶员收益

有人认为，以单车为经营单位，出租汽车驾驶员自主经营、自负盈亏，体现了优胜劣汰、多劳多得的市场竞争原则，能够调动广大出租汽车驾驶员的积极性；从运营成本来看，个体经营的运营成本只包括了车辆损耗、燃油消耗、人工劳务费用、保险、税金等，不再包括管理费等其他费用。因此，与公司化经营相比，出租汽车个体经营模式因为没有公司的介入，可以减少中间管理环节，免除了驾驶员高额的"份钱"，能有效降低出租汽车成本，能够提高驾驶员的收入，改善驾驶员生活和工作状况。

三、观点之三：主张公司化经营与个体经营并存

主张我国出租汽车行业应该允许公司化经营和个体经营并存，主要基于以下考虑：

（一）单一经营模式将会剥夺驾驶员的就业选择权利

有人认为，无论各行各业，都应该有充分的自由选择权利。比如购买日常生活必需品，没有人规定你必须到哪里，你可以选择去大型连锁超市，也可以去社区附近一些小的便利店，还可以去楼下的小卖部，如图 4-1 所示。不同经营方式并存，不仅顾客选择余地更多，也增加了便利性。

因此，多数情况下开出租汽车作为驾驶员养家糊口的营生，应该给驾驶员

更多的自由选择权，由他们自己决定是加入公司化经营或者从事个体经营。

a)

b)

c)

图 4-1　购物多样性选择

（二）经营模式多样化有助于提高市场竞争与服务能力

有人认为，市场经济的基本功能就是要充分发挥竞争机制的作用，而不同经营主体、多种经营模式无疑是其前提。采取单一的公司化经营，往往会导致缺乏提高服务水平的积极性。虽然直接为乘客提供服务，但驾驶员认为，我和在工厂上班的工人一样，只要按时上班、到点下班，公司给我开工资、上保险，拉多拉少区别不大，只要没有拒载，只要不和乘客发生纠纷或者被举报，对于服务质量，是公司考虑的事，与自己没有太大关系。同时，在某些中小城市，出租汽车公司就那么一两家，“非他即我”，不管服务质量好坏，除非你不打车，否则别无选择，如图 4-2 所示。

图 4-2　“对不起，爱坐不坐”的出租汽车服务

有人认为，出租汽车完全实行个体化经营模式同样不可取。最简单讲，面对成千上万的个体驾驶员，管理部门就那么几个人，你怎么管，如何保证各种政策规定能落到实处，如何提高出租汽车服务质量，最多只是喊喊口号而已。

（三）经营模式属于市场自我调节而非政府管理的范畴

有人认为，不管是实行个体经营还是公司化经营，出租汽车采取什么经营模式并不重要，明确政府定位、"有所为有所不为"才是关键。前几年炒得沸沸扬扬的牛肉面限价令风波（图4-3），不应该反思吗？违背市场经济规律的做法并不可行。对于出租汽车市场，政府到底应该管什么？实际上，一是服务，二是安全，除此之外，完全可以交由市场调节。

图4-3　牛肉面政府限价令风波

有人建议，在可由市场调节的前提下，政府应将出租汽车管理重点更多放在保证公平竞争和良好的市场环境上，不管是实行公司化经营还是个体经营，不应存在任何歧视，只要是满足一定的条件都可以参与经营，只要遵章守纪、规范经营，大家完全可以一起竞争。同时，政府还应通过各种信息化手段，加强对出租汽车服务质量的监管和违法行为的处罚力度。至于具体的出租汽车经营模式，属于市场自我调节的结果，政府不应过度介入。总体上，应在法律允许的范围内，尽可能发挥出租汽车市场的优胜劣汰作用，寻求达到理想的状态。

（四）个体与公司化经营共存模式在国外的成功案例

有人认为，个体经营与公司化经营并存模式，在国外发达国家和地区有很多成功案例，对促进出租汽车行业发展取得了积极效果。作为美国最大的城市，纽约出租汽车运营中，既有出租汽车公司，也有很多是个体经营，由驾驶员拥有营运车辆和经营牌照。英国伦敦共有2万多辆出租汽车，其中三分之二的驾驶员就是个体经营户。韩国规定，出租汽车驾驶员最开始只能在出租汽车公司经营，但如果出租汽车驾驶员连续5年无事故，可以申请普通个体经营出租汽车许可，这一升级体系依靠收益驱动，鼓励驾驶员遵章守纪、提高服务质量，体现了“优质优价、公平晋级”的原则，让公众享受到竞争带来的实惠。因此，应积极汲取、借鉴成功的管理经验，科学选择出租汽车行业经营模式。

第二节　出租汽车经营模式案例分析

纵观国内外出租汽车的经营模式，可以分为三种：一是以公司化经营为主，如德国、新加坡等；二是公司和个体经营均可进入市场，如美国纽约、日本、中国香港等；三是以个体经营为主，如爱尔兰、法国巴黎、中国台湾等。不同国家和地区的出租汽车经营模式见表4-1。本节就新加坡、日本和法国等地的出租汽车经营模式案例进行介绍和分析。

不同国家和地区的出租汽车经营模式　　表4-1

国家或地区	主体和经营模式
美国纽约	个体和公司均可进入市场，公司化经营以承包挂靠为主
德国	公司化经营为主，同时也有个体经营；在公司化经营中以承包经营为主
新加坡	公司、个体经营均有。成立公司，出租汽车数量必须达到400辆以上
日本	公司化经营为主，少数为个体经营；个体经营驾驶员有严格的从业资格限制，必须连续开出租汽车10年以上并无安全事故，且经考试合格
巴西	个体经营不缴纳任何税，出租汽车公司缴纳所得税
爱尔兰	个体经营为主
法国巴黎	个体经营为主，约占总数的80%，少数为公司化经营
英国伦敦	公司与个体并存
中国香港	个体和公司均可作为主体进入市场
中国台湾	经营权属个体，挂靠合作社或车行，每月缴纳管理费。5年以后也可申请个人出租汽车经营执照

一、新加坡：主张公司化经营

新加坡位于马来半岛南端、马六甲海峡东出入口，素有“花园城市”之美称，是亚洲乃至世界重要的金融、服务和航运中心之一。作为人口高度密集的都市国家，2010年年底新加坡人口数量为507.67万人，人口密度高达7126

人/平方公里。

(一)出租汽车在城市客运中发展重要作用

出租汽车早在20世纪30年代就被引入新加坡,但1970年以前,由于缺乏出租汽车行业管理,其发展处于散乱、缓慢水平。1970年,随着新加坡汽车运输服务业重组白皮书的发布,全国职工总会康福合作社(The NTUC Comfort Co-operative)得以组建,从此新加坡出租汽车开始步入企业化、规模化、规范化的发展阶段。

由于地狭人稠,新加坡政府采取多种政策限制机动车数量,以保障道路畅通。由于私家车购置及日常使用费用昂贵,出租汽车在新加坡居民日常生活中的使用较为普遍。自2001年起,新加坡出租汽车客运量逐年增长,年平均日客运量由2001年的88万人次增加到2010年的91.2万人次,年均增长0.4%。且近十年来,出租汽车在城市客运中所承担的载客比重保持在14.5%以上。截至2010年年底,新加坡共有26073辆出租汽车,约占机动车总量的2.8%,共有7家出租汽车公司和极少量个体驾驶员从事运营,公共汽电车、出租汽车、城市轨道交通承担客运量的比例分别为54%、20%、26%。出租汽车在城市客运中发挥着重要作用,具体如图4-4所示。

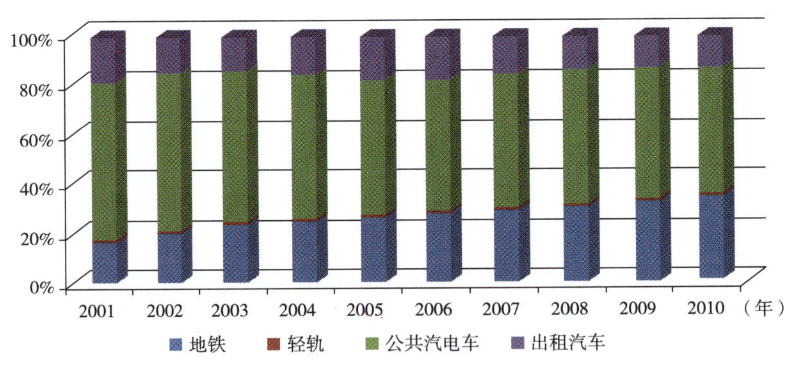

图4-4 新加坡不同客运方式分担比例

(二)公司化经营占绝对主导

在出租汽车经营模式上,新加坡出租汽车经营者有公司和个体两类。政府针对不同的阶段采取了不同的政策。总体来看,随着加强管制和放松管制交替变化,出租汽车经营模式也呈现出由个体经营向公司化发展转变。

20 世纪 60 年代，新加坡失业率很高，政府为了扩大就业，对出租汽车实行登记注册制度，私家车主只需要简单办理相关手续就能将私家车注册为出租汽车。到 1969 年年底，政府共发放 3800 张出租汽车营业牌照，均发给个体业者。

从 20 世纪 70 年代开始，为缓解经济发展所引发的城市交通拥堵，新加坡政府将交通需求管理纳入到宏观政策中，强调供给和需求的平衡。2003 年 6 月，基于出租汽车行业集约化和抗风险能力等方面考虑，新加坡政府解除对出租汽车总量以及出租汽车公司经营牌照的数量控制，规定出租汽车经营牌照只向企业开放，不再发放给个体业者，同时对于出租汽车公司的最低规模提出了限制要求，如申请经营执照的公司必须满足营运车辆数不少于 400 辆。对于新进入者，要求第一年结束时投入使用的出租汽车不少于 100 辆，并在第四年达到 400 辆以上等。推行公司化经营模式后，有 3 家新公司进入，出租汽车企业由过去 4 家公司增加为 7 家公司。其中，康福德高私人出租汽车公司为新加坡第一大出租汽车公司，拥有车辆数最多，同属康福德高集团的康福、城市出租汽车公司拥有市场运力比重超过 60%，公司化经营模式占据新加坡出租汽车市场绝对主导。新加坡各出租汽车公司的出租汽车数量及所占比例统计见表 4-2。

新加坡出租汽车数量及所占比例统计 表 4-2

出租汽车经营者	2003 年 5 月		2007 年 4 月	
	数量（辆）	所占比例	数量（辆）	所占比例
康福出租	10101	52.8%	10196	43.8%
城市出租	5116	26.7%	4175	17.9%
地铁出租	1935	10.1%	2992	12.8%
黄顶出租	1277	6.7%	759	3.3%
个体从业者	703	3.7%	561	2.4%
时尚出租	尚未进入		755	3.2%
交通出租			2040	8.7%
捷达出租			1837	7.9%
总　　计	19132	100%	23315	100%

注：其中，康福出租、城市出租、黄顶出租为康福德高集团控股。

(三)公司实行承包经营

新加坡出租汽车公司化经营具体运作模式为:出租汽车公司拥有营运车辆的产权和经营权,将车辆租给驾驶员,驾驶员向公司缴纳定额租赁费。出租汽车公司只认定一名承租人,并由其承担租车合同的法律责任,包括缴纳租金或者商议纠纷。为提高车辆使用效率,承租人可自行或通过企业所提供信息,从具备资格的驾驶员中寻找替班驾驶员,最多允许有4人替班。在法律责任上,替班驾驶员只对承租人负责,其承租费用由双方事先商定,替班驾驶员与出租汽车公司没有合同关系。

(四)逐步收回个体经营权

对历史遗留的个体业者,新加坡采取"只出不进、逐步退出"的办法,规定个体经营权不能转让,当驾驶员达到退休年龄(73岁)时由政府收回出租汽车经营权。通过这种方式,个体经营模式所占比重逐步退减。截至2010年年底,新加坡98.5%的出租汽车由公司经营,个体经营出租汽车仅剩下383辆,占车辆总数的1.5%,最后一名个体业者将在2030年退出经营。未来,新加坡出租汽车将全部实现公司化经营。

(五)公司实行严格准入

新加坡的出租汽车行业管理职能由交通部下属的陆路交通管理局承担。新加坡推行公司化经营过程当中,除了规模要求,陆路交通管理局对于出租汽车车辆、公司、人员等方面都有着严格的准入和管理制度,具体包括:一是出租汽车拥车证须与小汽车拥车证一起在网上竞标;二是出租汽车公司必须建设出租汽车电召系统,否则不能营业;三是政府提取出租汽车拥车证费用的0.1%,作为出租汽车管理经费;四是出租汽车驾驶员需为35岁以上的新加坡公民,要通过相关职业技能考核,包括语言考试(含英语、母语和几种方言)和技能培训(包括卫星定位系统使用、道路标识和主要建筑物识别、车辆维护技术等);五是建立不良行为驾驶员备案制度。各出租汽车公司共享不良服务行为驾驶员的备案系统,并根据记录可以拒绝录用有不良服务行为的驾驶员;六是对出租汽车车型、配置设备有明确要求。总体来看,车型档次要求较高,乘坐宽敞舒适、整洁,车型多为现代索纳塔、丰田皇冠,此外还有奔驰、克莱斯勒等高端车型。出租汽车全部安装了卫星定位系统、信用卡收费系统、交通一卡通结算系统，能够为乘客提供高品质的服务。新加坡出租汽车外观如图 4-5 所示。

a)

b)

c)

d)

图 4-5　新加坡出租汽车外观

（六）建设出租汽车服务设施

为实现“更多的竞争，更好的服务”目标，新加坡还为出租汽车运营提供了多项便利措施，如设置出租汽车停靠站点及引导标志，在醒目位置公示全部出租汽车公司的预约出租汽车电话，以供乘客选择。这既方便了乘客，也减少了车辆空驶。

（七）出租汽车呈增长态势

推行公司化经营模式后，新加坡出租汽车总量逐年增长，其中 2005 年增长率最高，达到 9.7%。截至 2010 年年底，新加坡出租汽车总量达 26073 辆。图 4-6 所示为新加坡 2000—2010 年出租汽车的增长情况。

二、日本：公司化经营为主兼有个体经营

（一）日本出租汽车基本情况

日本出租汽车行业以公司化经营为主，少数为个体经营。

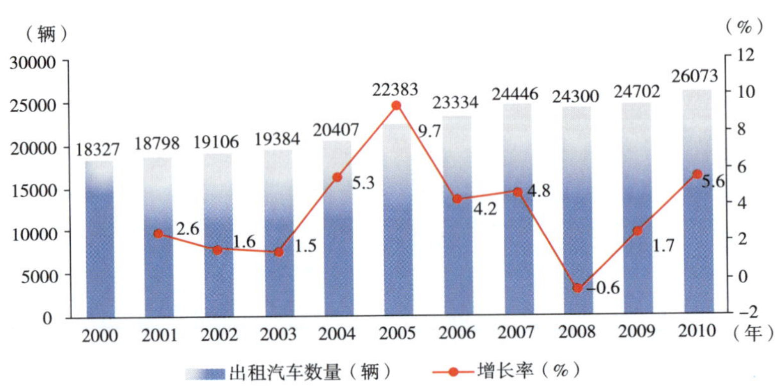

图 4-6　2000—2010 年新加坡出租汽车数量增长情况

第二次世界大战后至 20 世纪 70 年代中期，是日本出租汽车迅速发展的时期。出租汽车分为公司经营的出租汽车和个人经营的出租汽车。1959 年，日本首次出现个人经营的出租汽车。1975 年，日本全国出租汽车数量达到 243348 辆，其中，大部分出租汽车由出租汽车公司经营，个人出租汽车约 46000 多辆。1975 年以后，由于政府实施数量管制，出租汽车经营者和营运车辆的总数因管制而固定化，鲜有变化。截至 2001 年，日本共有出租汽车 259033 辆，其中个人经营的出租汽车 46117 辆，其余由出租汽车公司经营，出租汽车公司总计 7046 家。东京地区的情况大体相同，截至 2012 年 3 月，共有出租汽车公司 1122 家，有公司化经营出租汽车 35512 辆，有个体经营出租汽车 16787 辆。

（二）公司化经营条件高

在日本，开办出租汽车公司，必须符合以下条件：

（1）营业场所要求。营业场所是申请者对营运车辆进行管理和对乘客提供有关服务的服务场所，必须设在所申请的运营区域内，且要有适当规模。申请者对土地建筑物有 3 年以上使用权。

（2）营运车辆要求。申请者须对营运车辆拥有使用权。

（3）最低车辆数要求。人口 50 万以上的城市不得低于 10 辆，其他地区一般不低于 5 辆。

（4）停车场要求。原则上应设在营业场所，如有困难可设在离营业场所直线距离 2000 米以内，应位于所申请的运营区域内；停车场的设置不得违反建筑标准法、都市规范法、消防法、农地法等法律；停车场须容纳所有营运车辆，不影响车辆出入，停车时车辆间距须在 50 厘米以上。申请者须对土地和建筑物拥有 3 年以上使用权。

(5)驾驶员休息设施要求。原则上应设在营业场所，如有困难可设在离营业场所及停车场直线距离 2000 米以内，有足够规模和设施供驾驶员休息和短暂睡眠。申请者对土地和建筑物拥有 3 年以上使用权。

(6)运营管理体制要求。公司管理人员中须有 1 人以上为专职，且对管理和运营制度等具有相应的知识，有专人负责安全管理，建立乘客投诉处理制度等。

(7)驾驶员管理要求。申请者必须建立适当的、不违反劳动法令的乘务制、劳动时间和薪资体系，有足够执行经营计划所需的具备相应资格的驾驶员。

(8)资金要求。申请者须有适当合理的资金计划，“所需资金”包括：车辆款(车辆如果是租赁使用的，须备有 1 年的租金)、土地款(同上)、建筑物款(同上)、周转资金(2 个月的人事费、燃料费、修缮费等)、其他(办公设备、杂项设备、1 年的报销费等)。自有资金须为“所需资金”总额的 50% 以上，“开业所需资金”的 100% 以上，且须持续保有。所谓“开业所需资金”为车辆款和土地款的头期款与 2 个月的分期付款(或 2 个月的租金与押金)以及其他周转资金的合计。

(9)遵守法律情况的要求。申请者须熟悉出租汽车行业的有关法律法规，无法律法规所列举的若干违法违章行为。

(10)偿付能力要求。申请者对人须有 8000 万日元以上、对物须有 200 万日元以上的保险或者营运车辆全数加入“共同救济计划”。

(三)个体经营实行严格准入制度

虽然日本允许个体经营出租汽车，但对个体经营实行非常严格的准入制度。与出租汽车公司所属的出租汽车驾驶员相比，日本国土交通省对个体出租汽车经营者的要求更为严格。

申请个体出租汽车经营，必须具备以下条件：

(1)年龄要求。申请者在申请之日不超过 65 岁。

(2)驾驶经历要求。申请者持有有效的第二类驾照;未满35岁的申请者,须在申请之日前于所申请运营区域内持续从事出租汽车或约租车驾驶工作10年以上,且申请日前连续10年无事故、无违章记录;35岁以上未满40岁的申请者,须在申请之日前于所申请运营区域内持续从事汽车驾驶工作10年以上,在此期间从事出租汽车或约租车驾驶5年以上;40岁以上未满65岁的申请者,须于申请之日前25年内从事汽车驾驶工作10年以上,并于申请日前3年内在所申请运营区域内从事出租汽车或约租车驾驶2年以上。

(3)遵守法律的要求。申请人须于申请日前5年内以及申请日后未受以下处分(如受以下处分,须于5年前执行终了):违反《道路运送法》等,受停止使用运输设施以上处分;违反《道路交通法》被吊销驾驶执照;违反《完善出租汽车业务特别措施法》,受注销驾驶员登记以及与之有关的禁止登记的处分;违反《刑法》、《暴力行为处罚法》、《兴奋剂取缔法》等法律,受到处分。

(4)资金要求。申请者对所需资金有合理估算,有合理和确实的资金计划。资金要求主要是:除停车场资金外的设备资金原则上需70万日元以上(如显然不需要70万日元的,可低于70万日元);周转资金原则上需70万日元以上;需要确保新建、改建、购入或租用停车场的必要资金;依照有关法律购买至少1年期的保险等。以上营业所需资金须全部为申请者自有资金,且须于申请日后持续保有。

(5)营业场所要求。原则上须位于所申请营运区域内且申请者住所为同一处所;申请者须于所申请营运区域内持续居住1年以上,且为永久性居住;对营业场所须有使用权。

(6)营运车辆要求。申请者对营运车辆须有使用权。

(7)停车场要求。须位于所申请营业区域内,且距营业所直线2000米以内;申请者对土地、建筑物有3年以上使用权。

(8)健康状况和驾驶员适应性要求。申请者在公共医疗机构接受胸部、心脏和血压等检查,无影响个人出租汽车营运的健康障碍;在"汽车事故对策机构"接受有关驾驶适应性检查,无影响个人出租汽车营运的障碍。

(9)法律和地理知识要求。申请者须通过本地运输局实施的法律和地理知识考试;如在所申请区域有规定年限的、无违章、无事故记录的出租汽车或约租车营运经历，可以免于地理知识考试。

（四）成立协会协助政府管理个体出租汽车

面向个体出租汽车经营者，日本于1982年成立了社团法人——全国个人出租汽车协会。该协会在协助政府管理个体出租汽车经营者方面发挥了积极的作用。目前该协会的主要职能包括以下几个方面：

（1）为提高出租汽车驾驶员的素质，策划召开出租汽车驾驶员研修会，面向新入行的个体出租汽车经营者召开培训会。

（2）开展与加强运营安全、提高服务质量相关的活动和培训。

（3）研究确保巡游式服务能够正常进行的对策以及寻求相关团体的协助。

（4）协助出租汽车主管部门办理相关行政事务手续。

（5）出版出租汽车相关报纸、图书，让个体出租汽车经营者及时了解、掌握出租汽车管理法律、法规和政策。

（6）协调组织个体出租汽车经营者之间进行互助。

（7）负责做好出租汽车客运调查统计，并做好相关资料的收集。

（8）收集出租汽车以及燃料等方面资料的收集，并做好相应调查研究。

总体看，日本虽然允许个体出租汽车经营模式的存在，但是设置了相当高的准入门槛，对从业人员的素质有很高的要求，这样在一定程度上保障了个体出租汽车的服务质量。虽然个体出租汽车经营者需要自负盈亏，承担一定的风险，但由于在医疗保险和养老金等方面有保障，也让出租汽车驾驶员安心从事这一行业。此外，个体出租汽车日常运营还可以得到行业协会等第三方机构的协助，这一定程度上加强了对个体出租汽车经营者的组织管理。

三、爱尔兰：个体经营为主

爱尔兰是一个西欧国家，国土面积约7万平方公里，人口约459万人，人口密度为65.6人/平方公里。与其他发达国家相比，目前爱尔兰人均出租汽车拥有量相对较高。此外，爱尔兰私人约租车数量也较多，但私人约租车只能电话预定、不能上街巡游。

（一）出租汽车经营许可权对应一辆出租汽车

爱尔兰于2000年11月21日取消出租汽车数量控制，并于2001年通过了

《道路交通修正案》。取消出租汽车数量控制后，任何符合条件的申请者通过一定的行政程序后即可获取出租汽车经营许可权。但许可权按地区发放，仅在规定的区域内经营出租汽车有效，虽然同一个出租汽车经营者拥有的许可权数量不受限制，但一个出租汽车经营许可权只能对应一辆出租汽车。除此之外，每个出租汽车经营许可权必须缴纳 6350 镑，而装有供残疾人上下的服务设施的出租汽车经营许可权仅需缴纳 127 镑。

由于爱尔兰出租汽车行业实行分区经营，出租汽车经营许可证仅在本地区内有效。按获取出租汽车经营许可权的条件，首先是申请者的车辆必须通过相关部门的检测并获得上路证明；其次是申请者必须是出租汽车驾驶员本人，即必须持有公共服务车辆驾驶员许可证。符合这两个条件的申请者，即可获得出租汽车经营许可权。除此之外，虽然出租汽车经营者同时必须是出租汽车驾驶员，但在运营中理论上可以雇佣其他驾驶员经营。

爱尔兰取消出租汽车数量控制后，直接效果是出租汽车数量迅速增加。比如都柏林地区，新发放的出租汽车经营许可权以每月 340 个的速度递增，2001 年 12 月，出租汽车数量为 6861 辆，而到 2002 年 7 月，这一数据就增加到 8503 辆。但与此同时，爱尔兰出租汽车行业的改革也带来了一定问题。首先，是对出租汽车经营权持有者的补偿问题。由于取消出租汽车数量控制，原有出租汽车经营许可权价值消失殆尽，使得原持有者的投资无法回收。虽然有人认为对原出租汽车经营者的补偿是不必要的，但为了减少出租汽车经营许可权证价值消失所带来的负面影响，爱尔兰有关部门和地方政府还是组建了一个专门机构对此事进行研究。与此同时，2003 年 2 月爱尔兰交通部成立了全国出租汽车管理局，其职能之一就是评估原出租汽车经营者的赔偿申请。其次，是出租汽车数量增加导致驾驶员收入降低、劳动时间延长的问题。有研究报告指出，要维持出租汽车行业改革前的收入水平，出租汽车驾驶员每周平均工作时间要达到 60 小时，而要在每周 40 小时工作时间下维持足够的收入，则出租汽车租价水平平均要上调 16%。

（二）个体经营"门槛"不高

出租汽车经营模式方面，政府对个体经营设置的"门槛"不高，只要求出租汽车驾驶员拥有从业资格证，并且对应一辆出租汽车。2000 年放松出租汽车数量管制后，所有想经营出租汽车的驾驶员都可以获得出租汽车经营许可权。因此，在爱尔兰，绝大部分出租汽车经营者是个体车主自己经营出租汽车，很少雇佣其他驾驶员运营。

（三）驾驶员加入出租汽车经营组织

在爱尔兰，大部分出租汽车驾驶员都加入某一出租汽车经营组织。在都柏林以及爱尔兰全境，约有70%以上的出租汽车驾驶员隶属于某一出租汽车经营组织。在爱尔兰，出租汽车经营组织提供的技术服务水平并不高，很少有出租汽车经营组织提供与驾驶员之间的远程调度服务，大部分是通过移动电话进行联系。

第三节 我国国情下的出租汽车经营模式

出租汽车经营模式的核心在于明确出租汽车经营权和产权的归属等问题，不同的经营模式决定了其经营权、产权的不同关系。出租汽车是实行公司化经营好还是个体经营好，一直是社会各界和有关专家争论的焦点。有观点认为，出租汽车是一个无需太多信息、高水平管理、高科技投入以及巨额资本的行业，非常适合个体经营，出租汽车公司垄断市场，限制准入、限制竞争是不合理的，建议政府全面放开出租汽车市场，全面推行出租汽车个体经营模式。但还有观点认为，到目前为止，我国出租汽车行业仍是一个适合公司化、规模化和集约化经营的行业，全面推进个体化，既不科学合理，又不现实，也不需要。造成我国出租汽车市场管理困难和服务水平低下的一个重要原因，就是出租汽车公司集约化、组织化、规模化经营程度太低，出租汽车市场的经营主体普遍存在“多、小、散、弱”。

一、经营模式的现状分析

（一）基本情况

截至2011年年底，我国共有出租汽车126.4万辆，较2010年增长3.1%。在出租汽车经营业户中，个体经营者有126285户，较2010年减少0.6%，出租汽车公司有8179家，较2010年减少7.0%，见表4-3。

出租汽车经营业户数量　　表 4-3

出租汽车	车辆数(万辆)	出租汽车公司(家)	个体经营者(户)
2011 年全国总数	126.4	8179	126285
同比增长(%)	3.1	-7.0	-0.6

从出租汽车公司拥有车辆数量看,车辆数在 300 辆以上的公司有 730 家,占 8.9%;车辆数在 50 辆(含)以下的公司有 2747 家,占 33.6%,具体如图 4-7 所示。总体上看,出租汽车公司规模偏小,集约化程度不高。

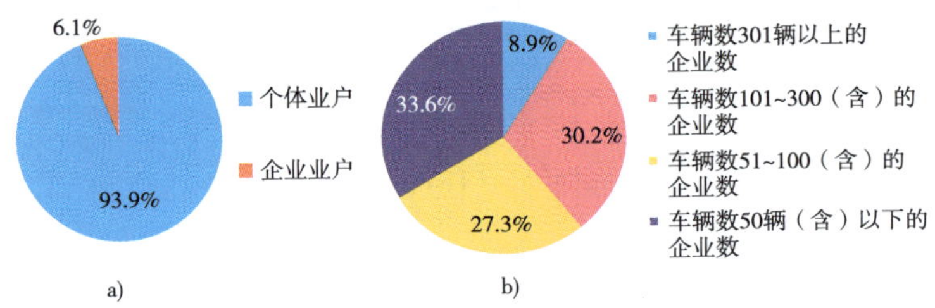

图 4-7　出租汽车经营业户及企业车辆规模所占比例

(二)主要经营模式

出租汽车经营模式包括公司化经营和个体经营两大类,但实际中,由于历史等原因,各地情况非常复杂。总体上讲,依据经营权归属、车辆投资主体等不同,当前我国出租汽车行业的经营模式可细分为公司化经营、挂靠经营和个体经营。不同经营模式具有不同的特点。

1. 公司化经营

公司化经营的特点是经营权与车辆产权归公司(即“两权归企”),公司组织经营管理,对外使用统一的公司名称和服务标识,公司与驾驶员签订劳动合同和经营合同,并为驾驶员按时缴纳社会保险。在实际中,公司化经营又分为公车公营、承包经营两种形式。公车公营最为典型的模式是,出租汽车公司与驾驶员是单纯的雇佣关系,驾驶员是公司的生产员工,完成一定的工作量后领取相应工资,其收入一般由底薪加超额营业收入组成。

与公车公营不同,承包经营方式下的驾驶员需要按月缴纳承包金(俗称“份钱”)。在全国中等以上城市中,实行出租汽车公司化经营的城市所占比例大约为 26%。全国中等以上城市的出租汽车经营模式分类情况见表 4-4。

全国中等以上城市出租汽车经营模式情况　　表 4-4

经营模式	经营权	车辆产权	比例
公司化经营	公司	公司	26%
挂靠经营	公司	个人	58%
个体经营	个人	个人	16%

2. 挂靠经营

挂靠经营的特点是公司不拥有经营权或车辆产权甚至二者均不拥有，拥有经营权或车辆产权（或二者均拥有）的个人与出租汽车公司签订合同，每月向公司缴纳数额固定的挂靠管理费，公司提供代办保险、代理审验、缴纳税费等服务，并对驾驶员和出租汽车实施一定的管理。严格上讲，由于出租汽车公司经营管理职责履行相对较少，车主又通常雇佣驾驶员从事实际出租汽车经营，这客观上形成了公司、车主、驾驶员三个利益方，经济关系复杂。从本质上看，挂靠经营只能算是一种不规范的经营模式。尽管如此，目前，挂靠经营模式依然在国内较为普遍。在全国中等以上城市中，出租汽车采取挂靠经营模式的城市所占比例约为 58%。

3. 个体经营

个体经营的特点是出租汽车经营权和车辆产权均为个体经营者所有，个体经营者既是出租汽车经营权的拥有者，又是出租汽车的经营者，是完全意义上的市场主体。个体经营多存在于中小城市，但在一些大城市中，由于历史原因，也存在一定数量的个体经营出租汽车。在全国中等以上城市中，出租汽车采取个体经营模式的城市所占比例约为 16%。

二、不同经营模式的利弊分析

目前，我国出租汽车行业已经形成公司化经营、挂靠经营和个体经营三种模式。在现阶段，如何选择更适合我国国情的出租汽车经营模式，需要进行系统分析。

（一）公司化经营模式的利弊分析

公司化经营的优点有：一是经营权和产权明晰。公司化经营模式的典型特征是经营权和车辆产权归出租汽车公司所有。出于对加强安全和运营管理的要求,公司对车辆及驾驶员的控制能力和约束能力要比其他经营模式更强,有利于出租汽车公司加强对驾驶员的管理,使各项管理制度落到实处。二是管理制度比较完善。公司化经营模式下,出租汽车公司制定车辆管理、运营安全管理、运输服务等制度,同时通过把好驾驶员的入门关,加强日常教育培训不断规范驾驶员的行为,防止驾驶员在营运中经营行为不规范、语言不文明等行为的发生。公司化经营有利于提高出租汽车服务质量,提升企业形象。三是劳动关系比较规范。出租汽车公司按照《中华人民共和国劳动合同法》等法律法规的要求,依法与出租汽车驾驶员签订劳动合同和经营合同,为驾驶员缴纳社会保险。公司化经营的推进,有利于保障出租汽车驾驶员的合法权益,解决驾驶员的后顾之忧,使驾驶员安心工作。同时,公司化经营有利于提高驾驶员的整体素质。四是规模化效应明显。实行公司化经营,可以发挥规模化效应,有利于降低运营成本,挖掘运营潜力,保障运输服务。此外,有利于出租汽车公司和驾驶员共担经营风险,理顺公司与驾驶员的利益关系,维护出租汽车行业稳定。

公司化经营的缺点有:在公司化经营模式下,由于出租汽车经营权和产权归公司所有,相对驾驶员而言,公司处于强势地位,可能导致公司利用手中的经营权和管理权,向驾驶员转嫁投资风险和经营风险,使得公司旱涝保收,特别要防止公司缺乏管理积极性,成为“只收钱,少管理,甚至不管理”的空壳化公司。

(二)挂靠经营模式的利弊分析

挂靠经营的优点有:挂靠经营与松散的个体经营相比,有积极的一面,至少在组织方式上前进了一步,有专人组织学习、传递各种信息、代办日常事务、督促安全生产等,形式上做到“公司化”。

挂靠经营的缺点有:一是产权、经营权关系模糊混乱。产权关系方面,挂靠经营驾驶员往往是实际出资人,但产权、经营权关系模糊,形式多样且权属不清晰,极易引发权属纠纷和司企矛盾。挂靠经营不符合市场经济的要求,不符合出租汽车行业的发展方向。二是出租汽车公司无法进行有效管理。挂靠经营模式下,出租汽车公司责任弱化,积极性不高,公司只是按经营合同收取定额的管理费,管与不管、管好与管差区别不大,自主经营和管理能力大大减弱。同时,对出租汽车驾驶员的素质难以把关,对驾驶员缺乏管理和约束力。这客观上造成了公司丧失了应有的基本功能。三是公司经营风险转嫁至驾驶员。从运营成本上看,挂靠经营下的运营成本、税费、购车款等主要由挂靠人承担,且要向公司上交挂靠管理费,这使得公司经营风险转嫁到驾驶员身上。挂靠经营的驾驶员承担全部风险,事故赔偿等也全部由驾驶员承担,驾驶员经济负担重,责任较大。同时,出租汽车驾驶员的劳动权益得不到应有保障。为了多挣钱,驾驶员往往无暇顾及规范经营、文明服务,服务质量很难提高。

(三)个体经营模式的利弊分析

个体经营的优点有:符合出租汽车行业特点,机动灵活,适合个体从事运输经营活动。个体经营的产权关系权属清晰,实现了产权、经营权和运营权的统一。虽然个体经营实现了"两权归一、权属明晰",但从加强管理、提高服务质量、增强抗风险能力和加强运输安全等角度看,个体化经营并非行业的主流发展方向。

个体经营的缺点有:一是市场监管难度大。实行个体经营,容易导致整个行业难以管理。特别是对于出现的乘客投诉、经营不规范等问题,难以落实责任,监管难度较大。参差不齐的个体出租汽车服务水平,容易影响乘客利益,不利于行业健康发展。二是缺乏自我提升水平的内在动力。从运营服务质量和管理水平要求看,个体服务没有规模效应,服务质量好坏与个体收入没有太多关联性,缺乏提高服务质量的内在动力。三是抗风险能力和社会责任得不到落实。个体经营抗风险能力非常弱,一旦出现重大事故,将缺乏赔付能力。在重大突发事件和运营组织等过程中,由于个体化经营的分散性,其社会责任也难以得到落实。

三、我国国情下的经营模式选择

不管任何事物,增加一个中间环节,就可能会增加相应的成本。对于出租汽车行业,增加出租汽车公司这个中间环节是否有存在的必然性,要重点从以下两点考虑:一是能否增加运营效率,二是能否形成规模经济效益。此外,还要看出租汽车公司有没有发挥相应的功能。

(一)我国国情下的经营模式选择考虑的因素

我国正处在转型的重要时期,出租汽车行业由于历史原因在劳动报酬、社会保险、劳动条件等方面,引发了诸多劳动关系问题,并使一些矛盾凸显,成为社会关注的焦点。从本质上看,出租汽车经营模式选择问题的关键,不仅仅在于实行公司化经营还是个体化经营,更重要的是如何有效监管、协调经营权持有人与驾驶员的收益分配关系,妥善处理好各方的利益问题。合理的出租汽车经营模式,应该有助于解决当前出租汽车行业存在的问题,保证行业服务水平和乘客正当权益。因此,选择出租汽车经营模式时,可以从以下几方面来考虑:

1. 从服务质量保障看经营模式选择

出租汽车在城市综合运输体系中占有重要地位,其服务质量是城市管理水平的"晴雨表",对提高居民生活水平、提升城市整体形象不可或缺。一方面,出租汽车作为服务于社会公众出行的基本方式之一,为社会公众提供满意、高质量的运输服务应是出租汽车行业追求的目标。另一方面,乘客在选择出行方式的过程中,也希望能获得与其所支付的成本相匹配的服务质量,要求"价有所值"。因此,不管选择哪种经营模式,都要有利于保障出租汽车行业的服务质量。

当前,我国出租汽车行业诚信体系还不健全,市场的优胜劣汰机制并不完善,仍然存在经营行为不规范、服务质量不高、技术水平较低和行业总体形象有待提升等突出问题。如果单纯依靠出租汽车驾驶员的自我管理、自我约束,来保障出租汽车行业的整体服务质量,这并不现实。因此,从客观上讲,需要建立相对完整的制度体系予以规范。从这个方面看,在公司化经营模式下,通过建立政府、公司、驾驶员等不同的管理层级,由政府制定法律法规来规范出租汽车行业的运营秩序,由公司建立规章制度来加强对驾驶员的从业管理,由驾驶员恪守职业道德、遵守行为规范来提供可靠的运输服务,这种"政府管公司、公司管驾驶员"的层级递进模式,可能会更有利于保证出租汽车行业的服务水平。

2. 从驾驶员权益保障看经营模式选择

驾驶员是出租汽车服务的实际提供者,是出租汽车市场的重要参与主体。

驾驶员的权益能否得到保障，决定着其能否安心在出租汽车行业从业，能否为社会公众提供满意、高质量的出行服务。如果驾驶员成天为收入担忧，又怎么能让他们爱岗敬业、发自内心地做好服务呢？因此，不管选择哪种经营模式，都应当有利于保障驾驶员的权益。通过有效保障驾驶员权益，解决驾驶员的后顾之忧，让驾驶员能够体面工作、有尊严的劳动，让经营者健康发展，才符合出租汽车行业发展的价值取向。

在个体经营模式下，尽管驾驶员具有追求自身利益最大化的动力，但是其抗风险能力要远远低于公司化经营。出于节约成本等因素的考虑，个体经营者通常不能按规定主动参加社会保险，社会保障水平较低。特别是当个体经营权层层转包后，最终接手从事实际运营的一线驾驶员，往往背负着沉重的经济负担，其权益保障难度较大。在公司化经营模式下，公司与出租汽车驾驶员依法签订劳动合同，让驾驶员成为公司的员工，享受基本的社保、工资等待遇。规范化的公司经营，不会像其他经营模式那样简单地以包代管，而是承担经营风险，并提供更好的管理和服务。

3. 从运营安全保障看经营模式选择

运营安全不仅是乘客对出租汽车驾驶员最基本的要求，也是出租汽车行业优质服务的主要标志之一，更是行业维持正常运营的前提。安全犹如出租汽车行业机体上的中枢神经，关系着整个系统的正常运行，没有安全作为保证，其他一切工作就会失去存在的意义。出租汽车经营者和服务人员为乘客提供安全、快捷、舒适、文明、持续改进的出租汽车运营服务，其中第一要求便是安全。因此，衡量一种经营模式是否合适，要从如何更有利于保障出租汽车运营安全的角度进行考虑。

在个体经营模式下，由于单车运营的特征，出于节约成本追求最大经济利益的考虑，加上普遍缺乏完善的安全管理制度，车辆常常不能及时得到维护。车主对驾驶员的管理力度也难以到位，驾驶员缺乏持续接受教育、改善服务的动力，仅仅依靠驾驶员的自我约束管理，规范经营、安全行车、优质服务的积极性与主动性得不到发挥。另一方面，在个体经营模式下，出租汽车更容易成为投资的手段，经营权的私下转让炒卖及层层转包，会导致驾驶员的经济负担加重，只能通过长时间的超时劳动来弥补经济上的压力。在此前提下，安全生产责任也是“纸上谈兵、形同虚设”。在公司化经营模式下，公司落实安全生产主体责任，建立有关安全运营管理制度，通过健全的内部组织机构，加强对公司所属驾驶员的管理，相比个体经营模式而言，在体制机制上更有保障。

（二）我国国情下经营模式的现实选择

我国从计划经济体制向社会主义市场经济体制转型的过程中，形成了出租汽车多种经营模式并存的局面。目前，个体经营模式和公司化模式虽各有利弊，但在现有的市场经济运行机制下，公司化经营特别是公车公营模式拥有更多的优点和更大的适应范围，应当成为我国目前出租汽车经营管理模式的主流方向，但同时可根据城市的特点以及当地的居民生活水平，适度保留个体经营等经营模式。主要考虑是：

1. 从城市服务能力角度出发，出租汽车行业应当提供高品质的服务，需要推进公司化经营力度

（1）城镇化进程推动总体出行服务需求“量”、“质”同步提升。

近年来，我国城镇化率以每年约 1 个百分点的速度增长，每年有 1000 多万人从农村转入城市生活。2011 年我国城镇化率已达 51%，城镇人口 6.9 亿人（比 2002 年增加了 1.9 亿人，增长 38%），农村人口 6.6 亿人（比 2002 年减少了 1.3 亿人，下降 25%）。城市规模迅速扩大，城市群、都市圈快速崛起，城镇体系初步形成，人口持续向城镇集聚，城市居民的出行总量和出行距离呈现大幅度增长，城市客运占客运总量的比例持续提高、重要性显著增强。人民群众的出行需求在“量”和“质”方面同步提升，对于安全可靠、经济高效、便捷舒适乃至个性化的出行需求更加增强，越来越多的人希望乘坐出租汽车出行。

（2）出租汽车需要提供更高品质服务适应城镇化进程的需要。

随着经济社会的飞速发展，城市的集聚效应明显增强。特别是对特大型城市，资源的聚集进一步增强了对人口的集聚作用，导致各类城市基础设施的供给滞后于城市人口的增长，交通拥堵、出行不便俨然成为了城镇化进程中带来的“城市病”，成为社会各界高度关注、集中关心的焦点、热点和难题问题。而高速城镇化和机动化，增加了城市对交通的依赖，使得城市交通拥堵治理越来越复杂，越来越困难。以北京、上海等特大型国际大都市为例，目前常住人口已经分别达到 2069.3 万人和 2380 万人，其中外来人口分别为 773.8 万人

和960万人。人口过快增长导致城市交通发展跟不上，在不同地区均出现“打车难”问题。要解决这些“城市交通病”，只有从城市发展整体出发，从建立综合运输体系出发，查找深层次原因，综合施策。从出租汽车的行业发展定位上看，出租汽车在城市综合交通运输体系中，主要满足于社会公众特殊出行和具有一定消费能力群体的出行需求，不同于城市公共交通。在明确定位基础上，为更好地适应伴随城镇化进程中社会公众出行需求的变化，需要出租汽车行业不断提高服务品质，使其与城市形象相匹配，与社会公众需要相适应，向健康、稳定、有序方向发展。

(3)公司化经营保障出租汽车行业服务水平的提高。

良好的服务态度和满意的服务质量源自于和谐的劳动关系和有效的组织管理，这一点已经在餐饮等行业做出了良好的示范。要不断改善出租汽车服务品质，适应城镇化进程的发展需要，必然要立足于保障出租汽车行业服务质量，保证驾驶员的正当权益，保证行业的安全运营。从这些因素上看，通过推进公司化经营，有助于实现出租汽车行业整体服务水平的提升。

一是公司化经营模式促进行业服务质量提升。正规化的出租汽车公司，能够通过规范化管理保证出租汽车服务质量，能够通过安全管理制度保证运营安全。公司为车辆购买足额的保险，具有更强的抗风险能力。公司化经营模式下，公司在驾驶员进入出租汽车行业时严格把关，达不到条件的人员不予聘用，即使达到条件的人员进入行业后也要不断对其进行培训、教育。同时建立有效的激励制度，鼓励驾驶员诚信经营、优质服务，使得服务好、态度佳的驾驶员能够得到尊重，得到行业和社会的认可。政府部门在行业管理过程中，通过对出租汽车服务质量信誉考核，并根据考核结果对出租汽车公司奖优惩劣，鼓励出租汽车行业做大做强，引导出租汽车公司花大力气提高管理水平、提高服务质量，在创建品牌效应等方面做文章，形成公司之间真正的良性竞争，使整个行业在竞争中健康发展。

二是公司化经营模式促进出租汽车司企关系和谐。在国内实践中，部分个体经营者取得经营权后很快变成了老板，车主也不亲自运营而是雇佣其他驾驶员运营，也从中收取“份钱”。个体车主对出租汽车层层转包甚至转卖，自己不再开车而是将车委托、承包给别人经营而成为“食利者”。从这些地方的情况看，把出租汽车经营权许可给个人，并不一定能够减轻一线驾驶员的负担，有的反而增加了一线驾驶员的负担，真正开车的驾驶员状况可能没有什么改变，甚至有可能比以前更差。理想和现实仅一步之遥，但这一步往往很大，很难轻易迈过去。在公司化经营模式下，公司与驾驶员之间是劳动雇佣关系，可以有效减少中间阶层，并且通过规范公司和驾驶员的合同管理，建立对驾驶员群体有利的运营环境，提高驾驶员的收入水平。公司和驾驶员作为利益的共同体，如驾驶员的权益得到充分保障，有助于增强驾驶员对企业的归属感和职业自豪感，减少给出租汽车行业服务和管理带来的不稳定。出租汽车公司也从不想管、管不了的状态转变到主动管、用心管且必须管好的状态，有助于促进行业的稳定、健康发展。

三是公司化经营模式提高运营效率和规模效应。公司化经营模式下，公司投入必要的服务设施，如公司通过信息化建设，为驾驶员提供有组织、有针对性的服务，避免个体经营模式下驾驶员“单打独斗、各自为战”的局面。在重大节假日和特殊天气情况下，公司化经营模式更有利于加强对出租汽车运力的调度，增强对社会公众出行需求的保障。实行公司化经营具有管理上的规模效应。在公司化经营模式下，对一辆出租汽车的违规行为的处罚，会影响到公司的整体利益，相对于政府面对若干相互独立的个体出租汽车，具有“以一代十”的管理效果。此外，虽然公司化经营存在单车经营成本要比个体经营成本高等问题，但是完全可以通过优秀的管理、知名的品牌、完善的服务以及现代信息技术的应用来降低成本，取得规模化效应，从而实现社会福利最大化，从而弱化了公司这一中间环节的额外成本问题。

2. 区分不同城市，考虑不同发展阶段，综合考虑经营模式的选择

针对某个特定城市，是采用公司化经营还是个体经营或者是二者相结合的经营模式，这要结合城市本身的特点、出租汽车发展阶段等因素来综合确定。对于大中型城市，由于出租汽车总量规模巨大，出租汽车服务过程高度流动分散。由于对出租汽车的监管是一种日常性的监管，显然“政府—驾驶员”的管理模式将极大地增加政府部门的监管难度和监管成本。特别是在目前我国出租汽车行业整体发展还不成熟、社会整体诚信水平较低、从业人员素质参差不齐、驾驶员自律意识不强和行业协会不完善等阶段，要在个体经营模式下

保障出租汽车行业健康发展和提供优质服务，必然需要增加政府部门的监管资源。而客观条件又决定了政府在监管方面不能直接面对。因此，应当发展成为政府监管企业、企业监管车辆及驾驶员运营的公司化经营模式。而在中小城市特别是小城市或者乡镇，由于市场总量相对有限，可以采取多样化的经营模式，以调动各种经营模式的积极性，促进市场的良性竞争，形成健康、有序发展的出租汽车市场。

总体而言，推进出租汽车行业公司化经营、员工制管理的经营模式，能够有力促进出租汽车行业健康规范发展。考虑到目前我国个体经营出租汽车普遍存在、涉及面广的实际情况，各地在推进公司化模式时不应采取“一刀切”的做法，还应根据本地区实际情况，按照依法依规、循序渐进、逐步引导、平等自愿的原则，通过制度创新、规范管理和加强引导，以增量带动存量，允许在现有模式的基础上，按照实际情况逐步规范和过渡，积极探索新的模式，逐步调整和理顺各种关系，避免引发新的矛盾。

3. 加强不同经营模式的管理，切实提高出租汽车服务质量

一是加强企业的经营管理职能。强化出租汽车公司的经营管理职能，避免挂靠经营，防止企业成为有形式而无实质经营管理职能的空壳。理顺公司作为组织实体的权、责、利关系，使公司成为真正的权、责、利主体，将安全保障体系和公司的整体利益联系在一起，通过强化对公司的监管，促使其建立安全保障体系，以规范服务行为、提高服务质量，促进出租汽车行业健康发展。具体而言，公司应与驾驶员依法建立劳动关系，为驾驶员依法缴纳社会保险等；规范与驾驶员的经营承包合同，避免公司通过收取高额的风险抵押金等方式向驾驶员转嫁经营风险。

二是规范企业的经营行为。政府对于出租汽车行业的管制，容易导致获得出租汽车经营权的经营者产生“垄断综合症”，包括服务质量下降、忽视消费者利益、缺乏创新动力等。政府在兼顾消费者和经营者利益的基础上，应制定服务质量信誉考核等制度，建立有效的监督机制，为政府管公司、公司管车辆、公司管驾驶员提供外部动力。公司在监管链条中处于承上启下的位置，应充分调动公司的积极性，强化公司承担的社会责任，规范公司的经营行为，发挥社会参与监督的作用。同时，公司要加强对所属驾驶员的管理，防止车辆由主

班驾驶员承包后再转包给副班驾驶员甚至多次乘包给其他驾驶员等行为。

三是加强对个体经营的管理。要充分发挥个体经营的特点，引导个体经营者不断规范经营行为，同时要加强监管，提高服务水平。在个体经营模式下，要特别注意防止经营权的转包、私下转让和炒卖等行为。要防止个体出租汽车经营者全部委托给他人经营管理，成为纯粹的投资者，使真正一线营运驾驶员的利益得不到应有保障。

第五章　出租汽车运价

出租汽车运价直接关系到乘客的消费支出和出行成本，是出租汽车管理的重点和难点问题之一。科学合理的出租汽车运价机制，能够准确反映出租汽车行业定位，有效促进城市客运结构优化，合理调节各种交通运输方式需求，规范调整出租汽车行业收入分配，充分保障乘客、驾驶员、经营者各方的合法权益，是规范行业经营行为、提升行业服务质量、促进出租汽车行业良性、健康发展的重要保障。本章主要针对出租汽车行业价格水平、价格管理方式等方面存在的不同观点进行论述，并在借鉴部分发达国家和地区经验的基础上，结合我国实际，分析适合我国出租汽车行业实际情况的运价管理思路和方法。

第一节　出租汽车运价的主要观点

受国际原油价格连续上涨影响，我国成品油价格多次上调，给出租汽车运营带来了巨大压力。出租汽车运价也日益受到各级政府、社会公众、广大驾驶员以及出租汽车公司的普遍关注。社会各界对于出租汽车运价也有着不同的观点和声音，主要集中在价格水平和价格管理方式两方面。

一、价格水平的主要观点

科学合理的出租汽车价格水平，能够使出租汽车与其他交通方式合理分担、共同发挥客运服务作用。同时，合理的出租汽车运价体系对于提高行业竞争力，促进行业发展起着至关重要作用。关于出租汽车的价格水平，主要存在主张实行高运价、主张实行低运价和根据实际情况合理确定运价三种观点。

（一）观点之一：主张实行高运价

主张出租汽车行业应当实行高运价的理由主要包括以下方面：

1. 高运价符合出租汽车行业定位

有专家认为，出租汽车作为一种为社会公众提供个性化的、门到门的便捷运输服务方式，主要为满足社会公众特殊出行和具有一定消费能力群体的出行需求，主要解决部分人的特殊出行需求，不属于普遍服务，而是效率服务。因此，出租汽车不同于普通公共交通服务，理应实行高运价，提供高品质服务，这样既能够激励出租汽车驾驶员提供更为优质的服务，还可以通过价格有效调节市场供需关系，更准确体现出租汽车在城市客运体系中的定位。

有专家认为，出租汽车不能定位于大众公共交通工具，应定位于准公共交通，实行较高运价，主要服务于时间要求高、舒适度要求高的人群，这也是国外城市出租汽车的通行定位。出租汽车运价不能满足“老百姓天天都能坐得起”的要求，而应该是普通老百姓在急需时坐得起、能打得到车。要通过调整运价，给企业、驾驶员留下合理的利润空间；通过调整运价，将驾驶员的收入定位在当地一般熟练技术工作岗位的水平，体现出租汽车驾驶员的劳动价值。

有专家认为，出租汽车功能定位不准确、价格调节机制不健全，是导致打车的人越来越多的主要原因。出租汽车在城市交通中的定位直接决定着其定价。一直以来，出租汽车被视为城市公共交通的组成或者补充，定价相对较低。近二十年来，居民收入水平、汽油价格都有显著上升，而出租汽车运价基本没变，这种相对低廉的价格使出租汽车逐步成为人们上下班的通勤工具，打车需求越来越大。非高峰时段打车的人也多了，出租汽车驾驶员就不在乎高峰时段那点业务，宁愿选择休息，也不愿被堵在路上。解决该问题的出路就是明确出租汽车定位，提高价格，健全调价机制。

2. 高运价能够提高驾驶员收入水平

有专家认为，由于油价逐年上涨导致出租汽车运营成本不断攀升，驾驶员不堪重负，政府还要发放燃油补贴来缓解驾驶员收入减少的问题。拿全体纳税人的税金来补贴驾驶员以避免涨价，实际上是补贴了坐出租汽车的人，简直没有道理，难道打车的人是最贫困的人，应该享受政府补贴吗？因此，适当地提高出租汽车运价有利于提高驾驶员收入水平，降低经营压力和劳动强度，保障健康状况，同时也有利于维持出租汽车行业健康发展。

有专家认为，基于对油价上涨因素的考虑，出租汽车的运价提高应是必然趋势。油价不会稳定在目前的状态下，肯定还会继续提高，这样就需要出租汽车的价格调整与油价调整挂钩并随之及时调整。

有出租汽车驾驶员信心十足地表示，消费者不会在乎多出一两块钱，出租汽车涨价，一定会提高驾驶员的收入。杭州市区出租汽车油运价格联动方案如图 5-1 所示。

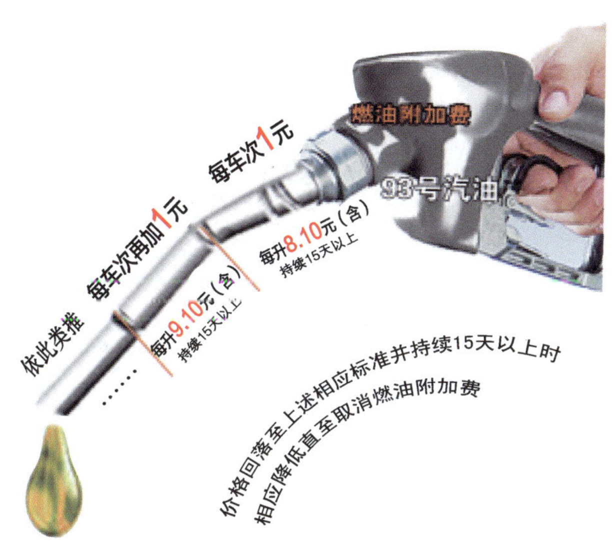

图 5-1　杭州市区出租汽车油运价格联动方案

3. 高运价有利于促进节能减排

有人认为，出租汽车实行高运价并不是出于对社会某一个群体的照顾，而是出于节能环保的考虑，就是要限制消费，推行节能减排。打车其实也有点奢侈性消费的味道，不是普通人必需的消费行为。人们可以选择坐公交车，也可以骑自行车，甚至步行。现在全球范围内倡导的都是节能，尽量少使用汽油等能源，因为它不是无限的。比如东南亚有些国家，一开始也施行对弱势群体的油价补贴，可是后来并没有从根本上解决问题，于是就取消了补贴。取消以后油价上涨，燃油消费随之减少，在一定程度上也起到了节能的作用。

4. 高运价有利于缓解“打车难”问题

有专家表示，近期个别城市的出租汽车越来越难打，上下班的时候，总要等十几、二十辆有客人的车经过，才能碰上　辆空车，从飞机场下机后也要排很长的队才能打上车。该专家还认为,造成“打车难”最主要的原因是出租汽车定价太低,造成供不应求。

有专家认为,中国的出租汽车运价比欧美国家和地区便宜很多,这种便宜完全是建立在出租汽车驾驶员的廉价劳动上。适当提价可以解决打车需求过多和出租汽车驾驶员收入过低等问题。该专家还表示“由于便宜,中国人打车过于随意,这违背规律,很难持久”,“最近十年北京保姆费用上涨约 2 倍,出租汽车费用上涨还不到 0.5 倍”。

有乘客认为,在油价和其他物价均上涨的大环境下,出租汽车涨价属于正常现象,如果多花一两块钱的打车费,能够享受更好的服务,或者打车更容易些,涨价也不是什么坏事。有乘客还表示,涨价不是单纯地为出租汽车驾驶员运营成本买单,而且会享受到额外的服务:涨价后打车的人少了,就意味着,多花这几块钱可以让打车比现在更容易,节约等车的时间,何乐而不为。

某城市价格主管部门表示,调高出租汽车运价的主要原因之一,在于缓解城区“打车难”问题。随着城市各类车辆的激增,道路拥堵状况也在加剧,不少出租汽车驾驶员出于经济性考虑,在交通高峰期间选择在主城区外运营,甚至会放弃运营,导致高峰期和城区内特殊路段“打车难”矛盾进一步加剧。出租汽车运价提高后,一部分消费者出于经济考虑,会选择公交出行,这样可以在部分程度上缓解“打车难”现象。

有专家认为,出租汽车的价格该不该涨,要看出租汽车行业的供求是否均衡。供不应求自然应该涨价,这是经济学铁的规律。我们不能眼看由于运价的不合理,既损害了出租汽车驾驶员(实际收入降低),又损害了打车的客人(打不着出租汽车),得到一个两败俱伤的结果。反对涨价很明显是违背经济学规律的。一般百姓看问题容易从自身利害来判断,得到的结论肯定容易有片面性。

有人表示,解决“打车难”其实办法很简单,那就是涨价。十块钱起价“打车难”,二十块钱起价打车还难不难,五十块钱起价就不是“打车难”了,而是满街找个乘客都难了。当然这只是做个假设,主要是说明运价高低直接决定打车难不难,这个道理大家都能明白。现在有很多人反映“打车难”,要求政府增加出租汽车数量,而反对出租汽车涨价。为什么好多人都赞成增加出租汽车的数量而反对涨价呢？站在乘客的立场想着个人利益：不用增加费用，就可以有急事没急事都方便的打到车。很多人都会简单地想，交通拥堵是政府管理的事；节约能源和自己没什么关系，我消费我快乐；环保跟自己更是没关系，那是几代人以后的事。

（二）观点之二：主张实行低运价

主张出租汽车行业应该实行低运价的观点认为，出租汽车运价应高于公共交通，但也不宜太高，应当实行相对较低运价，主要理由包括以下方面：

1. 出租汽车应实行相对较低运价

有人认为，出租汽车与常规公交一样，也是一种按一定乘坐规则供公众享用的城市客运方式，具有服务对象的非特定性、服务的共享性和公用性等特点，是一种小容量的公交形式，其服务水平影响公众的出行质量，也关系着城市公共服务的品质。特别是在一些大容量公共交通系统还有待完善的城市和地区，出租汽车的服务对象不仅包括有特殊出行需求和有一定消费能力的群体，也包括了普通公众。由于出租汽车承担了部分普通城市公共交通的功能，理应是城市公共交通的组成部分，承担了老百姓部分日常出行需求。因此，出租汽车运价水平应该高于公共交通，但又不太高，应实行相对较低运价。

2. 高运价刺激私人购买使用小汽车

有专家表示，当前正是小汽车加快进入家庭的重要时期，在不影响大容量公共交通发展的前提下，实行相对较低的出租汽车运价，能够为乘客提供更多的出行选择，有利于减缓私家车的增长；相反，如果出租汽车的运价过高，会在一定程度上抑制人们对出租汽车的需求，转而刺激私人小汽车的购买和使用，进而给城市交通与环境保护带来更大的压力。

3. 广大乘客反对出租汽车实行高运价

据某门户网站对于出租汽车运价调整的调查结果显示，由于出租汽车运价直接影响到普通市民的出行方式选择，大部分市民对价格上涨持反对意见。关于出租汽车运价该不该上涨的调查结果显示：在参与投票的3700多位网友中，有67%的人认为不该上涨，30%的人认为该涨价，另外3%的人表示无所谓。

家住北京的某高校大学生表示，“我每月生活费1000元左右，平时都在学校住宿，每周五下课后回家一次，公交车、地铁太挤，有时甚至连车都上不去，只好'打的'回家。""如果出租汽车再涨价的话，至少我们学生是坐不起了。""现在网上有专家分析油价还会继续上涨，如果油价涨一次，出租汽车价格就跟着涨一次，那以后还有多少老百姓打得起车？"

某 IT 企业员工表示，"自己一直都是在经济能力允许的范围内选择打车，如果价格上涨在 2 元/公里以内，还是能够接受；但如果再提高，就可能会考虑买一辆小排量低能耗的车，至少自己可以控制用油。""油价一涨，出租汽车行业肯定也想跟着涨价。可是这些后果为什么都要我们老百姓来承担呢？"

4. 高运价不利于出租汽车行业发展

有专家认为，对消费者来说，较高的出租汽车运价意味着势必要增加出行成本。以北京为例，有网民提出，目前出租汽车运价已经到了老百姓所能承受的临界点，再提高运价将难以承受。对出租汽车驾驶员来说，如果运价不涨，则要承担油价上涨带来的高成本，净收入将随之减少；如果运价上涨，有可能造成出租汽车市场供大于求，出租汽车空驶率提高，乘客也可能因为较高运价而改乘其他交通工具，反而减少了驾驶员的收入。该专家表示，出租汽车一味涨价，最终受损害的只能是出租汽车行业本身，以及广大消费者的利益。

5. 高运价对于缓解"打车难"无法真正发挥作用

有专家认为，目前各地出租汽车普遍处于供不应求的局面，在这种前提下，涨价对于需求的影响并不大，寄希望于通过涨价缓解"打车难"问题肯定会落空，那些寄希望于通过涨价得到驾驶员更好服务的想法，也同样不会实现。

有专家认为，由于数量管制造成的供需不平衡，才是造成"打车难"的根本原因。在供不应求的市场，出租汽车驾驶员无需提高服务水平，就能拉到足够的乘客，也就不会有提高服务水平的压力和动力，高峰时段、特殊路段和恶劣天气打不到车的窘境也不会得到根本改变。

6. 高运价容易造成"黑车"等非法运营车辆泛滥

有人认为，出租汽车运价较高，容易使乘客转向价格相对低廉的"黑车"，给"黑车"留下更大的市场空间，出租汽车价格上调，"黑车"价格也就上来了，"黑车"利润越来越高，从事这个行当的就越来越多，容易陷入"黑车"越查越多的窘境。

有市民表示，如果出租汽车涨价，他们会减少打车次数，或者选择“黑车”、公交车、电动自行车等出行方式。某退休职工表示，“出租汽车行业要想跟着涨钱来弥补损失，那可能有一类人以后就很少打车甚至不再打车了。”“现在哪个居民小区门口没有几辆黑车‘趴活儿’？如果坐正规出租汽车要花 15 元，那我肯定选择花 10 元打辆‘黑车’。”

7. 应通过降低“份钱”减少运营成本

有出租汽车驾驶员表示，“油价上涨，驾驶员的压力太大；如果涨价完全让乘客承担，又怕会减少乘车率。我们交的‘份钱’中有很大一部分都是公司净赚的，如果能够适当降低‘份钱’，再适当涨价，让公司、驾驶员、乘客三方共同承担高油价，这样可能更合理。”有乘客表示，“调高打车费，不如先降低‘份钱’，这笔钱不是个小数目。”

有乘客表示，对出租汽车驾驶员的辛苦表示理解，在高强度的工作下，驾驶员希望得到成比例的回报，提高收入的愿望也是合理的。公众反对高运价，并不是反对出租汽车驾驶员提高收入，而是认为涨价不是解决驾驶员待遇的最好途径，并希望出租汽车公司能够降低“份钱”，将垄断经营产生的超额利润分一部分给驾驶员，减轻驾驶员的负担，而不是让乘客为此买单。

(三)观点之三：主张应根据实际情况合理确定运价

主张出租汽车应根据实际情况合理定价的理由主要包括以下方面：

1. 应与其他交通方式比价关系协调合理

有专家认为，出租汽车是介于城市公共交通与私人交通之间的准公共产品，是城市综合交通运输体系的重要组成部分，因此应该站在城市综合交通体系的角度上考虑出租汽车的定价问题。出租汽车与公交车、地铁等公共交通工具的比价应协调，引导人们选择合理的出行方式。政府鼓励公交优先，就要确保出租汽车与其他交通工具之间有一个合理的比价关系，既不宜过高，造成无人乘车，交通资源出现浪费，也不宜太低，对地铁、公交车等其他公共交通工具需求形成冲击。出租汽车的运价，太低或太高均会对其他交通工具的使用形成重大的影响，同时也不利于出租汽车行业自身的发展。

2. 应充分考虑所在地区经济社会发展水平

有专家认为，出租汽车定价应结合城市实际情况和经济发展水平具体考虑。我国西部地区经济发展水平相对较差、居民收入较低，肯定不能与东部沿海发达城市出租汽车运价水平相提并论。同样，也不能简单地照搬国外发达国家的出租汽车定价策略，虽然国外出租汽车运价确实普遍较高，但国外人均收入水平远高于我国，出租汽车车型也较为高档，大部分都是奔驰、宝马等高档车型，能够为乘客提供高水平的服务，驾驶员服务也很到位，实行较高运价、多收点钱自然没话说。因此，应根据城市经济社会发展水平、居民收入情况、社会承受能力，按照统筹协调、审慎稳妥的原则，科学确定出租汽车运价水平。

3. 应充分考虑出租汽车发挥的具体作用

有专家认为，应根据出租汽车在当地人民群众交通出行中的具体作用，合理确定出租汽车运价。对于城市公共交通发展较为完善的地区，如中心城市和一些经济比较发达的中小城市，居民普遍出行服务主要由常规公交承担，出租汽车是服务于“特殊人群的普通出行和普通人群的特殊出行”，发挥着大容量公共交通的补充作用。在这些地区，出租汽车是满足人们个性化出行需求的一种重要的交通方式，是体现城市综合服务能力的重要载体，出租汽车运价应该处于较高的水平，但同时更要提供与价格水平相适应的高品质、多样化、人性化的出租汽车服务。相反，对于城市公共交通不甚完善的地区，例如中西部一些偏远地区和经济发展相对落后的小城镇，城市公交发展滞后，覆盖面不够广，服务能力不够强，出租汽车更多地承担了城市公共交通的功能，其服务具有普遍性、公益性和大众性。在城市公交未能承担普遍出行服务功能之前，出租汽车一定程度上替代了城市公共交通的作用，出租汽车运价只能暂时维持在较低的水平，不能给人民群众出行造成过重的负担。

有专家建议，在不同历史时期、不同的经济发展阶段、城市公交功能发挥具有差异性的区域，应该充分考虑到出租汽车的不同定位，制定合理的出租汽车运价水平，与城市地面常规公交、大容量快速公交（BRT）、轨道交通以及其他公共交通方式之间形成合理的比价关系，以满足不同层次人群的出行需求。

二、价格管理方式的主要观点

出租汽车行业价格管理，是对出租汽车运价调整的具体实施，主要包括三个方面的内容：一是价格管理权限，即出租汽车运价由谁定价；二是价格形式，包括价格形成的方式、途径和机理;三是价格调控方式,包括价格调控的对象、目标和措施。对于出租汽车价格管理方式的焦点问题,主要集中在由政府定价和市场形成价格两种观点。

(一)观点之一:主张由政府定价

主张政府应该对出租汽车的运价进行管制,主要理由如下:

1. 实行政府定价有利于保障消费者权益

有专家认为,出租汽车的经营过程具有明显的一次性交易和局部垄断特征。对于我国绝大部分城市而言,由于出租汽车经营方式主要以巡游服务方式为主,一次性交易特征和局部垄断特征更为突出,乘客几乎没有任何选择权和选择信息,乘客在与出租汽车驾驶员的博弈中明显处于劣势地位。因此,对于出租汽车运价实行政府定价,有利于保护乘客的利益。

有专家认为,在目前出租汽车驾驶员素质总体不高、政府监管能力有限的情况下,贸然放开出租汽车运价管制,容易导致出租汽车驾驶员和乘客之间的利益矛盾,服务质量纠纷将变得相当普遍。

有专家认为,目前我国出租汽车主要采用巡游服务方式,消费者的等车时间不确定,出租汽车的服务水平也很难判断,因此,消费者对价格的敏感度不高,出租汽车服务的需求缺乏价格弹性,如果不实行政府定价,消费者权益难以保障,因此实行政府定价很有必要。

有专家以英国伦敦为例并表示,伦敦市政府对传统的巡游式出租汽车也实施严格价格管制,主要是由于当乘客站在街头打车时,一般情况下没有时间和机会进行价格比较和选择。因此,出租汽车市场缺乏价格竞争的动力。如果取消价格管制,对于依赖出租汽车出行的残疾人、在夜间或恶劣天气情况下出行的乘客以及对当地情况不熟悉的游客,可能会出现驾驶员索要高价的情况。因此,价格管制可以保护消费者的利益。

2. 放开运价管制容易导致运价上升

有专家认为,在我国目前出租汽车行业实行数量管制的前提条件下,出租汽车数量明显供不应求,如果政府不对出租汽车运价进行管制,出租汽车经营者必然通过提高价格来获取高额利润。从国外放松价格管制的实践来看,美国很多城市在完全放松出租汽车运价管制后,出租汽车运价水平明显上升、乘客利益受损的情况明显增加,我们怎么能重蹈覆辙呢?

3. 信息不对称导致市场机制难以发挥

有专家认为,在消费者乘坐出租汽车之前,通常无法完全了解出租汽车的服务质量,即在消费者与出租汽车驾驶员之间存在信息不对称的情况。因此,出租汽车市场的价格机制难以有效发挥作用,需要由政府进行管理与控制。

(二)观点之二:主张由市场定价

主张应该由市场来确定出租汽车运价,主要理由如下:

1. 市场定价机制更为科学灵活

有人认为,政府如果定价不当,就会毁灭一个行业。不论定价太高或太低都一样。定价低了压制了供给,这个行业将因缺乏供给而趋于消亡。定价高了会赶走消费者,市场也将趋于萧条。所以定价一定要跟随市场,最好是由市场来定价。

有专家认为,制定统一的固定运价会限制出租汽车经营者之间的价格竞争,导致政府定价高于市场自由竞争运价,损害消费者的权益。

有专家认为,政府定价导致出租汽车运价水平缺乏灵活性,难以有效反应市场需求的变化。实际上,在不同地区、不同时段的出租汽车市场需求有所不同,并最终反映到价格上的不同,不同服务质量的出租汽车运价也应有所区别,而政府定价使得价格无法及时反映这些因素的变化。

2. 出租汽车定价应该是企业行为

有专家认为,出租汽车经营本质上是一种企业行为,在市场经济条件下,经济活动应该遵循价值规律,利用价格杠杆和竞争机制,使资源得到最优配置,对于出租汽车市场同样如此。出租汽车公司之间可以通过电召服务、价格宣传等方式,实现有效的价格竞争。此外,如果放松价格管制,加强出租汽车的服务质量监管,政府可以不断提升出租汽车服务的质量和便利性,从而为消费者提供更优质的服务。政府对出租汽车的管理应该多利用其市场机制的自我调节功能,放松对出租汽车的价格管制,不仅有利于保护出租汽车驾驶员、乘客等各方利益,也有利于出租汽车行业的健康发展。

3. 行业协会能够合理确定运价

有专家认为,出租汽车在其自身特性以及运营模式等方面,与城市公共交通存在较大的差异,所以不属于城市公共交通的组成部分。不属于公共服务,就没有必要由政府定价,可以通过出租汽车行业协会或者市场主体确定。协会的作用主要体现在两个方面:一方面,协会发挥着桥梁纽带功能,在出租汽车经营者中执行落实政府的政策法规,同时也将出租汽车经营者的意见和呼声及时反馈给政府有关部门;另一方面,协会还担任着部分监督功能,即监督出租汽车驾驶员是否执行政府的政策法规,维护政策法规的严肃性。因此,一个机构健全、运转有效的出租汽车协会,有足够能力制定科学合理、符合行业实际情况的出租汽车运价。

第二节　出租汽车运价案例分析

从国内外出租汽车运价管理的实践来看,由于出租汽车行业的定位以及作用不同,因而在运价方面的政策也有所差别。

一、中国香港:政府实行运价管制

香港对出租汽车运价实行政府管制,出租汽车收费统一按照特区行政长官会同行政会议共同审定的收费标准严格执行。

(一)成熟完善的运价调整机制

为应对不断变化的市场状况,香港出租汽车行业也建立了比较成熟的调价模式。每次出租汽车运价调整前,都需要由出租汽车行业代表提出调价方案,再交予香港特区政府运输及房屋局辖下的独立咨询机构、交通咨询委员会及立法会交通事务委员会分别审议。特区行政长官会同行政会议在听取审议意见后,方可决定是否涨价或调整费用结构。负责首轮审议的交通咨询委员会主要由社会人士、市民代表和专家学者等组成,发表独立的意见;在立法会交通事务委员会审议时,公众可以参与旁听,媒体也会进行现场直播;行政长官会同行政会议审议结束后,政府公示结果。这一系列规范的程序既有利于出租汽车行业的发展,又有效地维护了公众权益。

(二)按运营区域细分的收费标准

香港现行的出租汽车运价分别按市区、新界和大屿山等区域分为三类,各项收费标准见表5-1,该标准于2011年7月10日起开始实施。费用项由基本收费、其他收费及附加费组成,费率则按三类的士不同的运营情况分别设定。

香港特别行政区出租汽车运价(单位:港币) 表5-1

<table>
<tr><th>类别</th><th colspan="2">市区的士</th><th colspan="2">新界的士</th><th colspan="2">大屿山的士</th></tr>
<tr><td colspan="7">一、基本收费</td></tr>
<tr><td>首2公里</td><td colspan="2">20</td><td colspan="2">16.5</td><td colspan="2">15</td></tr>
<tr><td rowspan="2">其后每200米/分钟等候时间</td><td>应收款≤72.5</td><td>1.5</td><td>应收款≤55.5</td><td>1.3</td><td>应收款≤132</td><td>1.3</td></tr>
<tr><td>应收款>72.5</td><td>1</td><td>应收款>55.5</td><td>1</td><td>应收款>132</td><td>1.2</td></tr>
<tr><td colspan="7">二、其他收费</td></tr>
<tr><td>行李(件,车厢内轻便行李除外)</td><td colspan="2">5</td><td colspan="2">4</td><td colspan="2">5</td></tr>
<tr><td>残障人士使用的轮椅及拐杖</td><td colspan="2">免费</td><td colspan="2">免费</td><td colspan="2">免费</td></tr>
<tr><td>动物或鸟类(只)</td><td colspan="2">5</td><td colspan="2">4</td><td colspan="2">5</td></tr>
<tr><td>电召预约(次)</td><td colspan="2">5</td><td colspan="2">4</td><td colspan="2">5</td></tr>
<tr><td colspan="7">三、使用收费隧道、收费道路或收费区的附加费</td></tr>
<tr><td>红磡海底隧道</td><td colspan="2">驾驶员所付的隧道费+10(回程费)</td><td colspan="2">不适用</td><td colspan="2">不适用</td></tr>
<tr><td>东区、西区海底隧道</td><td colspan="2">驾驶员所付的隧道费+15(回程费)</td><td colspan="2">不适用</td><td colspan="2">不适用</td></tr>
<tr><td>青屿干线</td><td colspan="2">30</td><td colspan="2">30</td><td colspan="2">不适用</td></tr>
<tr><td>其他收费隧道、道路及收费区</td><td colspan="2">驾驶员所付的使用费</td><td colspan="2">驾驶员所付的使用费</td><td colspan="2">不适用</td></tr>
</table>

二、英国伦敦:政府实行运价管制

英国伦敦出租汽车运价受政府管制,由政府确定固定运价。伦敦政府每年都要对出租汽车运价进行审查,主要是考虑出租汽车经营者的收入和运营成本,保证经营者获得合理比例的利润。

(一)运价管制历史沿革

大约在16世纪中后期,英国伦敦街头出现出租马车——当今出租汽车的鼻祖。出租马车的费率最初是不受管制的,直到1831年颁布的《伦敦出租马车法》(London Hackney Carriage Act),伦敦便开始了对出租马车费率的管制。但由于缺乏公正科学的计程设备,价格管制始终无法真正奏效。1858年,一种给出租马车计算里程的设备(Kilometric Register)获得了专利,但没人使用它。1891年,德国人发明了计价器,并在伦敦出租汽车行业得到普遍应用。自此,出租汽车价格管制开始真正奏效,并一直延续到现在。

目前,伦敦运输局(Transport for London,TFL)对出租汽车运价的管制主要是依据1869年大都市公共运输法案(The Metropolitan Public Carriage Act 1869)和1907年伦敦出租汽车运输法案(The London Cab and Stage Carriage Act 1907)。伦敦运输局可以根据时间、距离或者上述两种因素来制定运价,同时也可以根据不同的环境来制定不同的运价。

1934年伦敦出租汽车条例(The London Cab Order 1934)规定了伦敦出租汽车营运运价的管理内容和方法。该条例要求出租汽车应装备计价器,目标注明确的运价结构和计价方法。

1981年后,伦敦每年都会在四月份对出租汽车运价进行审查,审查的主要内容是运营成本、驾驶员收入与出租汽车运价的关系,通过确定合理比例关系,保证出租汽车驾驶员的正常收入。伦敦出租汽车运价每年定期调整,时间节点定于每年四月的第一个星期六。

1985年运输法案允许伦敦运输局规定出租汽车拼车运价。2005年,伦敦运输局制定了伦敦出租汽车拼车条例,该条例设置了第一条拼车线路(帕丁顿车站到伦敦市中心)的收费标准。自此以后,伦敦陆续制定了多条拼车线路的收费标准。

(二)运价制定及构成

伦敦出租汽车运价是根据时间、距离等因素来具体制定的,并且根据这些因素制定了费率调整公式。此外,伦敦对不同情形的出租汽车服务收费也都作了详细规定,例如对于携带行李或同行乘客不再额外收取费用。而对于一些特殊情况,需要在计价器显示金额的基础上加收附加费用,如:电话预订加收2英镑;从机场出发加收2.4英镑;圣诞节和新年期间需要额外加收4英镑等。除非特殊情况,出租汽车驾驶员必须接受目的地在大伦敦区域范围内12英里(约19.3公里)、行程1小时之内的出租汽车的服务需求;如乘客从希思罗机场出发的则为20英里（约32.2公里）。如果乘客目的地是大伦敦以外的范围，则乘客和驾驶员可以具体协商价格，如果在行驶前没有进行协商，则收取的费用不能超过计价器的显示金额。伦敦出租汽车可以用信用卡和借记卡刷卡付费，但要收取一定的手续费，最少1英镑，高于1英镑时按车费的12.5%收取。如果乘客将出租汽车弄脏，驾驶员可向乘客收取最高不超过40英镑的车辆清洁费。

伦敦出租汽车价格的具体情况见表5-2。伦敦出租汽车运价规定详见专栏5-1。

伦敦出租汽车价格表（单位：英镑）　　表5-2

距离（英里）	大约行程时间（分钟）	周一至周五 06:00～20:00 计价器一挡	周一至周五 20:00～22:00 周六至周日 06:00～22:00 计价器二挡	夜间 22:00～06:00 公共假期 计价器三挡
1	6～13	5.20～8.20	5.20～8.20	6.40～8.40
2	10～20	8.00～12.80	8.40～13.00	9.60～13.60
4	16～30	14～20	15～21	17～26
6	28～40	21～27	26～29	26～31
从希思罗机场到伦敦城区	30～60	42～80	42～80	42～80

注：2011年4月2日开始执行。

（三）成本公示与运价调整

伦敦运输局是伦敦出租汽车运价调整的法定决策部门。出租汽车贸易组织以及相关民间机构（如伦敦出行监督协会），在每年10月底到11月底均被邀请参加运价调整咨询会，其他相关利益主体如伦敦市议会议员也会被邀请参加，运价调整方案通常需要经过多轮审查后确定。

2011年10月31日，伦敦出租汽车运营成本情况向社会公开，并且提出了5.2%的运价上调幅度建议。自2011年10月以来，伦敦两次组织对出租汽车运营成本审查，对运价调整的必要性、调整幅度等进行论证。第二次审查于2012年1月13日进行，这次审查主要是考虑了近期燃油成本变化情况，并建议将运价提升幅度确定为5.3%。此外,起步价也被要求从原来的2.2英镑,增加为2.4英镑。这一运价调整建议曾经在2005年被提出,但当时未能通过审查。从各方观点来看,出租汽车驾驶员联盟广泛支持运价和起步价上调,但出租汽车公司则担心由于目前正处于金融危机期间,出行者支付能力有限,提价会导致出租汽车需求降低。通过综合多种因素和多方意见,伦敦运输局最终还是没有通过涨价的建议,决定维持原来价格不变。

专栏5-1

伦敦出租汽车运价规定

当出租汽车时速低于10.4英里/小时(约16.7公里/小时)时,计价器将自动调整为根据运行时间计费。

1. 计价器一挡

除公共假期外,周一至周五的6:00~20:00,乘坐出租汽车:

(1)起步价为2.2英镑,起步里程270.6米或58.2秒(两个标准以先达到的为准)。

(2)起步里程外,每增加135.3米或29.1秒(先达到为准),收取不超过20便士的费用。

(3)当票价超过16.2英镑后,每增加94.9米或20.4秒(先达到为准),收取不超过20便士的费用。

2. 计价器二挡

除公共假期外,周一至周五的20:00~22:00,周六或周日的6:00~20:00,乘坐出租汽车:

(1)起步价为2.2英镑,起步里程为220米或47.4秒(两个标准以先达到为准)。

(2)起步里程外,每增加110米或23.7秒(先达到为准),收取不超过20便士的费用。

(3)当票价超过19.4英镑后,每增加94.9米或20.4秒(先达到为准),收取不超过20便士的费用。

3. 计价器三挡

公共假期或22:00~6:00,乘坐出租汽车:

(1)起步价为2.2英镑,起步里程为177.8米或38.2秒(两个标准以先达到为准)。

(2)起步里程外,每增加88.9米或19.1秒(先达到为准),收取不超过20便士的费用。

(3)当票价超过23.6英镑后,每增加94.9米或20.4秒(先达到为准),收取不超过20便士的费用。

如果乘坐时间跨越了多个计费时段,那么当进入另一个计费时段时,将按照新计费标准收费。

三、澳大利亚新南威尔士:政府确定最高运价

(一)政府确定最高运价并通过协会调节

澳大利亚大部分城市,一般由政府确定出租汽车的最高运价标准,运价管制的目的在于避免费用的不合理上涨。事实上,政府所规定的最高运价标准通常会成为出租汽车的常规收费价格。新南威尔士出租汽车收费标准由新南威尔士州独立定价和监管法(Independent Pricing and Regulatory Tribunal,IPART)规定,其他方面的规定则由新南威尔士州运输部门和道路交通管理局共同决定,并通过新南威尔士州出租汽车协会进行调节。

(二)采取灵活多样的收费形式和标准

新南威尔士的出租汽车运价收费标准较为灵活多样,除了根据区域位置分为城区和乡村两类外,还在出租汽车运价费目中具体规定了起步价、里程费率、预订费用、假日附加费、等候费用、夜行附加费、通行费、大型出租汽车费用、多人合乘费用等多种类型,充分体现了运价管理的精细化和差别化。

新南威尔士州自2008年7月1日起执行的出租汽车运价及相关规定见表5-3。

新南威尔士出租汽车运价规定 表 5-3

运价结构	城区	乡村
起步价	3.1 澳元	3.6 澳元
里程费率	1.85 澳元/公里	前 12 公里,1.88 澳元/公里; 12 公里以后,2.65 澳元/公里
预订费用	2 澳元	1.1 澳元
假日附加费	—	在周日及州政府公报刊登的公众假日的早 6 点~晚 10 点,在里程费率的基础上加收 20% 的附加费
等候费用	车速低于 26 公里/小时,按 48 澳元/小时的标准加收费用	车速低于 26 公里/小时,按 49 澳元/小时的标准加收费用
夜行附加费	晚 10 点~早 6 点,在里程费率的基础上加收 20% 的附加费	
通行费	行程中所有道路、桥梁、隧道、轮渡和机场收费,以及北向返程驶经悉尼海港大桥或悉尼海港隧道的通行费	
大型出租汽车(Maxi-cabs,除驾驶员外,还可乘坐 6 名或更多成年乘客)	若非多人合租,如遇下列情况,乘客可能会被收取高达最高乘车费用的 1.5 倍(不包括通行费): (1)提前预定的大型出租汽车(无论乘客人数多少); (2)6 名或 6 名以上乘客在出租汽车等候区或直接在路边招手叫车乘坐大型出租汽车。 不超过 5 名乘客在出租汽车等候区或直接在路边招手叫车时,则不高于最高乘车费用	
多人合乘	每位乘客按最高乘车费用的 75% 收取: (1)驾驶员及所有乘客必须达成一致; (2)所有乘客在同一时间出发,且目的地在大方向上相同	

四、日本东京:由运价管制到放松

第二次世界大战后至 20 世纪 70 年代中期,是日本出租汽车迅速发展的时期。日本东京的出租汽车全部为丰田皇冠轿车,出租汽车档次很高,顶灯设计别具特色,如图 5-2 所示。日本出租汽车的运价非常高,从成田机场乘坐出租汽车到东京市内,费用需要人民币 1600 多元,几乎等于北京至东京飞机票价的一半,以至于日本的各种旅游网站均提醒外来游客慎用出租汽车。

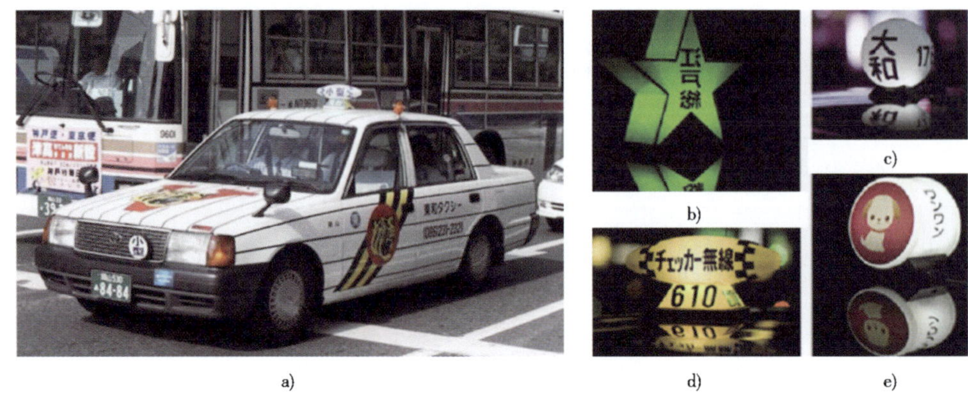

a) b) c) d) e)

图 5-2 日本丰田皇冠出租汽车及特色顶灯

(一)运价管制法规

根据《道路运送法》规定,出租汽车费率须符合以下标准:反映合理的成本和正常的利润率;无不正当的价格歧视;合理考虑乘客的支付能力;无不正当竞争。自 1955 年 7 月至 1993 年,出租汽车费率管制遵循"同一运区、同一费率"原则,即同一运营区域内的所有同类出租汽车必须执行同一费率。

(二)运价调整方法

日本出租汽车管理部门确定"合理成本"和"正常利润率"两个指标的方法,被称为"平均成本法"。在决定是否调整某个运营区域的费率时,将全面考虑该运营区域的出租汽车经营规模、运营持续性和有无劳动争议等标准,选取该运区的若干"标准成本效益公司"为基准。按当前出租汽车费率,如果这些"标准公司"当前或未来一年的平均收入和支出比率等于或低于 100%,该运区的费率就应该上调。上调幅度仍然要参照所谓"标准公司"的数据,以确定合理的成本和利润空间。通过"平均成本法"确定固定费率,意味着那些实际成本低于平均成本的公司将得到额外收益,而实际成本高于平均成本的公司则受到一定的利益损失。实际上,这是以政府确定的成本和效益比率评价企业绩效,用政府设计的"奖惩标准"取代市场竞争自发产生的优胜劣汰机制。

(三)运价管制放松

1995 年 3 月,日本政府开始实施"管制缓和推进计划",其目的是通过放松出租汽车数量和费率管制,刺激出租汽车公司间的竞争,促使费率和服务多样化,最终使消费者受益。1997 年,东京开始实施有一定弹性的费率管制,即允许出租汽车经营者在规定的价格范围内自行确定起步价,且允许出租汽车在规定的范围内给予乘客折扣。随着放松管制的实施,出租汽车费率也出现多层次运价,到 1998 年年底,东京 139 家出租汽车公司的 6000 辆出租汽车降低了起步价。

由于放松管制取得了明显的效益,2002 年 2 月,日本政府修订了《道路运送法》,进一步取消了数量管制,费率管制也进一步得到了放松。由此,出租汽车实行费率上下限管制。在日本国土交通省规定的限额内,出租汽车经营者可以自行决定费率,前提是提前申报;低于或高于该限额的定价须经国土交通大臣认可。国土交通大臣的审查标准包括:费率不得超过有效率经营下的适当成本和适当利润之和;不得对特定乘客实行差别对待;不得进行不正当竞争。具体执行上述审查和许可事务的,是国土交通省下辖的各地方运输局(如东京都运输局)。

(四)运价主要构成

日本东京出租汽车费率的类型有基本运费(包括里程制运费、时间制运费和定额运费)、补贴运费和折扣运费。里程运费是最基本的计费方式,它由起步价、按里程加算运费和一定时速下按时间加算运费合计而成。时间制运费主要用于观光出租汽车。定额运费用于由机场至一定地点的运送服务。补贴运费是对出租汽车在深夜、凌晨以及冬季时段运营时加算的运费。对远距离业务,出租汽车可以在规定限度内给予乘客折扣。

即使在同一运输局的辖区内,不同运区的费率标准有所不同,大中小型车辆的费率标准也有区别。表 5-4 是 2007 年东京都课税事业中型车的费率标准。

2007 年东京都课税事业中型车费率表(单位:日元)　　表 5-4

运费种类	里程制费率		时间和里程并用制度
	起步价(2 公里)	2 公里以上的加算运费	(时速 10 公里以下时加算)
A 运费(上限)	660	274 米　80	1 分 40 秒　80
B 运费	650	278 米　80	1 分 45 秒　80
C 运费	640	283 米　80	1 分 45 秒　80

续上表

运费种类	里程制费率		时间和里程并用制度
	起步价(2公里)	2公里以上的加算运费	(时速10公里以下时加算)
D运费	630	287米　80	1分45秒　80
E运费	620	292米　80	1分50秒　80
F运费	610	296米　80	1分50秒　80
G运费	600	301米　80	1分50秒　80
运费下限	590	308米　80	1分55秒　80

五、美国纽约:价格管制与放松交替

(一)运价管理方式

美国纽约在出租汽车行业的管制方面经历了几次波动,相应的运价管理方式也在不断变化,价格管制与放松管制交替进行。目前,纽约对出租汽车运价是实行管制的,纽约出租汽车和轿车委员会是纽约出租汽车运价管制的主要机构。出租汽车和轿车委员会负责规定、修订并规范每种出租汽车服务类型所收取的合理运价。在确定出租汽车运价方面,委员会在每个奇数年的4月底之前,由委员会主席牵头起草一份报告,对现行运价的合理性进行评估。

报告的主要内容包括:出租汽车行驶的时间和距离;所提供服务的性质;经营所得的总收入;经营所得的净收入;经营的费用,包括驾驶员和管理者的收入;盈利(基于实际花费的资本和为盈余、应急等而需储备的收入);所载乘客的数量;运价对公众的影响以及与城市公共交通票价的关系;有关美国其他城市类似服务的票价和实践;自上次运价调整以来出租汽车驾驶员经济情况的变化。

此外,报告还要对是否调整运价提出具体建议。如果建议调整运价,那么应当根据上述因素和其他相关因素,提出合适的调价幅度。此报告必须向社会公布。在运价调整实施以前,还需召开听证会。

(二)里程运价计价规则

纽约出租汽车基本运价包括:一是起步价为2.50美元;二是每个额外计

价单位为0.50美元。其中计价单位为：当出租汽车以每小时高于12英里的速度运营时，计价单位为0.2英里；或者当出租汽车以每小时低于12英里的速度运营时，计价单位为1分钟（每分钟0.5美元）。

纽约出租汽车还要收取附加费，具体包括：一是工作日上下班高峰期加收1美元的附加费，即16点以后至20点以前，法定节假日除外。二是夜间加收0.5美元附加费，即20点至次日6点之间。

纽约出租汽车运价还包括交通税：只要是从纽约市起始，终点为下列地点的所有行程都要加收交通税：纽约市、达奇斯县、纳苏郡、奥兰治县、普特南县、洛克兰县、萨福克县和威斯彻斯特县。

（三）固定运价计价规则

纽约出租汽车运价还包括固定票价制，例如从肯尼迪机场出发的固定运价如下：

一是到曼哈顿的单一票制。肯尼迪机场到曼哈顿之间行程的票价为统一费用，为52美元。此外，还要加上相应的通行费和收取交通税。需要说明的是，该统一费用不收取任何附加费。计价器必须反映出该行程是统一票价。

二是到曼哈顿的多站式行程的计算票价。从肯尼迪机场到曼哈顿，如果多名乘客合乘，并要求在多个地点停车，票价将按以下确定：在曼哈顿第一站按照上述规定收取费用（统一收费52美元，加上通行费和交通税）；然后像开始新的行程一样打开计价器，按照正常的计价行程计算新的票价；剩余的乘客在最后一站支付总计程票价（加上附加费）；在第一个和最后一个乘客之间如果有乘客下车，不收取费用。例如，三个乘客分别在纽约42号街道、18号街道和4号街道下车，收费过程如下：首先，在42号街道收取52.50美元，并在该地点打开计价器；其次，第二位乘客在18号街道下车的时候，计价器仍然开着，但是不用向驾驶员付钱；最后，在4号街道下车的乘客必须付清计价器显示的票价。

此外，新型纽约出租汽车还可以收取小费，乘客根据驾驶员服务情况通过车载触摸屏系统在20%、25%、30%三个比例中进行选择，这也起到了鼓励驾驶员提高服务质量的目的，如图5-3所示。

a)纽约新型出租汽车

b)小费收取系统

图 5-3　纽约新型出租汽车及小费收取系统

六、新加坡：运价由市场确定

新加坡出租汽车运价体现了“市场主导、多方协调”的特点，体现了市场竞争因素。新加坡通过合理运用出租汽车价格杠杆，实现了让乘客缩短等候时间，让出租汽车驾驶员增加收入，进而提升出租汽车服务质量的目的。

（一）运价管理基本情况

最初，新加坡出租汽车运价标准由新加坡交通部下属的独立管理部门公共交通理事会制定。2003 年新加坡出租汽车市场开放后，政府不再管制出租汽车运价，改由出租汽车公司自行调整。由于出租汽车行业“一超多强”的格局，新加坡出租汽车运价的变动一般由康福德高公司带头，其他公司跟进。公交理事会的职能改为监管包括出租汽车行业在内的城市交通运输系统的收费标准和服务标准。出租汽车业界调整价格，须向公交理事会报批。公交理事会经咨询劳工、公司和政府三方意见后作出决定。

（二）企业注重运价分析与监控

新加坡出租汽车市场发展已相对成熟，即便运价小幅上涨，也需要征得社会的充分认可。放松出租汽车运价管制以后，定价的压力转移到了企业身上。一般在调整运价之前，企业需做很多的宣传解释工作，以确保到再次调价周期的利润分配。企业需要在做好充分储备的基础上制定合理的运价，保障企业顺利运营和发展稳定。例如，康福德高集团每月抽样 2000 辆以上的出租汽车，研究分析不同时段客流分布及营收情况，然后综合考虑公司的经营成本、效率、利润等因素，通过计算机软件模拟出合理运价。

(三)小企业参照大企业标准进行定价

新加坡出租汽车费率的细化程度较高,除了基本费率(包括起步价、单位里程加价和等候加价)外,还包括多种附加费[高峰时段附加费、午夜附加费、中央商务区(CBD)附加费、公休日附加费、特殊地点附加费等],而且不同时段、不同车型、不同车辆档次的费率设置也有所差别。由于市场集中度较高,数量不多的大公司控制着绝大多数车辆,因此新加坡出租汽车运价在不同公司间的费率相差不大,其他公司多参考康福德高集团的定价标准,行业运价水平基本一致。康福德高公司出租汽车费率见表5-5。

新加坡康福德高公司出租汽车费率(单位:新元)　　表5-5

基本费率	普通出租汽车	豪华出租汽车
起步价(1公里以内)	2.80~3.00	3.20
10公里以内,每增加210米或不足210米,按210米计费	0.20	0.20
10公里以上,每增加175米或不足175米,按175米计费	0.20	0.20
每等候25秒或不足25秒,按25秒计费	0.20	0.20
高峰时段附加费		
周一~周五:上午7点至9点半	基本费率外加35%	基本费率外加35%
周一~周六:下午5点至晚上8点	基本费率外加35%	基本费率外加35%
注:以上车时间为准,周日和公休日不适用		
午夜附加费		
晚上12点至早上5点59分	基本费率外加50%	
中央商务区(CBD)附加费		
周一~周六:下午5点至晚上12点	3.00	3.00
注:适用于从中央商务区地区上车的小费,周日和公休日不适用;中央商务区附加费是在高峰时段附加费以外另付		
公休日附加费		
从公休日前一下午6点至公休日当天晚上12点,包括公休日:新年、大年初一和初二、开斋节、屠妖节和圣诞节	1.00	1.00
注:如果上述节日正好在周日,且紧接着的周一也适逢假期,则支付公休日附加费的时段延长至周一晚上12点		

续上表

基本费率	普通出租汽车	豪华出租汽车
特殊地点附加费		
樟宜机场和樟宜航空货运中心		
周五～周日：下午5点至晚上12点	5.00	5.00
所有其他时段	3.00	3.00
实里达机场	3.00	3.00
新加坡博览中心	2.00	2.00
预订费-拨打6555 8888预定新加坡地铁局计程车		
即时预订：		
周一～周五：上午7点至9点半，下午5点至晚上11点	3.50	8.00
其他所有时段，包括周六、周日和公休日	2.50	8.00
提前预订（至少提前半小时）	5.20	16.00
电子道路收费系统（ERP）费		

七、中国内地：政府实行运价管制

目前，根据我国有关法律法规规定，我国对于出租汽车运价实行政府管制。各地出租汽车运价构成、运价水平的基本情况如下：

（一）我国出租汽车运价构成

目前，我国的出租汽车运价主要包括起步价、里程租价、低速或等候费、空驶费、夜间附加费、燃油附加费等项目。同时，随着出租汽车行业服务需求和外部环境各要素的不断变化和动态调整，出租汽车运价结构也不断得到优化和完善，陆续有新的项目构成补充进出租汽车运价体系。出租汽车运价主要项目构成如下：

1. 起步价（或称起租价）

起步价，即规定一个起步里程和最低收费标准，未超过起步里程仍按最低标准计费。如北京市规定的起步价为10元每3公里，上海市规定的起步价为14元每3公里。有些城市根据车型档次或排气量的不同，起步价也有所区别，如武汉市规定爱丽舍车型起步价为6元每2公里，凯旋车型为8元每2公里。

2. 里程租价（或称续租价）

里程租价，即超过起步里程后的每公里运价水平。目前绝大多数城市的里程运价在每公里1.2～3元之间，中心城市银川市和合肥市最低，为1.2元。当前，我国大多数城市里程租价在2元以内。

3. 低速或等候费

出租汽车在运营过程中低速行驶或等候时加收的额外费用。当前，我国绝大多数城市都允许出租汽车额外收取等候或低速行驶费，如北京、石家庄、太原等多个城市都有规定，根据乘客要求停车或由于道路条件限制，致使车速低于12公里/小时，每累计5分钟加收1公里运费。

4. 空驶费（或称返空补贴）

为鼓励出租汽车开展市区与郊区之间运营，减少拒载，各地普遍规定出租汽车载客超过一定里程后，加收一定的空驶费以补偿车辆回程空驶时的成本支出。目前大多数城市收取空驶费，如桂林、长沙、太原、呼和浩特、西宁等城市都有规定，载客里程超过10公里后，按里程租价的50%加收空驶费，北京、合肥等城市规定征收空驶费的起始里程是15公里。

5. 夜间附加费

出租汽车在夜间运营时加收的费用，主要是在起步价和里程租价中适当上浮。如北京市规定23:00至次日凌晨6:00，起步价上浮10%，里程租价上浮20%；南昌市规定23:00至次日凌晨5:00，起步价不变，里程租价上浮20%。

6. 燃油附加费

燃油附加费是为了缓解成品油价格不断上涨给出租汽车经营带来的压力，而在规定运价之外额外征收的费用。随着油价的不断上涨，多个城市建立了油价联动机制，主要以征收燃油附加费的形式体现。

除上述费用外，部分城市还结合当地实际情况作了额外规定，如出租汽车电召费。北京市规定，打电话预约出租汽车，每车次收3元预约费。

（二）我国出租汽车运价水平

通过对我国36个中心城市出租汽车运价进行统计分析，总体上看，与国外相比，我国中心城市的出租汽车运价不高，平均起步价为7.95元/公里，运价为平均每公里1.81元，具体见表5-6。

我国36个中心城市出租汽车运价情况 表5-6

<table>
<tr><th colspan="3">城　　市</th><th>起　步　价</th><th>里程租价(元/公里)</th><th>燃油附加费</th></tr>
<tr><td rowspan="24">东部城市</td><td>1</td><td>北京</td><td>10.00元/3公里</td><td>2</td><td>2.00元</td></tr>
<tr><td>2</td><td>天津</td><td>8.00元/3公里</td><td>1.7</td><td>1.00元</td></tr>
<tr><td>3</td><td>石家庄</td><td>5.00元/2公里</td><td>1.6</td><td>—</td></tr>
<tr><td>4</td><td>沈阳</td><td>8.00元/3公里</td><td>1.82</td><td>1.00元</td></tr>
<tr><td>5</td><td>大连</td><td>8.00元/3公里</td><td>2</td><td>1.00元</td></tr>
<tr><td>6</td><td>上海</td><td>14.00元/3公里</td><td>2.4</td><td>1.00元</td></tr>
<tr><td>7</td><td>南京</td><td>9.00元/3公里</td><td>2.4</td><td>2.00元</td></tr>
<tr><td rowspan="2">8</td><td rowspan="2">杭州</td><td>10.00元/3公里</td><td>2</td><td rowspan="2">1.00元</td></tr>
<tr><td>11.00元/2公里</td><td>3.6</td></tr>
<tr><td>9</td><td>宁波</td><td>10.00元/3.5公里</td><td>2</td><td>2.00元</td></tr>
<tr><td>10</td><td>福州</td><td>10.00元/3公里</td><td>2</td><td>—</td></tr>
<tr><td>11</td><td>厦门</td><td>8.00元/3公里</td><td>2</td><td>1.00元</td></tr>
<tr><td rowspan="2">12</td><td rowspan="2">青岛</td><td>9.00元/3公里</td><td>1.4</td><td rowspan="2">—</td></tr>
<tr><td>12.00元/3公里</td><td>1.9</td></tr>
<tr><td rowspan="2">13</td><td rowspan="2">济南</td><td>7.50元/3公里</td><td>1.5</td><td>—</td></tr>
<tr><td>10.00元/3公里</td><td>1.5</td><td>0.50元</td></tr>
<tr><td>14</td><td>广州</td><td>10.00元/2.5公里</td><td>2.6</td><td>—</td></tr>
<tr><td rowspan="3">15</td><td rowspan="3">深圳</td><td>10.00元/2公里</td><td>2.4</td><td>3.00元</td></tr>
<tr><td>10.00元/3公里</td><td>2.41</td><td>2.00元</td></tr>
<tr><td>6.00元/1.5公里</td><td>2.4</td><td>1.00元</td></tr>
<tr><td>16</td><td>海口</td><td>10.00元/3公里</td><td>2</td><td>—</td></tr>
<tr><td rowspan="10">中部城市</td><td>17</td><td>太原</td><td>8.00元/3公里</td><td>1.6</td><td>1.00元</td></tr>
<tr><td>18</td><td>呼和浩特</td><td>6.00元/2公里</td><td>1.3</td><td>2.00元</td></tr>
<tr><td>19</td><td>长春</td><td>5.00元/2.5公里</td><td>1.3</td><td>1.00元</td></tr>
<tr><td rowspan="2">20</td><td rowspan="2">哈尔滨</td><td>7.00元/3公里</td><td>1.7</td><td>1.00元</td></tr>
<tr><td>8.00元/3公里</td><td>1.9</td><td>1.00元</td></tr>
<tr><td rowspan="2">21</td><td rowspan="2">合肥</td><td>6.00元/2.5公里</td><td>1.2</td><td>2.00元</td></tr>
<tr><td>8.00元/2.5公里</td><td>1.2</td><td>1.00元</td></tr>
<tr><td rowspan="3">22</td><td rowspan="3">南昌</td><td>6.00元/2公里</td><td rowspan="3">2</td><td rowspan="3">1.00元</td></tr>
<tr><td>8.00元/2公里</td></tr>
<tr><td>10.00元/2公里</td></tr>
</table>

续上表

城　　市			起　步　价	里程租价(元/公里)	燃油附加费
中部城市	23	郑州	6.00 元/2 公里	1.5	
	24	武汉	6.00 元/2 公里	1.4	1.50 元
	25	长沙	6.00 元/2 公里	1.8	已并入起租价
	26	南宁	7.00 元/2 公里	1.6	2 公里以内 1 元,超过 2 公里 2 元
西部城市	27	西安	6.00 元/2 公里	1.5	1.00 元
			8.00 元/2 公里	2.4	
	28	兰州	7.00 元/3 公里	1.4	—
	29	成都	8.00 元/2 公里	1.9	—
			9.00 元/2 公里	1.9	—
	30	重庆	8.00 元/3 公里	1.8	—
	31	昆明	8.00 元/3 公里	1.8	2.50 元
	32	贵阳	8.00 元/3 公里	1.6	1.00 元
	33	乌鲁木齐	6.00 元/3 公里	1.3	—
	34	西宁	6.00 元/3 公里	1.3	—
	35	银川	5.00 元/3 公里	1.2	—
			5.00 元/3 公里	1.4	
			5.00 元/3 公里	1.6	
	36	拉萨	10.00 元/5 公里	2	—
平均值			7.95 元/2.67 公里	1.81	—

注:数据截至 2012 年 7 月。

起步价(或称起租价):36 个城市的平均起租价为 7.95 元,平均起租里程为 2.67 公里,其中银川市的起租价最低,为 5 元/3 公里,上海市最高,为 14 元/3 公里;28 个城市的起租价为 5 ~ 9 元,7 个城市的起租价为 10 元,1 个城市为 14 元。

里程租价(或称续租价):平均每公里运价为 1.81 元,其中银川市和合肥市最低,为 1.2 元,福州市最高,为 3 元;24 个城市的运价为 1.2 ~ 1.9 元,12 个城市租价为 2 ~ 3 元。

燃油附加费:实施加收燃油附加费的城市为 28 个,幅度为 1 ~ 3 元。

空驶费(或称返空补贴):收取返空补贴的城市为 16 个,收取的幅度为在原租价的基础上增加 20% ~50%，其中北京市、广州市最高，为原租价的 50%，哈尔滨市最低，为原租价的 20%。

低速或等候费：25 个城市收取低速或等候费，在运行中车速低于 12 公里/小时的运营阶段收取，平均价格为 0.2 ~0.8 元/分钟，其中最高的是深圳市，为 0.8 元/分钟，最低的是西宁市，为 0.26 元/分钟。

夜间附加费：29 个城市实行夜间加价政策，加价的项目主要是起租价和每公里运价，起租价的加价幅度在 1 ~4 元之间，运价的加价幅度在 20% ~40% 之间。

总体来看，出租汽车运价与城市的规模、经济发展水平、地理位置及基础设施等具有比较密切的联系。东部发达城市出租汽车运价较高，全国 36 个大中城市中，公里租价最高的 5 个市为杭州市、福州市、广州市、深圳市、上海市，每公里价格超过 2.4 元，最高达到 3.6 元；最低的 5 个市多数位于西部，分别为西宁市、银川市、呼和浩特市、乌鲁木齐市、长春市，每公里价格在 1.2 ~1.3 元之间，最低的银川市每公里价格仅为 1.2 元，与最高的杭州市的 3.6 元差 2.4 元。北京市出租汽车运价变化历程详见专栏 5-2。

专栏 5-2

北京市出租汽车运价变化历程

我国出租汽车行业起步于建国初期，快速发展起始于 20 世纪 70 年代末期，至今已有 60 多年的历史。在快速发展期的 30 多年过程中，出租汽车行业经历了高额利润期、利润丰厚期以及目前的薄利期。上述的发展历程集中体现在出租汽车运价的变化上。总体来看，北京市出租汽车行业的发展和运价变动大体可分为 4 个阶段。

第一阶段：1949—1983 年

由于这一阶段北京市的出租汽车全部由国营企业经营，在这 30 多年中，出租汽车运价标准只变动过 4 次：第一次是 1956 年，当时的首都汽车公司组建民用出租汽车总站，开始按段计价收费，每段 0.8 ~0.9 公里，起价公里是 4 段，收费 1 元，以后每超过一段加收 0.25 元；第二次是 1958 年，改为按公里计价，基价为 2 公里，起价 0.80 元，以后每超 1 公里加价 0.40 元，从此时起加收空驶费和等候费；第三次是1968年7月，配合淘汰部分车型进行过一次降价，将保留下来的华沙小客车由原来的甲型车降为乙型车，基价为2公里，起价0.60元，以后每超1公里加价0.30元；第四次运价调整是在20世纪70年代中期，出租汽车增加了新的车型，并增加了包车服务项目，当时的首汽公司对租价进行了较大调整，以上海牌小客车为例，基价公里为1公里，每公里租价调为0.50元，以下依次还有菲亚特小客车，每公里租价0.40元，华沙小客车每公里租价0.30元，212吉普车每公里租价0.40元。这一标准一直沿用到1983年。

第二阶段：1983—1990年

根据国务院颁发的《物价管理暂行条例》的规定，出租汽车租价由省、直辖市、自治区物价部门管理。1982年国家物价局下文规定，由北京、天津、上海、广州四市每年衔接一次出租汽车租价，并将四市衔接的租价抄送各省市执行。1983年9月，京津沪穗四市在广州召开第一次出租汽车价格衔接会。根据衔接会精神，经北京市政府同意，1984年4月1日调整了北京市出租汽车租价标准，制定了雪铁龙、皇冠、达特桑、菲亚特、日产无空调等车型的租价标准，规定了夜间加价、临时用车等候加价的标准。此后，在1985年、1986年和1988年又分别根据四市出租汽车租价衔接会的精神，对出租汽车租价标准进行了调整，并不断完善计价办法。四市出租汽车租价衔接会制度一直持续到1996年。

第三阶段：1991—2009年

这期间北京市出租汽车行业快速发展，逐步成为北京市居民出行的重要工具。20世纪90年代初，北京市拥有出租汽车13000余辆，大部分是皇冠档次的车型。为发展出租汽车行业，1991年4月5日北京市物价局出台了出租汽车租价调整方案，主要内容是：高档小轿车根据不同车型确定了三档最低限价，即每车公里租价分别为2.00元、1.60元和1.40元，上浮不限；国产微型旅行车每车公里租价调为1.00元。在这次价格调整中，进一步规范了收费办法，规定小轿车起租价为4.00元，同时规定了空驶费、夜间收费、等候费、低速行驶费、电话租车费以及包车收费和过路过桥费由乘客负担等计费办法。这次租价调整后,“面的”(图 5-4)被北京市广大市民接受,很多单位兴办第三产业均投资出租汽车行业,“面的”也从几百辆一下增到 30000 多辆,并且形成了以普通消费者为主体的消费群体,使出租汽车行业有了较稳定的经营市场,不再有明显的淡旺季。到 1995 年年底,又根据当时出现的“面的”拒载现象,增加了“面的”低速行驶费和夜间收费的规定。20 世纪 90 年代中期以后,为减少大气污染,改善首都环境质量,提升北京国际化大都市的整体形象,交通主管部门提出要逐步淘汰“面的”,并制定了到 2000 年全部淘汰“面的”的工作进度表。为了减轻淘汰“面的”给居民带来的影响,1998 年北京市再次对出租汽车租价进行了调整,降低了以夏利(图 5-5)为代表的低档车的租价,简化了出租汽车档次,由原来的 5 个档次减少为 3 个档次,即夏利车每车公里租价为 1.20 元,富康、捷达等车型每车公里租价为 1.60 元,桑塔纳 2000、红旗等车型每车公里租价为 2.00 元。

图 5-4　北京市 20 世纪 90 年代的“面的”出租汽车

图 5-5　北京市夏利出租汽车

自 2000 年 7 月因燃油价格大幅度上涨调整过出租汽车起价公里之后的4~5年内,出租汽车价格一直没有调整。直至 2006 年 5 月,出于经济增长以及油价波动频繁的原因,将出租汽车价格由 1.6 元/公里调为 2.0 元/公里,基价与其他收费方法不变。

第四阶段:2009 年年底至今

2009 年 11 月,北京完善了出租汽车运价油价联动机制。当北京市 93 号汽油价格在 4.26 元/升(不含)至 6.50 元/升(含)区间变动时,由政府与企业向出租汽车驾驶员发放临时燃油补贴，承担油价变动影响；当北京市93号汽油价格在6.50元/升(不含)至7.10元/升(含)区间时，在由政府和企业向出租汽车驾驶员发放临时燃油补贴的基础上，加收乘距超过基价公里乘客1.00元/运次的燃油附加费；当北京市93号汽油价格超过7.10元/升时，按照程序研究调整租价，租价调整后取消燃油附加费；当油价跌至6.50元/升以下，取消燃油附加费。

第三节　我国国情下的出租汽车运价

出租汽车是介于纯公共产品和私人产品之间的准公共产品，虽然具有一定的公益性，但本质上还是以经营性为主，以盈利为目的。合理的出租汽车运价结构和水平，不仅能够激励出租汽车经营者提供更为优质的服务，通过价格有效调节市场供需关系，更应当反映其在城市综合交通运输体系中的合理定位，与其他交通方式共同发挥作用。

一、出租汽车运价管理的理论方法

(一)运输定价理论

运输行业定价应建在经济学基本理论的基础上，以相关政策法规为依据，以科学理论为指导，以市场实际情况为依托。国内外主要运输相关定价理论如下：

1. 劳动价值论

劳动价值论是由古典经济学家大卫·李嘉图最早提出的。该理论认为，价值是人类一般劳动的凝结，价值规律是商品经济的基本规律。根据劳动价值论，运价是运输劳务价值的货币表现，而运输价值是凝结在运输产品或劳务中的无差别人类劳动，由物化劳动和活劳动两部分组成。价值量就是劳动量，劳动量用社会必要劳动时间来表示。因而，运输定价要反映价值规律的客观要求，以运输劳务的价值作为定价的基础。

由于运输产品或劳务的价值量即单位运输产品或劳务的社会必要劳动消耗在实践中难以准确认定，因而在具体操作中只能采用间接方法来代替，一般是先计算运输产品或劳务的社会必要劳动消耗，即运输成本，再在运输成本的基础上加上部分利润来制定运价。其中关键问题有两个，一是运输成本的合理，按照劳动价值论的要求，运输成本反映全行业平均劳动消耗的成本，而不可以是个别成本，更不能乱摊成本；二是一定要以全社会的平均利润率作为利润的基准，因为在运输市场自由竞争的前提下，市场优化资源配置的结果必然使各部门的利润率平均化，因而以运输价值定价实际上就是以生产价格为定价的基础，它主要为政府制定基准运价提供理论依据。在这种定价理论的支持下，派生出来的定价方法有平均成本定价法。平均成本定价也称平均成本加成定价，它是以正常运营时的平均单位成本为基础，再加上一定比例的利润和税金而形成的运价，可分为定额法、外加法和内加法，详见专栏5-3。

专栏5-3

平均成本定价法的三种类型

1. 定额法

$$运价 = \frac{平均成本 + 定额利润}{1 - 税率}$$

$$其中，平均成本 = \frac{总固定成本}{总运量} + \frac{总变动成本}{总运量}$$

$$定额利润 = \frac{预期总利润}{总运量}$$

2. 外加法

$$运价 = 平均运价 \times \frac{1 + 成本利润率}{1 - 税率}$$

$$其中，成本利润率 = \frac{预期总利润}{平均总成本} \times 100\%$$

3. 内加法

$$运价 = \frac{平均总成本}{1 - 利润率 - 税率}$$

$$其中，利润率 = \frac{预期总利润}{总收入}$$

平均成本定价法中的运输成本是运价的最低界限。此方法主要适用于确定基准运价时使用,它可以使出租汽车公司不致因长期无法盈利而失去生存和发展的能力,甚至需要靠政府补贴。平均成本定价法有利于政府对运价的控制,以维持运价的稳定,但其最大的缺点是容易造成资源利用缺乏效率。

2. 西方经济学的均衡价格理论

马歇尔的均衡价格理论是以理想的市场状态——完全竞争的市场为前提的。所谓完全竞争的市场必须满足四个基本条件:一是市场上有数量众多的买者,不存在任何垄断的可能,每一个买者都不能单独影响市场价格,因而价格完全是由供求关系自发决定的;二是同一产品都是同质的;三是各种生产要素可以自由流动,厂商可以自由进入或退出每一行业;四是市场信息完全畅通。在这种理想的市场状态下,由运输需求方与运输供给方共同决定竞争的趋势,使需求与供给达到均衡状态。供给曲线与需求曲线相交点就是均衡点,与其相对应的运价为均衡运价,与其相对应的运量为均衡运量。在同一价格水平上,生产是最优的,价格是最优的,效益是最优的。以均衡运价理论作为运输定价的理论基础,把需求因素置于非常重要的地位,强调供给与需求的均衡,既可为政府定价作为参考,也可为企业定价提供依据。

边际成本定价法是企业寻求和确定边际成本低于或者等于边际效益时的最后一个增量,以找出最有利可图的运量和运价的定价方法。在生产规模不变(即固定成本不变时),边际成本实际上就是所增加的可变成本。边际成本定价法主要适用于运输企业定价,也可以为政府制定最低和最高限价时参考。如运力过剩、客源不足、竞争激烈的线路和局部运输市场上,平均成本很高,边际成本却很低,此时如果按平均成本定价,则一方面抑制了需求,制约了经济发展,另一方面又使运输设备闲置,造成了资源浪费。如果以较低的边际成本定价,则既可以提高运输设备的利用率,又可以为社会节省运费,此时政府依据边际成本制定最低限价,就可以保护运输生产者的利益,避免因过度竞争造成危害。

相反,对于需求旺盛、运力不足的运输市场,由于固定生产要素制约生产规模,当运量超过最有效的运量时,边际成本就会迅速增加,并大大超过平均成本,这时也可按边际成本制定最高限价,这样可以限制垄断或者过度竞争的发生，缓解运力紧张的状况，迫使运输需求转移，是运输需求的分布趋于合理，使各种方式形成合理的比价关系。但是，边际成本定价法不宜长期使用。如长期使用，可能使企业亏损，造成背离价值规律的后果。

3. 基于效用定价

运输活动的效用就是将一定量的货物由 A 地运往 B 地，因而在运输企业定价时要考虑这种效用。运输企业为了制定运价，要以运输价值来衡量运输活动的效用，运输价值是运输作业起点之间商品价格上的差别。例如某种商品在 A 地的生产成本比 B 地低，因而价格更便宜。假设 A 地价格为 10 元，在 B 地为 15 元，如果要把商品从 A 地运到 B 地出售，则运价不得超过 5 元（15 元 - 10 元）。也就是说，效用或运输价值就是两地间该商品运价的最高限度，超过该限度，商品就失去运输的意义。但对于以乘客为运输物的出租汽车市场而言，效用定价理论并不适用。

（二）运输定价方法

1. 运输成本导向定价法

成本导向定价法是以产品（劳务）的总成本为中心，分别从不同角度制定对企业最有利的价格。成本导向定价法由于较为简便，是企业最常用的定价方法。它可以分为以下几种：

1）成本加成定价法

成本加成定价法是以运输总成本为基础，加上预期的利润来确定运价。运价和成本之间的差额，即为加成。常用成本利润率来确定预期利润，计算公式为：

$$运价 = \frac{运输总成本 \times (1 + 成本利润率)}{运输周转量}$$

采用成本加成定价法，优点是能够确保企业达到目标利润，计算方便；其缺点是不能确切测算出市场需求量，在许多情况下难于将总成本精确地分摊到各种运输劳务上去，因而真实性有限。

2）单位成本加成定价法

单位成本加成定价法是指以单位成本为基础，加上预期利润，作为商品的销售价格。加成的量可以由企业根据市场环境及企业实力决定。

3)变动成本加成定价法

变动成本加成定价法是以变动成本为基础,加上预期利润来制定运输价格,计算公式为:

$$运价=\frac{变动成本总额+预期利润总额}{运输周转量}$$

使用这种方法的条件:一是企业固定成本不大;二是商品的市场生命周期较长且能占领市场;三是产品销售量较大。因为企业长期占有市场,且销售量较大,使得不大的固定成本分摊后数值偏小,所以这种定价方法是避免市场竞争,减少风险的一种方法。

4)边际贡献定价法

边际贡献定价法亦称为变动成本定价法,所谓边际贡献即价格超过变动成本的部分,这部分余额可首先用来弥补固定成本,完全弥补后有剩余,就是企业利润;不能完全弥补,其未能弥补的部分就是企业亏损。这种方法适用于运输生产能力有余和回程载运等情况。

5)收支平衡定价法

收支平衡定价法就是运用盈亏平衡分析原理来确定价格水平。该定价方法是指在已知固定成本、变动成本及预测销售数量的前提下,通过求解盈亏平衡来制定价格的方法。

2. 需求导向定价法

成本导向定价的逻辑关系是:成本+盈利=价格,而需求导向定价的逻辑关系是:价格-盈利=成本。就是说,需求导向定价首先考虑的不是成本,而是消费者对价格的接受程度。根据消费者接受程度,选择一个最佳价格水准,使企业多获利润。主要方法有:

1)需求差异定价法

该定价方法是指企业根据市场需要的时间差、数量差、地区差、消费水平及心理等来制定价格。

2)权衡比较定价法

此方法也称需求弹性定价法。一般来说,价格与利润成正比,但是如果考虑价格与销量的动态关系,那么在某些情况下,对于某些产品或劳务就并非如此。权衡比较定价法,就是从这种动态平衡中,决定价格水平,使企业获得最大利润。

3)逆向倒推定价法

这种方法是先根据市场可接受的价格,计算企业从事生产经营的成本和利润后,逆向倒推该产品或劳务的价格。这种方法不是以实际成本为主要依据,而是以市场需求导向为定价出发点,力求价格为消费者所接受。

总体来看,需求导向定价方法具有以下优点:一是它与消费者的支付能力大体相适应,是消费者愿意接受的价格;二是它与同类商品或劳务的现行市场价格大体相适应,既有一定的竞争能力,又不至于影响市场的物价稳定;三是它与企业的生产能力和经营目标大体相适应,既有利于实现生产销量目标,又能达到盈利目的。采用此方法,关键是要正确测算市场可接受的价格,否则会造成生产者、经营者和需求者的经济利益错位。

3. 竞争导向定价法

竞争导向定价是以竞争产品的价格为基础,制定本企业产品的价格。如果竞争者的价格变化了,虽然成本与需求量没有发生变化,也要改变产品的价格;反之,虽然需求与成本发生了变化,但由于竞争的价格未变,企业也要维持原价。竞争导向定价并不一定要把价格定得同竞争者价格一样,而是要以有利于企业增加盈利,提高市场占有率等为标准,制定高于或低于竞争者的价格。如果企业产品在质量等方面不占优势,则竞争者的价格就是本企业产品价格的上限;如果企业产品在质量等方面有一定的优势,则一定要实行优质优价,把价格定得高于竞争者的产品价格。其主要方法有:

1)比价关系定价法

各种运输方式有不同的技术经济特征,具有各自的优势。不同运输方式在一定范围内具有一定的可替代性,在市场经济条件下竞争是不可避免的,各种运输方式的比价关系已成为制定运价的重要因素。

2)随行就市定价法

此种定价方法是以本行业的主要竞争者的价格为企业定价的基础,由于商品的行业平均成本不易测算和该商品的需求价格弹性及供给价格弹性很难预测,同时,也为了避免在同行内挑起价格战争,适合采用此法。这种方法既充分利用了行业的集体力量反映市场供求状况，又能保证适当的收益，还有助于协调同行企业之间的关系。

3)优质优价定价法

随着人民生活的改善，优质优价不仅是必要的，也是可行的，甚至是非常有利的。越来越多的事实表明，无论是耐用消费品还是非耐用消费品，不管是人的衣食还是住行，消费者都愿意以高价购买消费品。收入较高的消费者拥有高质量的产品或享受高质量的服务，因此会得出“价高者质必优”的结论。

4)渗透定价法

渗透定价法的采用，是为了打进新市场，提高市场占有率，或者排挤竞争对手进入市场，打开销路为目标，初期可能低于成本，随着销路的增长，成本降低，逐步接近成本，占领市场以后再把价格定得高于成本，进而盈利。

5)投标定价法

投标定价法是指买方通过竞争取得最低商品价格的定价法。

4.定价方法的适应性分析

总体来看，常规的运输行业定价方法主要包括成本导向法和需求导向法两种。但是这两种定价方法对于出租汽车行业运价制定都存在一定的不适应性。

一是出租汽车运营成本受油价等因素影响变化幅度较大，但运价需保持相对稳定，单纯的成本导向定价法不适合出租汽车行业特点。成本导向定价法是在某种运输方式正常运营时的平均单位成本为基础，再加上一定比例的利润和税金而形成的运价。这种方法主要适合政府确定基准运价时使用，它可以使企业不至于因长期亏损而失去生存和发展的能力或长期依赖政府补贴，有利于政府对运价的控制和管理。但是，由成本导向定价法确定的价格在经营成本发生较大变动时，并不能快速准确反映运输企业的实际经营成本支出。此时，价格低于成本，企业必定亏损，需制定新的运价，这不利于保持运价的相对稳定性。

二是需求导向通常作为卖方的自主定价方式，不适合政府定价。需求导向是指以市场供求关系为基础，使运输供求数量达到一致时的价格。其核心问题是运输需求或供给量是如何影响价格形成的。这种方法主要适合企业自主定价，不适合政府定价。

综上所述，出租汽车行业的定价策略应以劳动价值理论为基本依据，以让出租汽车驾驶员在合理的劳动时间获得合理的劳动报酬为目标，通过参考经济学的价格理论，在具体分析城市综合运输体系中各种运输方式的不同经济特征基础上，结合城市经济社会发展水平、出租汽车市场功能定位、未来发展方向、行业政策导向等方面具体情况，综合采取比价关系定价法、优质优价定价法等定价方法从而建立科学、合理的出租汽车运价结构体系。

（三）定价影响因素

合理的运价体系对于提高出租汽车行业竞争力，促进出租汽车行业健康发展起着至关重要的作用。因此，运价规则的制定就显得非常重要。但由于出租汽车行业的复杂性，使得影响运价的因素比较多，主要有运输成本、运输供求关系、国家有关政策及各种运输方式之间的竞争等。要建立合理的运价体系，就必须综合考虑这些方面因素的影响，并对相关因素进行全面分析。

1. 运输成本

运输成本是指运输企业在进行运输生产过程中发生的各种耗费的总和。就出租汽车行业来说，其运输成本包括为提供运输劳务而产生的各种支出，这些支出主要包括燃油费用、车辆折旧、车辆的日常维护与维修费、管理费、税收等。在正常情况下，运输企业为能抵偿运输成本，且不至于亏本，并能扩大再生产，要求运价不能低于运输成本。因此，运输成本便成为形成运价的重要因素和最低界限。在出租汽车行业中，出租汽车公司的利润获得是通过驾驶员的运输收入来实现的，因此在出租汽车行业中运价的制定，要以驾驶员的单车经营成本为基准。在此基准上对驾驶员作为劳务的提供者所获取的收益，在出租汽车公司与驾驶员之间进行分配。要保证驾驶员有收益与出租汽车公司有利润，就要求运价不能低于驾驶员的单车经营成本。

2. 运输供求关系

运输市场的供需平衡，不仅会因运输市场价格对供给和需求的调节而引起，而且还会因为运输供给和需求对市场价格的调节而产生。运输供给和需求对运价的调节，通常是由于供求数量不同程度的增长或减少引起的。为分析方便，以假定其中一个量不变为前提，来讨论供给和需求对运价的影响。若运输需求不变，那么运输供给与运价是一个反比关系。运输供给的下降，运价将会上升；反之，运价将会下降。若运输供给不变，那么运输供给与运价是正比关系。随着运输需求的下降，运价也会下降；反之，运价也会上升。

3. 运输方式竞争

各种运输方式之间的相互竞争，对于出租汽车运价制定也是一个不可忽略的因素。从城市综合交通运输体系来看，这种竞争主要来自私人小汽车、公共汽电车和城市轨道交通等方面。随着近年来城镇化进程的加快，城市交通拥堵不断加剧，城市公共交通的发展，这种竞争对出租汽车行业的压力也日趋明显。这种影响主要体现在运输速度、方便性、舒适性、经济承受能力及能否实现"门到门"运输等方面。因此，对于出租汽车行业来说，其运价与私人小汽车、公共汽电车、城市轨道交通等方式之间的比价关系是否合理将是建立合理运价体系的一个非常重要的衡量指标。

4. 国家经济政策

国家在运输业的经济政策，对运输业的运价水平起导向作用。对运输业实行的税收政策、借贷政策、投资政策等，均会直接或间接地影响运价水平。长期以来，国家对属于第三产业的运输业给予了政策扶持，实行相应的优惠政策。从运输价格的理论构成来看，运价主要由运输成本、利润和税金三部分构成。如果营业税率较低，在运输成本和利润不变的条件下，运价可随之降低。

二、出租汽车运价管理的方式选择

（一）我国出租汽车运价管理法律依据

1997 年全国人大常委会通过了《中华人民共和国价格法》（以下简称《价格法》），并规定一些服务和商品价格实行政府指导价和政府定价。《价格法》第十八条规定："下列商品和服务价格，政府在必要时可以实行政府指导价或者政府定价：(1) 与国民经济发展和人民生活关系重大的极少数商品价格；(2)资源稀缺的少数商品价格；(3)自然垄断经营的商品价格；(4)重要的公用事业价格；(5)重要的公益性服务价格。"出租汽车归属于其中第四种"重要的公用事业价格"。《价格法》第十九条规定了定价的使用范围等内容："政府指导价、政府定价的定价权限和具体适用范围，以中央的和地方的定价目录为依据。中央定价目录由国务院价格主管部门制定、修订，报国务院批准后公布。地方定价目录由省、自治区、直辖市人民政府价格主管部门按照中央定价目录规定的定价权限和具体适用范围制定，经本级人民政府审核同意，报国务院价格主管部门审定后公布。”此条有三层意思：第一，只有列入定价目录的商品或服务的价格，才可以实行政府指导价或政府定价，而定价目录分中央和地方两种；第二，地方定价目录只能在中央定价目录划定的范围内细化；第三，地市级及以下政府不能制定定价目录。

在中央和地方定价目录的基础上，具体制定政府指导价、政府定价的权限，根据《价格法》第二十条的规定，分别由国务院价格主管部门、省级人民政府价格主管部门以及市县级人民政府承担。在出租汽车运价管理的具体实践中，各地对出租汽车行业实行的政府指导价或政府定价，列入了地方定价目录中。根据各省市公布的定价目录，大多将出租汽车运价归属为《价格法》第十八条规定的“重要的公用事业价格”，具体价格水平由市、县人民政府制定。

（二）出租汽车定价方法选择的理论分析

出租汽车服务是一种特殊的商品，它既不属于完全的自然垄断行业，也不是完全市场竞争条件下的商品。从我国城市经济社会发展实际情况、出租汽车行业经营特性等方面来看，需要政府对出租汽车运价进行适度管制，合理确定出租汽车的价格水平。主要理由如下：

1. 运价水平要满足城镇化发展需要

改革开放以来，我国城镇化呈现快速发展格局，城镇化率从1978年的17.8%一跃发展到2012年的52.6%，如图5-6所示。我国仅用30年左右的时间，走完了西方近百年的从农业社会向城市社会的过渡过程。城镇化是促进经济增长的强劲动力，也是诱发运输需求的重要源泉。我国新型城镇化发展进程，既伴随着新一轮农村人口向城镇的区域性转移，也包括着传统产业、现代产业在城镇与农村之间的区域性转换与结构性调整。据预测，未来10年的新型城镇化过程中，我国城镇化率将有望提高10~15个百分点，这意味着将会有1.5亿左右的农村人口迁移到城镇。在这一过程中，随着人们收入水平的提高，对生活质量改善的要求不断增强，人们的出行需求将呈现多样化、多频率、多层次等特征，客运需求总量迅速扩张，对客运服务的安全性、便捷性、舒适性、时效性等将提出更高要求。出租汽车作为城市重要服务窗口行业和“城市名片”，作为满足人民群众个性化出行需求的一种重要交通运输方式，作为完善城镇功能的重要依托，随着城镇化进程的快速推进，这将对出租汽车行业发展提出新的更高要求，既要求城市有合理数量的出租汽车，又要求支付合理费用能打到出租汽车，还要求能够提供高品质、高水准的出租汽车服务。因此，保持出租汽车合理的价格水平，才能保证出租汽车行业健康发展，才能保证提供足够而有效的出租汽车服务，才能满足城市居民的出行需求，才能保证城市功能的正常运转。

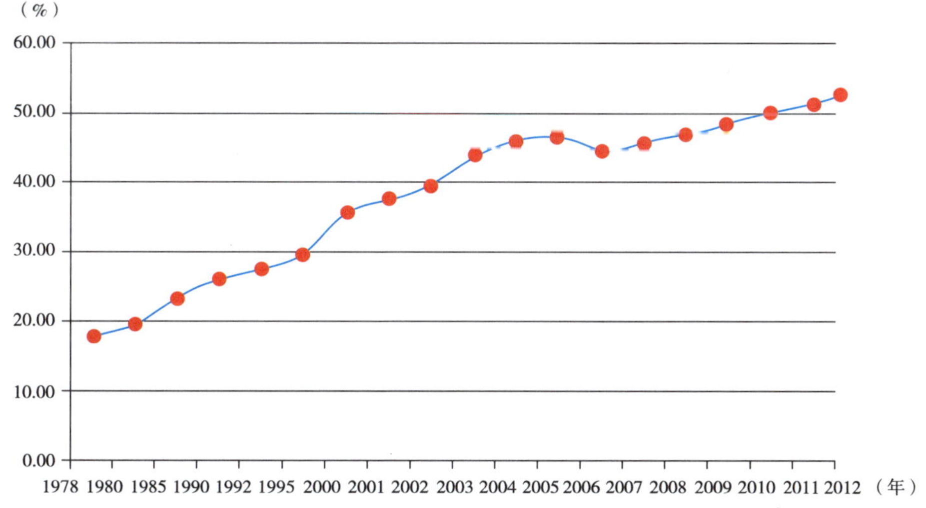

图 5-6　改革开放以来我国城镇化比例变化

2. 运价水平要与出租汽车行业基本定位相匹配

2011 年，全国出租汽车客运总量为 376.7 亿人次，占全国城市客运量的 32.3%，所占比例远高于国外发达国家 10% ~15% 的水平。据统计，北京市年人均乘坐出租汽车次数为 41.3 次，上海市为 47.8 次，而英国居民年人均乘坐出租汽车次数仅为 12 次。与国外发达国家相比，我国居民使用出租汽车的频率明显偏高。造成这种情况的主要原因是：出租汽车定位不准确，运价水平不合理且长期处于较低水平，一些城市把出租汽车当作城市公共交通来发展，没有与城市公共交通形成合理的比价关系。出租汽车行业作为满足社会公众个性化出行需求的行业,不属于政府必须提供的普遍性、基础性服务,因此其价格水平应当与其行业定位相匹配,这样既能满足城市发展的需要,又能实现不同交通方式的协调发展,还能通过拉开与城市公共交通运价的差距,为社会提供高品质的出租汽车服务。

3. 运价水平要保证驾驶员有合理收入

出租汽车运价的高低直接关系到驾驶员和出租汽车公司的收益,甚至关系到出租汽车行业是否健康发展。出租汽车合理的运价水平,能够为出租汽车行业构建稳定、合理的利益分配格局提供基础保障,使出租汽车公司获得一定的利润,使出租汽车驾驶员获得合理的收入。出租汽车运价水平不合理,可能诱发一系列问题,扭曲公司、驾驶员及乘客之间的利益关系,导致企业没利润,驾驶员低收入,乘客享受不到高品质服务。出租汽车的运价应当达到一定水平,让驾驶员有合理的收入并保持适度增长,让驾驶员把开出租汽车当成一种职业,乐于从事出租汽车经营服务。只有保持出租汽车驾驶员相对的稳定性,形成职业化的驾驶员队伍,才能保证出租汽车行业服务的稳定性、高质量;要让出租汽车公司有合适的利润,这样公司才能健康发展,才能拿出资金为驾驶员建设相应的服务设施,才能加强公司内部管理,才能提升整个行业的服务质量。当然,出租汽车公司如收入过高,也需要调整出租汽车运价,或者调节与驾驶员的利益分配关系。

4. 通过运价水平抑制出租汽车行业的负外部性

出租汽车具有占用道路资源多、消耗能源多、污染排放多等负外部性特征。从表 5-7 可以看到,出租汽车人均占用道路面积远远大于公交车,人均占用道路面积比约为 10: 1,平均载客人数更是远少于公交车。相对于公交车和自行车,出租汽车的单位运输量的能耗与废气排放也明显偏高,见表 5-8。因此,相对于常规公共交通,出租汽车具有明显的负外部性。而无论出租汽车驾驶员和乘客,都不会承担出租汽车服务过程中所产生的所有社会成本,这就决定了政府必须对出租汽车运价实行管制,通过提高出租汽车的使用成本,利用价格杠杆来调控出租汽车的消费量,以抑制出租汽车行业的负外部性。

不同交通方式人均占用道路资源比较　　表 5-7

交通方式	公交车服务水平			出租汽车
	高	中	低	
占用道路面积（平方米/人）	1.75	1	0.7	10.5
平均载客人数（人）	20	35	50	2

不同交通方式单位运输量的能耗与废气排放比较　　表 5-8

比较基准	交通方式		
	出租汽车	公交车	自行车
以自行车能耗为 1 的各方式能耗之比	43.8	11.2	1
以公共汽车为 1 的各方式废气排放量之比	19.0	1.0	0

5. 现阶段对运价适度管制有利于保护乘客合法权益

在经典自由竞争理论中，有效的市场竞争要求市场参与主体无限多、信息完全对称、不存在自然垄断等多重要求，而在出租汽车市场中，最突出的是信息不对称等特征。英国公平贸易部（The Office of Fair Trading，OFT）的研究认为，出租汽车的信息不对称包括服务质量信息不对称和运价信息不对称，这直接导致了乘客在价格博弈中的劣势地位。这在以巡游模式为主的出租汽车市场中则更为明显。在运价缺乏政府管制的情况下，出租汽车运价差异较大，而由于运价信息不对称，导致乘客无法确切知道在不同地段、不同时间的出租汽车运价差异，也无法预测下一辆出租汽车的运价水平，乘客只能“听天由命”随机选择，权益难以得到保障。从国外城市运价放松管制的经验教训来看，美国许多城市在完全放松出租汽车运价管制后，出租汽车运价水平显著上升，乘客利益受损的案例显著增加。特别是，当出租汽车行业经营主体尤其是个体经营者数量过多时，如果出租汽车运价实行市场调节，由出租汽车驾驶员与乘客议价，在出租汽车运力不足时，出租汽车经营者可能漫天要价，这时乘客别无选择，只能高价坐车，真正损害了乘客的合法权益。

6. 运价管理方式要符合出租汽车行业特点

出租汽车服务遍布城市大街小巷，点多面广，流动分散，市场监管难度极大。出租汽车经营有三大特点：一是一次性交易特点。即出租汽车驾驶员在一次交易中，即使降低了运价，也无法吸引乘客再次乘坐其出租汽车，以增加其未来的预期收益。因此,出租汽车驾驶员在单次服务过程中,没有任何主动降低运价的动机。如果在无政府运价管制的条件下,出租汽车运价由市场自由调节,非常容易出现驾驶员“漫天要价”现象。二是偶遇特点。即乘客在道路上等候出租汽车时,往往会选择第一辆经过并停下来的空车,在乘客打车的这一特定时间和地点,其所遇到的出租汽车是唯一和随机的,这就是经济学中所指的“偶遇经济”。因此,即使出租汽车市场中有大量的出租汽车,但在特定的时间和地点,在乘客单次打车行为中,出租汽车驾驶员始终处于主动位置,而乘客处于被动位置。三是乘客出行需求的时空差异特点。即乘客对出租汽车的需求在时间和空间分布上存在非常明显的差异。如高峰时段出租汽车需求明显高于非高峰时段,如果不进行运价管制容易导致运价过高;而在机场、车站、商业区等地段,需求也会明显高于其他地段,同样容易导致运价过高。因此,对出租汽车行业的运价管理,必须符合以上特点。

(三)出租汽车定价的原则和方向

总体来看,出租汽车行业运价管理,应从出租汽车行业特点和我国出租汽车行业发展实际情况出发,逐步建立并完善出租汽车运价与经济发展水平、经营成本、市场需求间的联动机制,保持出租汽车与城市公共交通的合理比价关系,建立出租汽车运价形成机制,发挥出租汽车在城市交通运输体系中的应有作用。

1. 运价制定的基本原则

出租汽车运价的制定和调整应坚持以下基本原则:

一是公平性原则。这里的公平性主要包含两方面的含义,一方面对出行者而言的公平性,另一方面是对出租汽车公司和驾驶员而言的公平性。对出行者的公平性主要是指,出行者应当按照所获服务的成本而支付运价,并获得与运价水平相符合的服务水准。对于出租汽车公司和驾驶员的公平性,则是指运价应全面完整地反映出租汽车行业的税收、成本和利润,既涵盖公司经营管理成本和合理的利润水平,也应涵盖驾驶员所支付的燃料费用、车辆清洗和修理费用,以及由驾驶员承担的其他费用和逐年合理增长的收入水平。

二是效益性原则。出租汽车是城市综合交通运输体系的重要组成部分,其价格的制定应从综合交通运输体系的总体效益考虑,包括整个运输体系的经济效益、社会效益和环境效益。鼓励乘坐城市公共交通出行,并在此原则基础上建立与地面公交、城市轨道交通合理的比价关系。从出租汽车行业自身效益的角度考虑,出租汽车运价的制定,应注意调控部分低效率的运输行为,有效地调动出租汽车驾驶员的积极性,为出租汽车行业健康发展提供重要支撑。

三是可行性原则。运价调整须考虑市场承受能力,不能盲目超出市民预期的承受能力,防止市场供求关系大起大落。

四是科学性原则。建立科学的运价制定或调整流程。明确运价责任主体,运价调整前开展全面深入的调查研究,并形成完整的调查报告。对调整后的新运价,应建立一套完善的评价体系,积极总结运价调整的经验教训。建立出租汽车行业数据的搜集和分析机制,为出租汽车运价科学决策提供坚实基础。

2. 运价制定的方向

出租汽车运价的制定和调整,应坚持以下方向:

一是适当拉开与常规公交、城市轨道交通运价层次,体现不同运输方式间合理的比价关系。在城市综合交通运输体系中,城市公交和出租汽车的功能定位不同。从出租汽车行业定位来看,出租汽车主要解决部分人的特殊出行需求,不是普遍服务,相对具有成本高、占用道路资源多等特点,是较高水准的运输服务方式,而城市公共交通是政府必须提供的基本服务。因此,出租汽车的运价水平,应以市场为基础,体现不同运输方式功能定位差别,拉开与常规公交、城市轨道交通运价的差距。这样不同交通方式的比价关系,有利于发挥价格的调节作用,有效引导乘客乘坐城市公共交通出行,促进形成科学、可持续的城市交通出行结构,实现城市公共交通和出租汽车行业协调发展。

二是根据经济发展水平、经营成本变化特别是油气价变化等情况,建立常态化的出租汽车运价调整机制。近些年来,我国居民收入水平大幅增长,对出租汽车的支付能力快速提升。同时,成品油价格逐步提升,大幅增加了我国出租汽车行业经营成本。而与此相反,出租汽车运价调整程序复杂,调整机制不完善,调整幅度明显滞后,使得出租汽车运价调整困难,滞后于运营成本增加,成为影响出租汽车行业稳定健康发展的重要制约因素。针对以上问题,鉴于出租汽车行业的定位应属于相对高端的运输服务，因此应当把出租汽车运价从CPI指数中剔除出来，建立更加高效灵活的常态化出租汽车运价调整机制。充分借鉴英国伦敦、新加坡等地的经验，定期对经济发展水平、收入水平、市场供求情况、主要运营指标、企业经营成本、驾驶员收入水平等情况加强监测和分析，建立常态化的出租汽车运价评估、论证和调整机制，准确体现出租汽车行业经营变化情况，并根据变化情况及时上浮或下调出租汽车运价，实现出租汽车运价管理的"灵活机动"、"小步慢跑"。

三是通过提高运价保障出租汽车驾驶员合理收入，推动建立职业化、高素质的驾驶员队伍。出租汽车运价管理，应结合我国实际情况，统筹考虑乘客、出租汽车经营者、驾驶员各方利益，实现出租汽车行业发展目标、运营实际、驾驶员收入水平、乘客承受能力之间的平衡协调。要通过出租汽车运价的调整，使出租汽车驾驶员能够获得与劳动时间、劳动强度相匹配的合理收入，并保持适度增长，使驾驶员乐于从事出租汽车经营，愿意留在出租汽车行业。要通过运价的调整，增强出租汽车行业吸引力，努力培养建立综合素质高、驾驶技能熟练、责任感强的职业化出租汽车驾驶员队伍。

四是探索实行灵活多样的运价管理政策，实现差别化、精细化管理。借鉴国外发达国家出租汽车运价管理的先进经验，推动运价管理向精细化、差别化、个性化方向发展，积极探索根据不同时段、不同区域、不同车型、不同服务类型的差别化收费政策。第一，基于不同时段差别化运价。利用不同时段乘客不同需求价格弹性特征，针对城市交通拥堵和"打车难"的具体情况，在交通高峰期采取相对高的运价标准，而在其他时段采取相对低的运价标准。改变出租汽车资源的配置状况，让那些需求价格弹性较低的乘客在高峰期优先享用有限的资源，而需求价格弹性较高乘客可以改乘其他交通工具或在其他时段出行。此外，还可考虑季节性因素，根据不同季节客流量变化对出租汽车行业影响等情况，制定不同季节的出租汽车运价政策。第二，基于不同车型差别化运价。可探索引入不同档次的出租汽车车型，根据车型档次和服务水平实行差别化运价。第三，基于不同区域的差别化运价。在较大城市还可考虑在城市不同区域采取差别化运价。例如，在城市中心地段由于公共交通发达，出租汽车需求量较大，消费人群收入水平较高，因此在这一区域运营的出租汽车可提高资费标准;而在一些城市外围或城乡结合部,公共交通不便,乘客收入普遍较低,在该区域运营的出租汽车可考虑适当降低资费标准,满足该地区乘客用车需求。第四,基于不同服务方式的差别化运价。例如,发展不能巡游的预约出租汽车,并实行高运价,让真正急需的乘客通过电话、网络预约能打得着车,并享受高品质的出租汽车服务。对于电召服务模式,可以采取加收电召服务费的方式,鼓励驾驶员提供电召服务,尤其是在高峰时段愿意主动提供电召服务。为此,应该根据本地实际情况和消费水平,合理制定出租汽车电召服务收费标准,并保持一定的市场灵活度,以调动驾驶员的积极性。

第六章　出租汽车运营服务方式

服务性是出租汽车行业的根本特征。不同服务方式发展程度和所占比重，不仅是满足公众出行需求的直观体现，也是衡量出租汽车行业整体发展水平的重要标志。本章论述了社会各界对不同运营服务方式的主要观点，介绍了部分发达国家城市的先进经验和做法，并重点就我国国情下的出租汽车运营服务方式的理论基础与现实选择进行了研究分析。

第一节　出租汽车运营服务方式的主要观点

出租汽车提供服务的方式主要有三种：一是巡游服务，即出租汽车驾驶员看见街道旁候车乘客扬手示意，则停车载客；二是站点服务，即出租汽车在政府有关部门规定的候车站点接送乘客；三是预约服务，即出租汽车根据乘客电话或网络预约，前往预约地点接送乘客。预约服务还可进一步细分：如果通过传统巡游服务或站点服务方式运营的车辆从事预约服务，那么这种预约服务也可称为电召服务；而如果仅允许采取预约服务方式，不允许通过巡游服务和站点服务方式运营的，则称为约租车服务。出租汽车运营服务方式具体分类如图 6-1 所示。

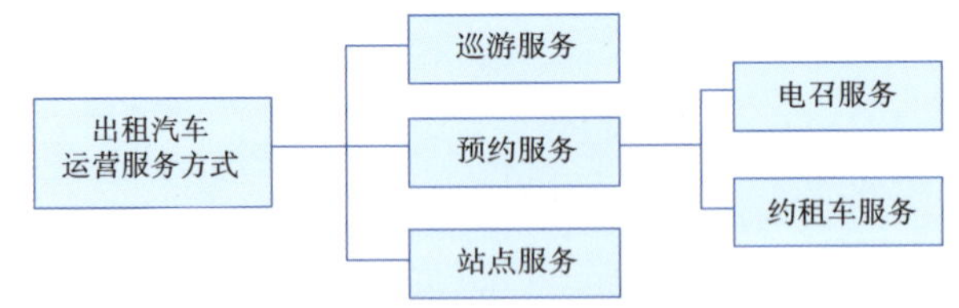

图 6-1　出租汽车运营服务方式

目前，社会各界针对出租汽车究竟应该采用哪种运营服务方式主要有以下三种观点：

一、观点之一：主张以巡游服务方式为主

巡游服务最早出现在马车时代，也是目前我国各个城市主要的出租汽车服务方式。出租汽车巡游服务如图 6-2 所示。

a)

b)

图 6-2　出租汽车巡游服务

主张出租汽车以巡游服务方式为主，主要基于以下考虑：

（一）乘客方便

有人认为，对乘客而言，打车最重要的考虑因素是方便。在出租汽车巡游服务方式下，乘客不必花时间到处找车，需要打车时只要就近“招之即来”，可谓方便省时。

（二）驾驶员收入高

有人认为，对出租汽车驾驶员而言，巡游式服务有利于发挥驾驶员自身的经验优势，开车时间长了，驾驶员对于哪儿人多、什么时候好跑都“门儿清”，每天“活”多，收入自然也较高。

（三）已养成固有习惯

有人认为，出租汽车主要为当地居民提供出行服务，价格也相对便宜，市场整体上处于供不应求的状态。多年来，出租汽车巡游不仅使驾驶员收益可观，乘客也养成了“招手即停、抬腿上车”的打车习惯。从招手上车到电话预约，是出租汽车运营模式和乘客消费习惯的改变，说起来简单，做起来可不容易。

（四）与其他服务方式相比具有一定优势

从出租汽车不同服务方式的发展现状来看，巡游服务方式依然具有一定的优势。

有人认为：预约服务也许是以后的发展趋势，但至少目前还处于起步阶段。第一，目前能够接受预约的车辆还不多，各地发展也不均衡。在一些地方，乘客要么还不知道预约电话，要么打了电话后约不到车，而随着约车服务电话知名度的不断提升，车是约到了，但要等的时间又很长，还有可能被驾驶员“放鸽子”。第二，一般是天气不好和上下班高峰时期的约车需求高，那个时候在街上很难有空车，但预约出租汽车的供给数量主要根据普通时间段的正常需求设定的。因此，即便实行预约服务，在恶劣天气和特殊时段下出租汽车供不应求的局面依旧不可避免。出租汽车市场的这种情况和电力市场非常类似，存在需求的高峰和低谷，在预约服务需求量高时无车可叫，需求量低时又少有人叫，预约服务发展处于“尴尬”位置。第三，预约需要通过服务中心才能完成，服务中心需要场地、人员以及电话、计算机等设备的投入，不仅如此，后期的日常运营、设备维护以及随着业务量的扩大还要加大投入等，这可不是小钱，谁愿意去建出租汽车预约服务中心？还有，如果叫车的人少，一直入不敷出怎么办？此外，现在叫车还要额外多收钱，比如北京是每次 3 元，上海一般是 4 元，偶尔叫一次车还行，如果经常叫车，也是一笔不小的费用。第四，预约服务过程中经常会碰到这样的情况：或者是驾驶员到达约定地点后发现乘客不在，或者是乘客所叫车辆迟迟未能到达。前者往往是乘客在叫车之后的候车时间里遇到了巡游车辆，于是乘车离开；后者则可能是被叫车辆在途中遇到打车乘客，便改道“拉活”，或者由于城市交通拥堵等延误了到达时间等。总之，预约租车总让人觉得“不靠谱”。

有人认为，出租汽车站点服务还存在一些问题：第一，出租汽车服务站点毕竟有限，与招手上车的巡游方式相比，乘客打车还要先到站点，出租汽车“门到门、点对点”的优势发挥不充分。第二，火车站、飞机场、商场、旅游景区等地客人多，但大多会集中在某些时段。比如飞机、火车都有固定到达时刻，商场也不是 24 小时营业，景区一年中有淡季和旺季之分，而且一般只有下午打车的人才多。况且，大家都去站点“抢生意”，停车、排队等客也费时费力，还不如去“扫马路”。

二、观点之二：主张以站点服务方式为主

站点服务方式最早源于出租马车在繁华街道停车待客。发展至今，出租汽车停靠站点通常包括机场、车站、大型商贸中心、城市主要干道、酒店、商场、旅游景区等客流量较大的地方设置的出租汽车候客区或专用泊位，如图 6-3 所示。上述待客地点中，乘客的消费水平一般较高或有运送行李等服务需求，更加注重出行的舒适性和便捷性，因此选择选乘出租汽车的可能性也较大。

a)

b)

c)

图 6-3　出租汽车站点服务

主张出租汽车以站点服务方式为主，主要基于以下考虑：

（一）节约乘客时间

有人认为，与出租汽车巡游服务相比，站点服务方式不再需要乘客沿街找车，只需要到附近站点即可，由于站点车辆较多，打车有保证，很多时候比在街道上盲目打车等候时间短，能够减少寻找出租汽车而产生的时间成本。

（二）减少驾驶员支出

有人认为，对出租汽车经营者来说，出租汽车巡游服务最大的弊端是空驶里程高，白白浪费燃油，增加车辆磨损，而出租汽车站点服务能够避免因巡游揽客而产生的车辆空驶，从而可以降低运营成本。

（三）缓解城市交通拥堵

有人认为，在出租汽车巡游服务方式下，出租汽车在运营期间几乎不停，长时间占用城市道路资源，不仅会加剧城市交通拥堵，还增加了废气排放。因此，传统“扫马路”的出租汽车运营服务方式并不可取。此外，在出租汽车巡游

服务方式下，出租汽车驾驶员工作时间长、劳动强度大，而出租汽车站点服务方式，可以使驾驶员在站点待客时短暂休息，有效缓解疲劳，利于保障行车安全。

三、观点之三：主张以预约服务方式为主

出租汽车预约服务最早出现于20世纪西方国家经济危机时期，是伴随着通信技术的不断发展而出现的一种创新服务模式。在20世纪60年代中后期，西方发达国家普遍陷入了严重的经济危机，高失业率导致部分失业人员利用私家车开始从事出租汽车运营，并依托一些中介服务商提供服务。中介服务商为了更及时地与驾驶员取得联系、向驾驶员派遣任务，便开始利用无线电语音通话设备进行联络，现代出租汽车电召服务的基本运作模式也因此初具雏形。

随着市场需求的多样化以及电信与网络技术的不断发展完善，目前出租汽车预约服务的种类已经不仅仅局限于电话约车，还包括网站约车、手机上网约车、短信约车等多种方式。在服务次数上，有一次性、多次性、中长期预约服务等方式。在支付手段上，有预付费、后付费等方式，不仅更加灵活，还能够有效应对各种违约行为。在价格方面，在一些城市，出于发展定位和市场营销等目的，出租汽车预约服务的价格也与普通巡游服务不同，有的开展了多种促销活动，大大方便了公众出行。在某些偏远地区或出行高峰时段，出租汽车预约服务更是发挥了重要作用。目前，在许多发达国家大中城市出租汽车服务中，预约服务占据了主导地位。出租汽车预约服务如图6-4所示。

a)

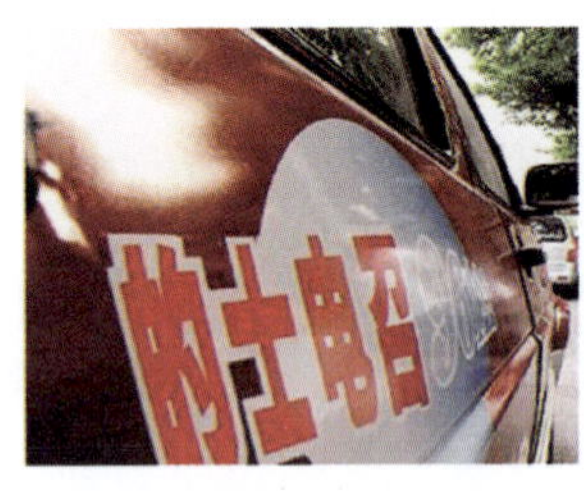

b)

c)

图6-4　出租汽车预约服务

主张出租汽车以预约服务方式为主，主要基于以下考虑：

（一）出租汽车预约服务，能有效解决驾驶员“找活难”和乘客“打车难”问题

有人认为，当前出租汽车服务方式存在的最大问题，是出租汽车驾驶员和乘客双方基本上处于盲目寻觅对方的状态。一方面，驾驶员运营多凭经验，巡游导致的出租汽车空驶，这不仅增加了油耗和成本，还产生了大量尾气；另一方面，乘客打车靠运气，特别是在一些偏远地区和高峰时段，出租汽车大都不愿意光顾，乘客打车困难。所以，在同一时间里，一个城市中可能同时存在出租汽车驾驶员“找活难”和乘客“打车难”的现象，如图 6-5 所示。而预约出租汽车的发展，可以加强驾驶员和乘客之间的信息互通，有效解决以上问题。

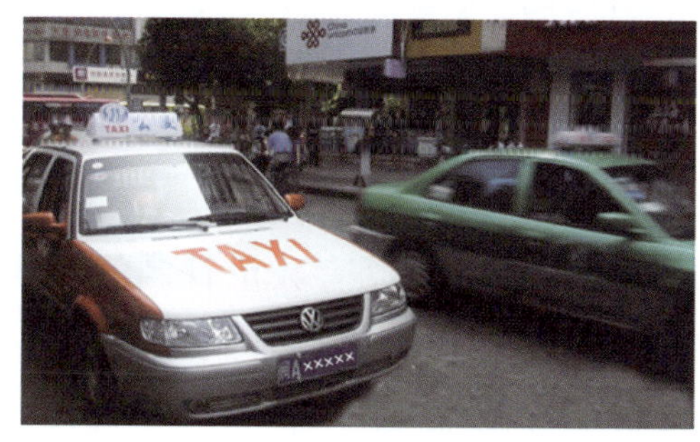

a)

b)

图 6-5 “找活难”和“打车难”并存

（二）降低劳动强度和运营成本，提高车辆运行效率

有人认为，在出租汽车预约服务方式下，驾驶员不巡街、不蹲点，只需要在停车地点静候待命，主要依靠无线电、电话、网络等联系，这促进了出租汽车行业技术革新和资源整合，减少了车辆空驶，提高了车辆运行效率，实现了驾驶员、调度中心和乘客“三方共赢”。此外，出租汽车电召调度系统还能够根据用车需求、道路交通状况等对驾驶员线路进行选择和优化，这不仅降低了劳动强度和运营成本，还有利于减轻交通压力，缓解拥堵。出租汽车电召中心如图 6-6 所示。

图 6-6 出租汽车电召中心

(三)满足乘客多样化、个性化需求

有人认为,与其他行业相比,出租汽车服务具有一定的特殊性,好比去商场买东西,买之前可以“货比三家”,而坐出租汽车可不一样,虽然也是一种消费行为,但基本上是具有偶然性的。上车前,不知道驾驶员对路线熟不熟、服务态度如何等,即使是驾驶员服务态度不好,甚至被投诉,驾驶员和乘客之间也不一定是“一锤子买卖”,没准哪天打车又是“似曾相识”。当然,有的驾驶员态度也非常好,现在出租汽车公司也多了,要是打车时能选公司、选驾驶员就好了。

还有人认为,传统的出租汽车车型就那么几种,服务方式也非常单一,无法满足需求。比如,用于商务接送和婚庆活动时,需要一些高档车型,这样才有“面子”。还有,现在信息技术这么发达了,去哪里消费一般都是“刷卡”,怎么坐出租汽车还非要付现金,虽然是小事,但还是不够方便。

(四)缓解“打车难”问题

有人认为,现在部分城市出现了“打车难”问题,这既有数量管制的原因,又有出租汽车运营方式落后的原因。在现阶段,如果出租汽车数量不能完全放开,那么发展预约出租汽车,对缓解“打车难”问题会有非常积极的作用。这不仅能够打开政府出租汽车数量控制的“缺口”,还能通过提供差异化服务,在价格上较传统出租汽车服务方式有所突破。这种做法已在国内外部分城市都取得了很好的效果,满足了公众需求,在一定程度上缓解了“打车难”问题。

第二节　出租汽车运营服务方式案例分析

与目前我国各城市出租汽车主要以巡游服务方式为主相比,发达国家城市出租汽车主要以预约服务方式为主,平均占59%。表6-1列出了部分国家或城市出租汽车不同服务方式所占的市场份额。从不同出租汽车服务方式发展来看,由于出租汽车预约服务能够有效降低出租汽车的空驶率,并能减轻因出租汽车巡游增加的交通压力,还具有节能减排等诸多优势,发达国家都通过政策引导来稳步提高出租汽车预约服务所占比例,并使其保持在一个合理的范围内。

部分国家或城市出租汽车不同服务方式市场份额所占比例　　表 6-1

国家或城市	预约服务(%)	巡游服务(%)	站点服务(%)
美国	70%	25%	5%
英国	65%	15%	20%
伦敦	60%	10%	30%
荷兰	78%	12%	10%
爱尔兰	30%	50%	20%
新加坡	67%	25%	8%
日本	37.1%	40%	22.9%
东京	5.3%	80%	14.7%
澳大利亚	50%	20%	30%
悉尼	40%	25%	35%
挪威	68%	3%	29%
奥斯陆	64%	4%	32%
瑞典	70%	25%	5%

如前节所述,预约服务包括电召服务和约租车服务两种。在部分发达国家中,出租汽车同样属于政府管制范畴,就约租车服务而言,以管制措施的差异和与其他服务方式的界限划分等为标准,不同国家和城市的约租车服务大体分为四类。表 6-2 列举了相应出租汽车服务方式种类中具有典型代表性的国家和城市。其中,美国的华盛顿和纽约等地的约租车服务与传统出租汽车运营完全分离,约租车只能提供预约服务,不受数量限制,而传统出租汽车只能提供巡游服务和站点服务,二者不允许交叉运营;在英国和爱尔兰,规定约租车只能提供预约服务,且不受数量限制,但传统出租汽车同样可以提供预约服务;在挪威和澳大利亚,与我国目前出租汽车运营服务方式现况类似,即约租车和传统出租汽车的身份统一,在数量上有所管制。总体来看,目前国外出租汽车同时从事预约服务和站点服务、巡游服务的情况较为普遍。

国外部分国家或城市约租车服务分类列表　　表 6-2

国家或城市	与传统服务方式关系	有无数量控制
华盛顿、纽约	完全分离	无
英国、爱尔兰	部分分离	无
新加坡、新西兰	完全未分离	无
挪威、澳大利亚	完全未分离	有

一、美国纽约：约租车与传统出租汽车“分治”

纽约的出租汽车分为传统出租汽车和约租车两种。传统出租汽车大多数是皇冠、维多利亚牌轿车，车身为标志性黄色，数量受严格限制，如图6-7所示。约租车包括社区车(Community Car Service)、黑色车(Black Car)和豪华车(Luxury Limousines)三类。其中，社区车主要为社区居民服务，每辆车一般运送不超过6名乘客；黑色车不同于非法运营的“黑车”，主要服务于商业客户，车型有林肯等；豪华车一般为加长型轿车，通常以车辆出库开始计费、车辆入库计费截止，收费昂贵。在纽约，约租车一般不安装顶灯，不能和传统出租汽车着相同的黄色，如图6-8所示。

a)

b)

图6-7 纽约的传统黄色出租汽车

a)

b)

图6-8 纽约的约租车

(一)约租车与传统出租汽车“分治”管理模式

在纽约，约租车不能上街巡游，只能在调配站等待调配，而传统出租汽车也只能提供巡游服务和站点服务。此外，约租车不受数量管制的限制。这种约租车和传统出租汽车服务完全分离的“分治”管理模式有其历史原因，其发展历程也不是一帆风顺。

1. 发展历程

1937 年,纽约通过了哈斯法案(Hass Act),对出租汽车的最高数量加以限定。当年,出租汽车数量被限制为 13595 辆。到 20 世纪 50 年代,受到数量限制的出租汽车已经无法满足公众需求,而与此相适应,社区车开始在纽约的部分低收入社区出现和运营,主要满足市民购物、看病、娱乐、商业活动和上下班等短途需求。虽然社区车与传统出租汽车的运营界限明确,它们不沿街招揽客人,只是通过预约方式提供服务,然而由于没有针对社区车管理的规章制度,传统出租汽车行业一直认为社区车未经允许,同时侵犯了出租汽车经营者权益,而且社区车也是不安全的。

到 20 世纪 60 年代,社区车已经发展为纽约非中心地区和曼哈顿北部的主要约租工具。根据 1966 年纽约市长的出租汽车研究团队发布的一份报告,由于出租汽车的短缺,大概有 4000 辆社区车从事电话预约服务,主要集中在曼哈顿以外的区域。出租汽车则主要服务于机场和曼哈顿的南部 2/3 地区。这种市场分治局面是自然而然形成的。究其原因,其实也不复杂,因为曼哈顿南部人流如织,出租汽车沿街揽客的生意很好,而其他地区人口相对较少,地域面积大,约租车有更好的市场。

1971 年 3 月,纽约成立了出租汽车和豪华车委员会(Taxi and Limousine Commission,以下简称委员会),负责对出租汽车和豪华车进行统一管理。当时,对豪华车的定义比较模糊,不确定是仅包括豪华车,还是也包括社区车。这种争论同样广泛存在于出租汽车公司、社区车公司和驾驶员之间。出租汽车公司和驾驶员反对将社区车纳入委员会的管辖范围内,认为对社区车的正式承认将会损害传统出租汽车业务。而社区车公司则希望获得官方承认,同时也能提升顾客信任度和增加盈利,部分社区车公司还到法院提请诉讼,要求将社区车列入“豪华车”。尽管并没有成功,法院随后认定社区车不受委员会的管理,但社区车仍然发展迅猛,至 1971 年社区车数量已达到 9300 辆。

1981—1982 年间,纽约成立了专门的独立委员会对出租汽车行业管制开展调研,该委员会提出了一系列的建议,其中包括:委员会应该对包括社区车在内的所有约租车辆、驾驶员和公司通过许可等手段进行管制,应该允许豪华车、社区车在部分区域招揽生意,比如纽约的三个机场,同时必须达到出租汽车的质量检测标准,并可以使用顶灯和计价器等。然而这些建议最终并未获得认可,主要原因在于传统出租汽车行业的强烈反对。不仅如此,一些出租汽车也开始装上无线电设备接收预约服务。至1982年,装有无线电设备的出租汽车数量已占出租汽车总量的25%。然而,出租汽车预约服务发展的同时,也使顾客在街边打车不便。由于出租汽车数量有限,行人只能眼睁睁地看着显示“有预约任务”的空车飞驰而过,无奈地继续等待。为了解决此问题,委员会要求所有的出租汽车拆除其无线电通讯设备,要求出租汽车不能提供预约服务,只能在街道上随机载客。在此背景下,部分车主将自己的车辆出租或转卖给他人,自己转去经营高档车辆以提供预约服务。

直至1986年,纽约市议会最终正式赋予了委员会对约租车的规制权力,其立法目的主要是市议会承认约租车行业(包括豪华车和社区车等)在为大众提供交通服务方面的价值。同时,市议会也认为约租车行业需要为公众安全负责。公众安全要求政府采取措施,保证约租车行业有适合的责任保险,车辆质量可靠,由负责任的驾驶员驾驶,并遵守其他相关规定等。至此,基于出租汽车市场需求,在保障公众安全等方面的推动下,约租车行业排除了传统出租汽车行业的阻力,得到了官方的正式承认,走上了健康有序的发展道路。

2. 约租车发展成效

纽约的约租车发展模式所取得的最主要成效就是,能够在严格的出租汽车数量管制条件下,以约租车的发展来突破数量的限制,实现了市场供给的扩大和服务种类的增加。

首先,在一定程度上打破了数量管制。自1937年哈斯法案的实施,纽约的出租汽车数量就受到严格的管制,但出租汽车市场的需求却随着城市规模的扩大、居民生活水平的提高而不断增加。在没有约租车之前,这部分市场需求一般是由便利车(Car Services or Liveries)和吉普赛车(Gypsy Cabs)来满足的,这类车对应的也就是我们现在常说的非法运营的“黑车”。约租车成为法律保护的对象后,出租汽车供不应求的局面得到有效缓解,也大大方便了公众出行。

其次,促进了出租汽车行业的竞争。“分治”管理模式下,尽管约租车和出租汽车不能在各类市场上进行充分的自由竞争,但二者的服务对象基本一致

（除约租车中的豪华车外），因此也形成了较为充分的间接竞争，提高了出租汽车行业服务质量和水平。

最后，满足了消费者多样化需求。约租车对车型、服务种类等没有限制，不仅能够满足地区内的短途需求，还能接受长途业务，并且还能提供与一般出行需求不同的差异化产品，如商务租车、婚庆租车等服务，服务方式呈现出多元化特征。

（二）约租车发展现状与经营模式

根据2007年经济普查数据，美国约租车行业年度收入超过40亿美元，而全美传统出租汽车行业的年度收入仅为18亿多美元。

1. 约租车发展现状

纽约的约租车大部分是社区车，其次分别是黑色车和豪华车。根据2004年统计数据，社区车有25500辆，占约租车总数的65%；社区车公司488家，占约租车公司总数的66%。纽约的约租车不同类型基本情况见表6-3。每家约租车公司下属的约租车数量各不相同，这些公司多分布在布鲁克林和皇后区，但其经营范围并不受区域限制，可以将约租车派遣到纽约市任何一个区域。

纽约的约租车不同类型基本情况 表6-3

类　型	车辆数（辆）	平均车龄（年）	公司数（家）
社区车	25500	7	488
黑色车	9900	4	75
豪华车	3600	3.25	172
合计	39000	—	735

2. 约租车经营模式

在纽约，约租车车主不能个人自行派遣车辆提供预约服务。换言之，车辆必须隶属于某一公司。社区车公司的车辆主要为驾驶员个人所有，驾驶员可以带着其车辆加入社区车公司，驾驶员和公司之间不是雇佣关系，仅是提供服务。驾驶员收入中的一部分交给公司，大约在25%～30%之间，或者按周或月支付给公司一定的费用，大约每周25～90美元不等。社区车公司也可以自己拥有车辆，出租给驾驶员驾驶，只是费用比前者更高。黑色车和豪华车则大多属公司所有，公司向驾驶员支付工资。收入方面，社区车驾驶员单个工作日毛收入约为250美元，而一年成本（包括保险、税费、车辆维护、汽油等）近2万美元，以每周5天工作日计算，年收入约为45000美元。黑色车和豪华车驾驶员收入相比略高。

社区车、黑色车和豪华车的车辆虽然不同，但其服务模式大体相同。当顾客需要约租车服务时，首先需要给公司打电话预约，提供自己的姓名、联系电话、出发地点和目的地。公司一般通过双向无线电台或电话派遣系统和车队保持联系，派出附近的车辆到达顾客指定的地点，同时告知乘客大致费用、车辆到达时间，并负责处理顾客投诉。

在价格方面，每家公司都制定自己的价格表，并经过委员会批准后实行。社区车和黑色车主要按照街区收费，即看起点和终点之间经过几个街区。豪华车则根据车辆出库和回库的时间计算价格。三种车辆付费的支付方式也不相同，社区车主要是乘客直接付现金给驾驶员，而黑色车和豪华车则主要是通过信用卡等方式给公司付费。

目前，纽约的约租车业又有了新发展。为应对某些地区公交车服务不足的状况，委员会推出了社区车运送乘客试验方案，允许在特定地区由社区车定点搭载6~20名乘客并收取固定费用。

（三）约租车管理制度

1. 经营许可规定

根据委员会的规定，约租车经营者需要向委员会提出申请，并满足以下条件：一是向委员会证明自己能够为隶属的车辆提供相应的停车场地；二是具备相应的经营管理能力，包括财务状况、之前经营经历以及在交通部门保留相关记录等；三是车辆必须购买相应保险，不同载客人数车辆所需负担的保险不同，但最少也要拥有不低于30万美元的人身伤害和死亡保险等。委员会通过考察公众需求、公司对现有交通服务的影响、对社区周边环境（比如交通堵塞、噪声等）的影响等因素后，决定是否授予相应的经营许可。申请人获得许可后，经过一定年限还应申请更新。与传统出租汽车不同的是，纽约的约租车没有数量上限，只要符合条件，经许可后即可获得经营资格。

2. 公司化管理模式

纽约要求约租车必须隶属于某一公司，并通过公司对庞大的驾驶员队伍进行管理。这也是纽约的约租车行业一大特色。

委员会规定,约租车公司需要每个季度向委员会提供所隶属车辆的情况和驾驶员的姓名,每年向委员会提供价目表、每次派遣服务的时间地点和提供服务的车辆、驾驶员信息。公司需要确保其隶属的车辆遵守交通法规(如按规定停车),维持车辆良好状况,减少对周边环境的影响,同时需要具备为残疾人提供服务的设施。公司要确保所隶属的车辆不接受沿街打车的客人。公司还应负责处理乘客投诉。

虽然通过公司来管理约租车驾驶员,但是公司和驾驶员之间却不仅仅限于管理,更多的是服务。公司主要负责拓展市场,做好客户服务,声誉越好、客源越多的公司越能吸引更多的车辆加入,从而抽取更多的提成或者固定收费;而驾驶员也要尽力为客户提供更好的服务,否则在遭到投诉后有可能被公司除名。公司和驾驶员可以签订固定期限合同,也可以不签订固定期限合同。如果选择后者,任何一方可以随时终止合作关系,驾驶员可以转向其他公司,而只要约租车公司履行了告知义务,就可以解除与车辆的隶属关系。

委员会还对约租车的其他日常运营项目进行了规定。在公司方面,公司对外不得声称自己提供出租汽车服务或者使用“出租汽车”字样;公司必须严格遵守为预约顾客提供的报价,除非顾客改变了目的地;公司不得擅自变更在委员会处登记的价目表,并且只能通过预约来提供服务。在车辆方面,车身必须贴有委员会颁发的牌照,车内需装有注册证明、保险卡、驾驶执照和车辆运营许可,一般不能安装顶灯和计价器,不得在局部或者全部涂成出租汽车独有的黄色,至少每四个月接受一次检查。

对于未申请许可从事约租经营的行为,以及约租车公司和驾驶员的违法行为,会受到委员会的处罚。各类处罚须经过听证,由委员会下设的行政裁决庭进行裁决。如果当事人对裁决不服,可以向委员会上诉。对委员会的最终行政处罚仍不服的,还可向法院提起诉讼。

二、英国伦敦:约租车与传统出租汽车“非对称”管理

伦敦出租汽车有两类:一类是传统出租汽车,可以在街道上扬招或从事出租汽车站点服务。伦敦有 22500 辆这种传统出租汽车,传统出租汽车驾驶员

大约25000人,车型主要是经典的黑色出租汽车(Black Taxi)。传统出租汽车大约每天运送30万人,提供20万次服务,平均每次运送1.48人,平均每次运送距离3.2英里(约合5.1公里)。另一类是预约出租汽车(Private Hire Vehicle,PHV)也可称为约租车,不能在街道上扬招,必须通过电话、传真或互联网预订。伦敦有51300辆预约出租汽车,每天运送30.1万人,提供21万次服务,平均每次运送1.45人,平均每次运行距离8.4英里(约合13.5公里)。伦敦传统出租汽车与约租车,分别如图6-9和图6-10所示。

a)

b)

图6-9　伦敦的传统出租汽车

图6-10　伦敦的约租车

与纽约的“分治”模式相比较,伦敦的约租车同样不受数量管制的限制,不能从事巡游和站点服务,但是传统出租汽车却可以从事预约服务(伦敦市运输局要求其每天至少承接一次电召服务),且不受数量管制,这可称为“非对称”管理。

伦敦出租汽车预约服务比重较高,占到出租汽车市场份额的60%,其次是站点服务占30%，而巡游服务仅占10%，如图6-11所示。

（一）预约服务管理

伦敦市运输局负责对伦敦出租汽车车辆、驾驶员和预约服务商进行行业管理。许可车辆包括传统出租汽车和约租车，许可驾驶员包括传统出租汽车驾驶员和约租车驾驶员。

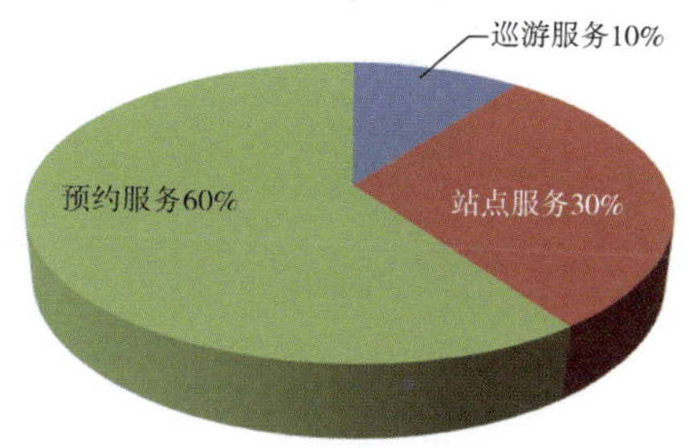

图6-11　伦敦出租汽车不同服务方式业务比重

1. 预约出租汽车驾驶员管理

与传统出租汽车驾驶员要求相比，预约出租汽车驾驶员从业资格证申请要相对宽松。除了年龄条件、犯罪记录审查和身体适应性检查外，不必像传统出租汽车驾驶员一样要熟悉所有的街道等，但需要具有阅读地图和路线选择等行程计划能力。此外，只要求申请人的相应驾照有效期在三年以上，不再进行专门的驾驶考试。预约出租汽车驾驶员从业资格证有效期为三年。

2. 预约出租汽车管理

依据伦敦市的有关规定，预约出租汽车应为9座以下，车型可由申请者自行选择，预约出租汽车牌照有效期为一年。此外，伦敦市政府还要求每季度对全市的出租汽车检查一次，每年要进行一次全面严格检查，要求发动机不能有锈斑，车身光洁、无凹痕、无擦伤掉漆现象。出租汽车上路运营时，警察还会有各种严格的检查，如要求车辆每三年必须年检一次，以及平时的随机抽查等。

3. 预约服务运营商管理

伦敦预约服务运营商须经伦敦市运输局许可，许可的种类有两种：一种是小规模运营商，即所辖预约服务车辆3辆以下的运营商；另一种是标准运营商，即所辖预约服务车辆3辆或3辆以上，约租车运营商牌照有效期为五年。伦敦目前有2300家预约服务运营商，其中规模较小的预约服务运营商多为车队制运营商，只负责为其旗下车辆服务，规模较大的预约服务运营商多是专业中介服务机构，大部分专业运营商只从事电话预约服务，一部分运营商则从事网站预约、短信预约等服务。伦敦主要预约服务运营商如图6-12所示。

公司名称	电话	网站
One-Number Taxi:	08718718710	http://www.onenumbertaxis.co.uk/
Call-A-Cab:	020 8901 4444	http://www.callacab.com/
Computer Cab:	020 7908 0207	http://www.comcablondon.com/
DataCab:	020 7432 1540	http://www.datacablondon.co.uk/
Dial-A-Cab:	020 7253 5000	http://www.dialacab.co.uk/
London Black Taxis:	07779336612	http://www.londonblacktaxis.net/
Radio Taxis:	020 7272 0272	http://www.radiotaxis.co.uk/
TaxiCall Wimbledon	02080997711	http://www.taxicall.wimbledonvisitor.com
TAXILIGHT（的士之光）	网上预约	http://www.taxilight.co.uk
TFL（伦敦交通运输局）	网上预约	tfl.gov.uk/findaride
TFL（伦敦交通运输局）	SMS：HOME至60835**	

图 6-12　伦敦主要预约服务运营商

（二）电召服务基础设施建设

由政府投资建设的以公益性为主的伦敦运输局电召服务中心，通过开发的"传统出租汽车与约租车信息技术系统"，连接各预约服务运营商和车载终端，掌握各出租汽车运营状态，通过系统生成的数据，以网站和短信预约方式，向乘客提供最近的 2 辆约租车和 1 辆传统出租汽车的联系信息，再由乘客联系相关车主进行预约。

在伦敦，电召服务运营商通过收取驾驶员加盟费，给驾驶员车辆免费安装车载终端，提供定位和调度服务。对于每笔撮合成功的电召业务，电召服务运营商收取相应费用。

（三）费率放开

传统出租汽车价格由伦敦运输局制定，但无论是传统出租汽车还是约租车，只要是预约服务，费率是不受管制的，只是按照预约服务中心与乘客协商的价格收取。

（四）"非对称"管制模式

如前所述，伦敦的约租车和传统出租汽车都不受数量管制，但约租车不能从事巡游和站点服务，传统出租汽车却可以从事预约服务。在这种"非对称"的管制模式下，传统出租汽车和约租车在预约服务领域竞争激烈，其结果就是二者都不断提高自身的服务质量。

传统出租汽车所提供的车型和服务质量较为统一，而约租车不受这些限制，提供的车型和服务种类一般较多，比如车型有微型小汽车、豪华轿车、中高档轿车等。这正是伦敦对传统出租汽车和约租车实行不同管理措施的根本出发点，传统出租汽车提供质量统一的服务，而约租车则满足多样化的市场需求。

第三节　我国国情下的出租汽车运营服务方式

巡游服务、预约服务和站点服务三种方式各有特点，能够满足不同的消费需求。在实际中，无论是发达国家还是我国目前各城市，这三种服务方式也都不是孤立存在的。以下将对出租汽车运营服务方式的理论基础和现实选择进行分析，从而为我国出租汽车的运营服务方式的健康发展提供参考。

一、出租汽车运营服务方式理论分析

（一）从不同运营方式的经济性考虑

经济性（Economy）是指以最低的资源耗费，获得一定数量和质量的产出。经济性主要关注的是资源投入和使用过程中成本节约的水平，也就是节省的程度。就出租汽车运营而言，经济性主要侧重于燃油消耗、驾驶员劳动强度等方面。

在巡游服务方式下，出租汽车驾驶员为寻求客源，大多会在客流量大的地方巡游，油耗多，驾驶员劳动强度大，运营成本高，因此经济性差。而采用站点服务和预约服务方式，驾驶员不再巡游，只需要在固定地点停车待客或等待指令，不仅能降低驾驶员的劳动强度，还能够节省由于车辆空驶增加的燃油成本，有利于获取利润。尤其是预约方式下，调度系统还能够根据多个用车需求对乘客接送线路进行优化设计，最大限度减少空驶里程，不仅经济性更高，还有利于减轻对道路交通的压力。

（二）从不同方式的运营效率考虑

曼昆《经济学原理》中对“效率”（Efficiency）解释为：社会能从其稀缺资源中得到最多东西的特性。给定投入和技术的条件下，经济资源没有浪费，或对

经济资源做了能带来最大可能满足程度的利用，也是配置效率（Allocative Efficiency）的简化表达。我们这里所讲的效率，更多是从管理学角度出发，指在特定时间内，组织的各种投入与产出之间的比率关系。效率与投入成反比，与产出成正比。关于出租汽车运营效率，主要体现在车辆运转速度、单次交易平均达成时间等方面。

在巡游服务方式下，驾驶员和乘客作为服务的供给方和需求方，无法有效地交换供需信息，双方基本上处于盲目寻觅对方的状态，乘客需求难以得到快速高效满足。采用站点服务，乘客有需求时到站点乘车，目的性较强，但不足之处是驾驶员需要在站点候客，车辆停驶一定程度上会影响运营效率。在预约服务方式下，驾驶员不必沿街空驶或停车候客，乘客也无需在路上招手或先得到指定站点，以预约服务平台为依托，供需双方带有很强的目的性，信息也更加透明。在具体业务中，服务平台接到乘客预约信息后，可以向距离最近的出租汽车发出叫车信息，还可以根据多个预约需求和城市交通状况等统一调度优化车辆行驶路径，从而更快、更有效地接送乘客，不仅效率更高，乘客的乘车需求也得到了充分满足。

（三）从提高服务质量考虑

出租汽车服务质量主要体现在两方面，通俗地讲，就是“走得了”和“走得好”。

“走得了”重在保证公众的出租汽车出行需求。在巡游和站点服务方式下，如果乘客所处位置比较偏远，出租汽车驾驶员所选择的巡游区域往往难以顾及，城市道路资源有限，部分区域站点同样无法覆盖，同时恶劣天气条件和上下班高峰等时段，“打车难”问题也比较突出。预约服务方式下，无论偏远地区、恶劣天气还是高峰时段，乘客都可以通过电话、网络等方式向预约服务平台提出约车需求。因此，预约服务方式能够为乘客提供出行便利，还能在一定程度上缓解“打车难”问题。

“走得好”意在公众乘坐出租汽车过程中享受良好的服务。出租汽车服务与消费过程并存，服务行为与消费行为具有一次性、偶然性等特征。在巡游和站点服务方式下，乘客乘坐出租汽车前无法判断驾驶员是否熟悉道路、能否提供文明服务，也不大可能对不同公司或车辆等进行比选，一般只有运营行为结束后才能对服务质量作出评判。预约服务方式下，可以通过信息手段引入对驾驶员的考核和奖惩机制，乘客能够凭借以往经验或按意愿选择信誉好、服务质量高的出租汽车公司，通过服务质量与客户数量挂钩，督促驾驶员提高自身服务水平，进而促进出租汽车行业整体服务质量的提高。

（四）从满足差异化需求考虑

随着经济社会的不断发展，公众交通出行需求渐趋密集化、多样化和个性化。巡游和站点服务模式有限、数量有限、车型有限、收费方式有限，众多的消费需求可能被屏蔽在行业市场之外。相比之下，预约服务不再局限于单一的车辆档次和类型，相对独立、灵活的服务模式，能够弥补出租汽车供给数量和类型的不足，能够为不同乘客群体提供多样化、个性化的服务。此外，预约服务还能避免与传统出租汽车市场的正面竞争，有利于自身发展空间的不断扩展。

二、我国国情下的出租汽车运营服务方式选择

从以上分析可知，无论从不同运营方式的经济性、运营效率、服务质量和满足差异化需求来看，预约服务都具有明显的优势。当然，考虑到社会公众传统习惯和各地情况各异，发展也不能一蹴而就。因此，适当兼顾巡游和站点服务方式，在此基础上不断扩大预约服务所占比重，理应成为出租汽车运营服务方式未来发展方向。

（一）发展现状及面临形势

总体来看，受信息平台建设、传统运营模式和消费习惯以及信用体系建设等方面制约，我国目前出租汽车预约服务发展水平总体较低，与纽约、伦敦等发达国家的城市相比，依然存在较大差距。但作为一种新兴的出租汽车运营服务方式，预约服务同样面临难得的发展机遇。

第一，突破出租汽车行业发展困境为预约服务带来了机遇。随着城市规模的不断扩大与收入水平的不断提高，出租汽车需求越来越多，部分城市出现了“打车难”问题，甚至滋生了“黑车”市场。在现阶段，单纯依靠加大出租汽车运力投放来满足出行服务的方式并不完全可取。而预约服务作为一种新型的经营模式，不仅能够满足乘客需求，还减少了出租汽车对城市道路资源的过

度占用。同时,通过先进的信息网络技术完成业务,也为出租汽车经营带来了技术上的革新,有利于供给资源的高效整合。此外,预约服务对于传统出租汽车市场冲击较小,这对于推动出租汽车行业变革,一定程度上破解数量管制难题具有重要意义。

第二,低碳绿色发展理念为预约服务指明了方向。"资源节约型、环境友好型"社会发展背景下,交通运输作为能源消耗大户,低碳发展、绿色发展理念已经成为行业内外的广泛共识。出租汽车预约服务能够减少车辆空驶和废气排放,有利于缓解拥堵和减轻交通压力,符合低碳绿色发展理念。

第三,现代信息技术发展为预约服务提供了支持。随着现代信息技术和网络技术的不断发展,以车载终端和出租汽车服务管理信息系统为依托,能够对出租汽车实时运行和日常运营信息进行采集与共享,实现出租汽车的实时监控、预警、智能调度、语音通话、路线查询、失物查找等功能,为出租汽车预约服务的发展提供有效技术支撑。

(二)大力发展出租汽车预约服务

把握未来发展机遇,还需要采取综合措施,促进我国出租汽车预约服务的健康发展。

第一,树立差异化服务的理念。从发展定位上,出租汽车主要满足一般人的特殊需求和特殊人群的一般出行需求。从目前我国部分城市发展实际来看,与传统运营方式相比,预约服务在主要服务人群、服务价格等方面都可能存在一定差异,能够保障在公众可选择方式有限时,其出行需求能够得到满足。不同方式发展各有侧重,共同构成我国出租汽车运营服务方式的有机整体。

第二,加强管理服务信息系统建设。出租汽车服务管理信息系统是发展预约服务的重要载体,通过智能化的信息采集和运行管理,能够为运力调度、路线设计以及服务质量监督等提供依据,对于出租汽车预约服务的发展和普及具有重要作用。系统建设方面,由于技术要求高、投资强度大、前期经济效益不显著等原因,社会资金投入普遍缺乏积极性,因此,还需要各级政府投入一定资金、出台相关政策予以扶持。目前,交通运输部已选择部分城市开展出租汽车管理服务信息系统试点工程,并给予相应的资金支持,通过发挥试点城市的引导和示范作用,促进出租汽车管理服务信息系统和预约服务的发展。

第三,创新电召服务模式。积极推广电话、网络、服务站点、手机终端等多种出租汽车电召服务模式。一是优化电话约车服务流程,推广自动式电话约车服务,提高电召服务中心处理能力。二是依托电召服务中心,建设研发出租汽车电召服务网站和手机电召服务终端,开展出租汽车网络、手机电召等新型服务,实现对电召服务的记录和跟踪,切实保障乘客的合法权益。三是在宾馆、酒店、旅游景点等乘客密集区域,专门设置电召服务终端,推动电召服务向智能化、自动化、精确化方向发展。

第四,完善配套政策措施。发展出租汽车预约服务是一项系统工程,还需要相关配套政策措施予以支持。一是充分调动驾驶员积极性。预约服务收入分配应重点向驾驶员倾斜,增加驾驶员收入,调动驾驶员积极性,让驾驶员愿意主动提供预约服务。通过预约服务,让乘客得到便利,愿意选择使用预约服务。加大对出租汽车预约服务系统的建设投入,并积极通过市场化手段引导社会投资,建立长效、健康发展机制,使预约服务中心能够生存和发展。二是合理确定收费标准。根据本地实际情况和消费水平,科学合理确定出租汽车预约服务收费标准,积极争取将预约服务费列入出租汽车发票费目,探索根据交通高低峰实行分时段差别化价格,引导社会公众合理选择出行方式。三是加强诚信体系建设。加快出租汽车驾驶员和乘客预约服务诚信体系建设,建立诚信档案和奖惩机制。通过采用会员制等形式,培养优质客户群,对预约服务使用次数多、信誉好的乘客实行价格优惠,优先安排车辆,加强服务保障。对多次失约乘客,记入预约服务不良诚信记录名单。对于乘客失约造成的驾驶员损失,可探索建立补贴补偿机制,对驾驶员进行适当补助。四是加强预约服务监管。根据本地区实际情况制定出租汽车预约服务管理办法,规范出租汽车企业、驾驶员、预约服务中心,以及第三方预约服务平台的经营行为,提升服务质量。特别是要加强对第三方预约服务平台的监管和规范,防止侵害驾驶员和乘客的合法权益。五是建立考核奖励机制。将出租汽车预约服务中心建设运营情况、驾驶员预约服务开展情况,纳入出租汽车服务质量信誉考核,对预约服务开展较好的企业和驾驶员予以相应加分奖励。指导企业建立预约服务考核机制,引导驾驶员主动开展预约服务。通过组织开展预约服务技能竞赛、评比活动，对预约服务业务多、质量好的驾驶员予以表彰。

第五，加快专用停车站点的建设。专用停车站点建设是发展预约服务的重要基础设施条件，也是提高便民服务和运营管理水平的重要手段。受土地资源、部门协调等因素影响，目前各地专用停车站点建设总体滞后。今后，要在城市人民政府的统一领导下，加强规划、土地、建设、交通、公安等部门的协调配合，加快推进专用停车站点的建设，为预约服务发展提供保障。

第七章　出租汽车基础设施建设

出租汽车基础设施是出租汽车运营服务的重要基础条件，直接关系到出租汽车行业服务质量和服务能力。从类型划分来看，出租汽车基础设施可分为停车设施类、服务保障类、管理调度类三种类型（图7-1）。其中，停车设施类主要包括停靠站点和停车泊位，服务保障类包括综合服务区和企业服务设施，管理调度类包括电召服务系统和服务管理系统。本章在分析各方观点、总结先进经验的基础上，对我国出租汽车基础设施建设运营的有关问题进行分析。

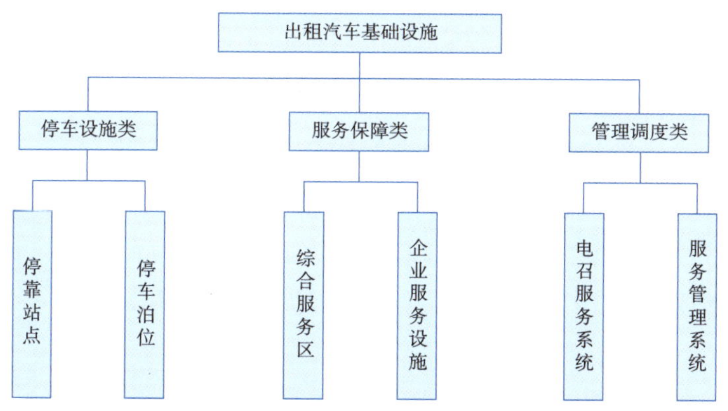

图7-1　出租汽车基础设施分类

第一节　出租汽车基础设施建设的主要观点

为转变出租汽车运营模式、改善出租汽车驾驶员运营环境、缓解出租汽车"打车难"问题，很多城市开始加大出租汽车基础设施建设投入力度，推广出租汽车电召服务系统，建设出租汽车综合服务区，增加出租汽车专用停车泊位。

目前,社会各界主要对出租汽车基础设施建设必要性和投资主体存在不同认识。

一、对基础设施建设需要的主要观点

针对出租汽车基础设施建设需要,主要存在以下两种观点:一种是主张加大建设力度;另一种是主张无需建设。

(一)观点一:主张加大建设力度

主张加大出租汽车基础设施建设力度,主要基于以下考虑:

1. 加快基础设施建设是优质服务的前提条件

有专家认为,出租汽车行业的健康发展必须以完善的出租汽车基础设施为依托,只有基础设施完备,才能保证出租汽车系统正常运转。而从我国实际情况来看,出租汽车基础设施普遍不足,尤其是在经济欠发达地区几乎为空白,必须加大建设力度。

有人认为,出租汽车驾驶员单人单车运营,如果没有一个共同交流、暂时休息的平台,很难有归属感和认同感。通过出租汽车综合服务区、企业服务设施等基础设施的建设,能够为驾驶员提供办理业务、文化娱乐、整备车辆等功能,让驾驶员心情更愉快,从而促进驾驶员服务质量的提升。

2. 加快基础设施建设有利于解决驾驶员运营实际困难

有专家表示,出租汽车驾驶员的"停车难、就餐难、如厕难",看起来似乎都是小事,但却是全国200多万名驾驶员每天都要面对的大问题。因此,各地应通过加大基础设施建设力度,动员全社会力量,争取各方面支持,解决好"三难"问题。

有出租汽车驾驶员表示,在出租汽车运营中最头疼的事情就是想如厕却找不到公厕,如厕临时停车,回来时发现车上被贴了罚款通知。"如厕被罚两百元,心里真不舒服,要是能建立起专门的'的哥服务区'就好了。"

有出租汽车驾驶员认为,现在城市建设搞上去了,倒是有了很多路边公厕,但这些公厕附近根本没有地方停车或者不允许停车,又基本都处在主干道的路边。如果把车停到允许停车的位置,如厕就要走很远的路,花费很多时间,很不方便。如果随便停在路边,就有被罚款的危险,驾驶员跑一天活儿也就挣两百块钱,真的因为如厕被罚款,一天都白干了。

有新闻媒体报道，城市里如果哪块地方好停车一点，出租汽车驾驶员们马上就聚集到那里，在路边吃盒饭，有的连坐的地方都没有，卫生状况也搞得很差，车辆多易占道，附近居民意见很大，但是管理部门也很为难，把驾驶员们简单赶走不是办法，驾驶员们也得吃饭啊。

3. 加快基础设施建设有利于方便乘客打车

有媒体报道，北京将增加停车泊位作为缓解“打车难”重要手段之一。北京市正在陆续增设出租汽车专用停车泊位，预计到2013年年底北京市城区范围将有3000个出租汽车专用停车泊位，方便市民在出租汽车专用停车泊位打车，也方便出租汽车驾驶员停靠候客。

有市民反映，重点商业区、大型交通枢纽、长途汽车站和火车站等地点打车难；而出租汽车驾驶员却反映，因找不到合适的出租汽车停车位，所以不愿去这些地方。因此，合理规划、设置出租汽车停车位，能够为繁华商业区游客打车、居住区居民出行、医院患者就诊、学校师生上下学、地铁站点及交通枢纽乘客换乘及驾驶员停靠等方面提供最大服务与保障。

（二）观点二：主张无需建设

主张无需建设的观点，主要基于以下考虑：

1. 出租汽车单个作业无需基础设施

有人认为，出租汽车是一个流动性很强、单个经营特点很突出的行业，驾驶员独立驾驶、独立经营、独立收钱、独立结算，工作的独立性很强，因此有没有基础设施无所谓。如果非要建设出租汽车基础设施，那么多少有一定的作用，但因其投资大、收益小，投入产出比低，从经济价值和社会价值看，均不划算。

2. 出租汽车基础设施投入资金较大

有人认为，出租汽车基础设施需要政府投入大量资金，而这些政府资金的主要来源是纳税人缴纳的税款，这等于是用所有纳税人的钱为出租汽车乘客和驾驶员买单，这不公平。

有出租汽车公司负责人表示，建设综合服务区涉及规划审批、征地拆迁、基础设施建设等多个环节，哪个环节都非常复杂，企业本来就没多少利润，根本拿不出钱来进行综合服务区建设。

3. 出租汽车不属于政府鼓励优先发展行业

有人认为,出租汽车与城市公共交通有着显著差别,不属于政府应该提供的普遍服务,不应该是优先发展的行业,更不应该鼓励发展,投入大量政府资金进行出租汽车基础设施建设没有太大必要。

4. 出租汽车行业基础设施运行效果不明显

有人认为,出租汽车基础设施建设并没有起到理想的效果。很多中心城区出租汽车停车站点、停车泊位倒是设置了不少,但可惜总是被社会车辆长期占用,出租汽车根本没法停靠待客,乘客就是找到了也一样打不到车,对缓解“打车难”没什么太大帮助。

有乘客表示,本地区虽然也开始开展电召服务,但是电召服务系统效果并不理想,尤其在早晚上下班高峰、恶劣天气情况下,通过电召服务系统打车也非常困难,或者根本接不通电话,实在没多大作用,没必要花钱建设。

有出租汽车驾驶员表示,电召服务系统是国外发达国家的新鲜玩意,乘客不太了解电召,接受程度也不太高,驾驶员自己也很麻烦,有的时候好不容易接了个电召的活,结果去了乘客已经打别的车走了,自己白跑一趟,实在得不偿失,也就干脆不用了。

二、对基础设施投资建设主体的主要观点

关于出租汽车基础设施建设主体,主要有主张政府投资建设和主张企业投资建设两种观点。

(一)观点一:主张政府投资建设

主张政府投资建设,主要基于以下考虑:

1. 基础设施建设涉及部门多,企业无法协调

有人认为,出租汽车基础设施类型较多、建设程序复杂。单就出租汽车停车泊位设置来说,就涉及交通、城建、规划、公安等多个部门,哪个部门不同意都完成不了,建成后还需要有关政府部门加强管理才能真正发挥作用。单纯依靠企业,怎么能协调这些政府管理部门呢?因此,建设出租汽车基础设施,肯定是政府的责任。

2. 基础设施建设资金投入大,企业无力承担

有专家认为,出租汽车基础设施建设投资大、回收期长、利润率低,同时又

具有准公共物品的特征和一定的正外部性特点，仅依靠企业本身根本无法有效解决，需要政府作为投资主体积极介入，加强对出租汽车行业的指导。

有专家以出租汽车电召服务系统为例表示，建设出租汽车电召服务系统，涉及场地、人员、设备、技术等巨额投资，还要给每辆出租汽车安装卫星定位系统和车载电召系统，全部建起来没有几千万元根本没法完成。电召系统即使建成了，还需要一个乘客熟悉、培育市场的过程，短期内肯定亏损，如果没有政府的前期投入和优惠政策，企业肯定负担不起，电召系统肯定也不会取得理想效果。

有人表示，出租汽车公司普遍资金、技术力量不强，建设自己企业的服务设施还勉强可以，要是建设覆盖整个地区的出租汽车电召服务系统，难度太大。而电召服务要发挥作用，必须扩大入网车辆的数量，入网车辆少根本没有效果，因此只能由政府来统筹主导。

3. 基础设施运营盈利性一般，企业没有积极性

有出租汽车公司负责人表示，企业经营的目的是利益最大化，而出租汽车综合服务区是个纯赔钱的项目。他曾经算了笔账，就是不考虑征地拆迁和建设成本，单单维持服务区正常运营就很困难，政府还要求服务区为驾驶员提供高品质的服务，设施要好、服务要好、饭菜要好，如果没有政府资金的支持，企业肯定没什么积极性，而且即使做了，也长久不了。

4. 出租汽车作为城市客运组成部分，需要政府统筹考虑

有专家表示，出租汽车是城市客运体系的重要组成部门，出租汽车的基础设施建设不能单单考虑出租汽车行业的问题，必须放在整个城市综合交通运输体系的角度统筹考虑。政府有关部门要在编制城市交通相关规划，规划建设机场、火车站、汽车站等大型交通枢纽，规划建设宾馆酒店、商业区时，应提前对出租汽车停车设施、停车位进行合理布局、预留位置，这样才能提高城市客运综合效率。

有专家表示，出租汽车综合服务区建设是件对出租汽车行业发展的大好事，对于改善驾驶员工作、休息条件好处很多，但如果想要把这件好事办好，就需要政府有关部门牵头，对出租汽车综合服务区的规划选址、建设时序等问题进行统筹考虑，实现综合服务区的合理分布、有序建设，这些工作靠企业是根本没法进行的。

(二)观点二:主张企业投资建设

主张企业投资建设,主要基于以下考虑:

1. 企业可以从基础设施建设中获得收益

有人认为,出租汽车公司无法从电召服务系统建设中获得收益,根源在于企业经营管理不善。国外以企业为主建设电召服务系统的成功案例比比皆是,只要能够采取合理的经营策略和管理方法,怎么可能赚不到钱。既然通过市场化运营能解决的问题,凭什么还要由政府出钱建设?

2. 企业应把利润用于改善驾驶员工作条件

有人认为,出租汽车公司通过收取"份钱"获得了高额利润,也没什么经营风险,理所当然应该拿出部分利润来建设出租汽车基础设施,从而为出租汽车驾驶员提供良好环境,缓解驾驶员的工作压力,让驾驶员快乐工作。

有人认为,当前出租汽车驾驶员普遍得不到合理的休息及用餐、如厕等的保障,企业有责任、有义务改善本企业员工的工作条件,应该通过企业投资加强基础设施建设,为驾驶员提供车辆的日常检修和维护、代办各类手续及车辆清洁、换洗座套等配套服务,解决出租汽车驾驶员的实际困难。

3. 加强基础设施建设有助于企业加强管理

有专家认为,信息化建设也是出租汽车公司加强管理的重要手段,企业通过安装车载卫星定位设备,能够准确监控出租汽车位置、运营状况等信息,这也是对企业自有财产的监控和保护。

有人认为,出租汽车驾驶员不像工厂企业的员工固定在某一地点工作,因此对出租汽车的管理,包括服务质量和安全监控以及动态远程监控等,必须借助现代信息技术、安装相关设备、建设管理信息系统来实现,这是企业管理工作的一部分,这些设备建设投入理所当然由出租汽车公司来承担。

第二节　出租汽车基础设施建设案例分析

关于出租汽车停靠站点、综合服务区、信息管理系统、电召系统等出租汽车基础设施的建设,国内外有不少成熟的案例可供参考借鉴。本节介绍国内外部分城市或企业的出租汽车基础设施建设的做法和经验。

一、新加坡：政府设置停靠站点、企业建设电召系统

（一）科学设置出租汽车停靠站点，体现管理精细化

为方便乘客打车，新加坡政府部门在宾馆、酒店、商业区、旅游景点、居民区等位置尽可能多地设置出租汽车停车泊位，方便乘客打车，方便出租汽车驾驶员停靠。在出租汽车停靠站点的设置和管理上，充分体现了管理精细化的特点。图 7-2 所示的出租汽车停靠站点，分别能够停放 1 辆、3 辆、4 辆和 5 辆出租汽车，每个停靠站都有专门编号，以便于统一管理和乘客使用。例如，有乘客在图7-2c）所示的出租汽车停靠站点电话约车时，可以明确告知电召中心所在站点的编号为“C10”，出租汽车驾驶员则能够根据站点编号信息方便、快速到达。此外，新加坡陆路交通管理局还在出租汽车站点信息牌上还专门提示：出租汽车驾驶员揽客和收费过高属于违法行为；驾驶员必须按照计价器显示金额收费，如乘客需要则必须给予乘客收费收据；提示牌还提供了服务热线电话，供乘客咨询投诉使用。

a)1个车位

b)3个车位

c)4个车位

d)5个车位

图 7-2　新加坡不同车位数量的出租汽车停靠站点

此外,考虑到新加坡是世界著名旅游城市,外地游客较多的特点,为方便乘客寻找出租汽车停靠站点,新加坡还在出租汽车站点附近设置了大量的引导标识,从而引导乘客在指定地点打车,如图7-3所示。

图7-3　新加坡出租汽车停靠站点的引导标识

(二)企业建设电召系统,政府加强行业监管

新加坡出租汽车电召服务系统主要由企业投资建设,而政府管理部门则通过准入条件限制和加强行业监管方面推动规范电召服务发展。

一是将电召服务系统作为企业经营的必要条件。新加坡政府大力推广企业化、规模化的出租汽车经营模式,在出租汽车公司的准入规定中明确要求企业必须建设出租汽车电召系统,如果没有电召系统则不能营业。这就要求出租汽车公司必须建设自己的电召服务系统,新加坡每一家出租汽车公司都有自己的电召服务电话,如图7-4所示。以新加坡最大的康福德高公司为例,该公司采用先进电召调度技术,实现了自动电调、快速派遣、精确定位、地理导航等功能,为乘客提供了良好的电召服务。

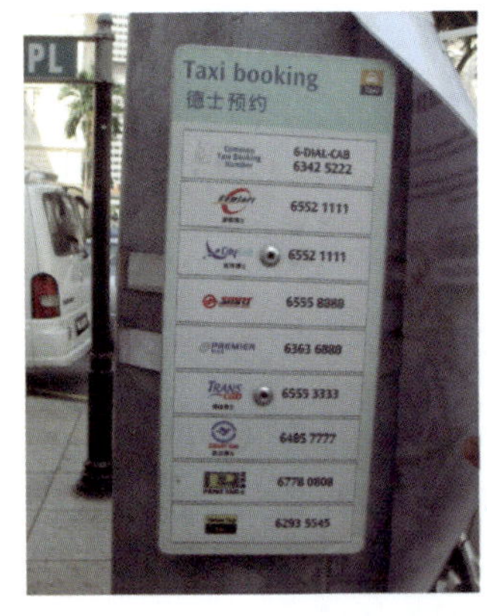

图7-4　新加坡各出租汽车公司的电召服务电话

二是政府加强电召服务质量监管考核。在要求出租汽车公司建设功能完善的电召服务中心的基础上,新加坡政府管理部门还建立了以电召服务考核为重点内容的企业服务质量考核制度,主要考核指

标包括：电召服务电话接通率在90%以上；电话接通平均时长在30秒以内；电召成功率在90%以上，其中5分钟内成功的在90%以上；出租汽车在10分钟内到达的在85%以上。如出租汽车公司电召服务达不到考核指标要求的，则会被处以相应额度罚款。新加坡某出租汽车公司电召服务中心如图7-5所示。

图7-5　新加坡某出租汽车公司电召服务中心

三是差别化电召服务价格调节乘客需求。新加坡对于出租汽车运价没有统一规定，各家出租汽车公司可以自行决定运营价格，但需要在开始运营前一个月在新闻媒体进行公告。此外，新加坡出租汽车运价制度较为灵活，乘客使用电召系统叫车，会收取一定费用，并且收费额度根据是否处于交通高峰时段、选择车型不同有所浮动。新加坡出租汽车电召费用标准见表7-1。

新加坡出租汽车电召费用标准（单位：新元）　　表7-1

电召时段	普通车型	豪华车型
周一至周五7:00～9:30	3.5	8
周一至周五17:00～23:00	3.5	8
其他时间	2.5	8
半小时前预订	5.2	16

注：普通车型如现代索纳塔，豪华车型如奔驰。

二、杭州：建设出租汽车综合服务区

杭州市主城区共有8066台出租汽车，76家出租汽车公司。杭州市出租汽车主要车型为帕萨特、红旗、索纳塔、中华等。为解决出租汽车驾驶员长期以来饱受困扰的“停车难、吃饭难、如厕难”等问题，杭州市从建设出租汽车综合服务区入手，切实解决驾驶员实际困难，取得了良好效果。

（一）政府支持建设

杭州市将出租汽车综合服务区建设列为“一把手工程”，明确了服务区建设的规划选址、功能定位、运行模式、政策补偿等重大问题。

一是科学规划选址。根据杭州市出租汽车行业现状，在大量调研的基础上，由杭州市交通运输主管部门提出出租汽车综合服务区建设的总体布局。目前，杭州市已在五大城区规划了11个出租汽车综合服务区。

二是破解用地难题。杭州市土地资源异常紧缺，特别是在主城区，很难找到既能容纳上百辆出租汽车停放，又能容纳出租汽车驾驶员就餐的场所。经杭州市委、市政府专题研究，决定利用现有的公交场站以及出租汽车公司现有的场地，确定了“先易后难、公共资源和社会资源并用”的综合服务区建设思路，有效地利用了公交存量资产和出租汽车公司自身力量，解决了综合服务区建设地从哪里找的问题。

三是拓宽资金渠道。自2004年来，杭州市为实施公交优先战略，每年将土地出让收益的2.5%用于发展城市公共交通。出租汽车服务区的建设资金，也通过利用“公交优先”专项资金得到落实。截至2012年，杭州市累计由政府投资4500余万元，利用现有的公交场站以及出租汽车公司现有的场地，在全市不同区位建设了9个出租汽车服务区，能提供2200余个车位，日均接待出租汽车驾驶员8000余人次。

（二）统一建设标准

出租汽车综合服务区建设要求“统一风格、统一色彩、统一标志，统一材质”，体现了“突出服务、完善功能、方便驾驶员”的设计理念。2008年8月杭州市人民政府办公厅转发市交通局《关于杭州市客运出租汽车综合服务区管理办法的通知》（杭政办函〔2008〕285号），明确了杭州出租汽车综合服务区的基本功能和运营要求（具体见专栏7-1）。按照出租汽车行业主管部门的要求，杭州市出租汽车综合服务区提供的餐饮服务价格要明显低于市场价，饭菜质量要明显高于路边小吃店，而且卫生设施要齐全。在解决出租汽车驾驶员停车、吃饭和如厕等基本服务外，出租汽车综合服务区根据出租汽车驾驶员的需求和服务区的具体条件，延伸拓展了座套换洗、车辆小修、零钞兑换、加油、洗车、加水(开水)、小卖部、公告栏、交通违章处理等11项服务功能,还在服务区设立了图书阅览室和按摩座椅,广受出租汽车驾驶员好评。杭州市出租汽车综合服务区如图7-6所示。

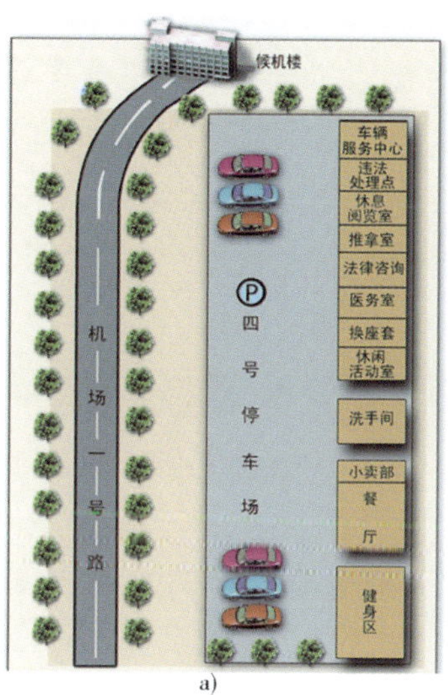

a)

b)

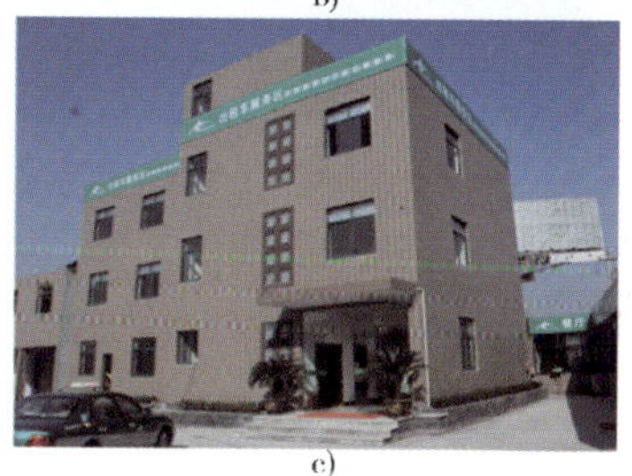

c)

图7-6 杭州市出租汽车综合服务区

专栏7-1

杭州市出租汽车综合服务区管理办法

一、建设和营运

各服务区由业主单位按国家有关规定负责组织建设。有偿服务项目按照"服务第一、保本经营"的原则开展经营。

二、基本功能

各服务区应具备停车、吃饭、如厕等基本服务功能,同时根据其规模、条件和运行情况等逐步拓展座套换洗、车辆小修、零钞兑换、加油、洗车、加水(开水)、日用品供应、信息公告(出租汽车驾驶员就业信息)等服务功能。

三、营运要求

(1)各服务区应建立专门的营运管理机构,严格遵守法律法规和各项规章制度的有关规定,做到依法诚信经营,为出租汽车驾驶员提供方便、经济、规范、热情的服务。

(2)服务区推出的有偿服务项目应做到明码标价，并保持服务的连续性，严禁有始无终或名不副实。

(3)餐饮服务项目是服务区有偿服务的主要内容，菜肴要达到品种丰富、价格低廉、干净卫生的要求，并努力满足出租汽车驾驶员的需求。

(4)各服务区的服务项目原则上应由服务区自行经营，如确需对外招标经营，应明确经营管理要求，由经营者承担相应责任。服务区的卫生、保安等公共服务项目，必须由服务区统一管理。

(5)服务区应规范有序地开展各项服务工作，保持服务区内良好的环境卫生和服务秩序，并做好消防、治安、区内行车等安全工作。

四、服务区管理

(1)服务区的名称、形象标志应统一按照市出租汽车管理部门规定的要求设置。

(2)服务区必须优先满足出租汽车驾驶员的各项服务需求，其他社会车辆原则上不得挤占服务资源。

(3)进入服务区的出租汽车驾驶员应当自觉遵守服务区的各项规定，规范自身行为，维护公共秩序。

(4)各服务区应设置投诉箱，自觉接受出租汽车驾驶员、社会各界的监督，并及时处理投诉意见。

(5)市出租汽车管理部门负责对服务区工作进行监督检查，并建立相应的责任考核制度。

(三)政府购买服务

2008年8月，杭州市政府制定了《政府购买出租汽车综合服务区日常服务的实施办法》(具体见专栏7-2)，明确了出租汽车综合服务区“市场化运作，保本经营”的运营维护思路，设立“以奖代补、质量并考”的统一考核制度，由市政府以购买服务的方式，对出租汽车综合服务区运营亏损部分进行补贴，保障各出租汽车综合服务区切实提高服务质量和服务水平，建立了出租汽车综合服务区长效健康运营维护机制。

专栏 7-2

杭州市政府购买出租汽车综合服务区日常服务实施办法

一、主要原则

遵循“以奖代补、质量并考”的原则，通过对各服务区提供的服务数量、服务质量及出租汽车驾驶员满意度进行考核，以政府购买服务的形式对出租汽车综合服务给予适当补助。

二、政府购买服务的对象

经市政府认定，按照《杭州市人民政府办公厅转发市交通局关于杭州市客运出租汽车综合服务区管理办法的通知》(杭政办函〔2008〕285 号)的要求建设的出租汽车综合服务区。

三、政府购买服务的内容

政府购买出租汽车综合服务区日常服务的内容分为一次性补助和经常性补助两类。

(1)一次性补助：包括对出租汽车综合服务区餐厅、厨房、公告栏等为出租汽车驾驶员提供服务所需设备购置费用的补助。

(2)经常性补助：

①对建在非行政划拨土地上的出租汽车综合服务区的场地租赁费(仅限出租汽车服务区部分)进行补助。

②按照杭州市统一规定的临时工相关费用标准，对服务区的保洁员、保安、餐厅服务员、厨师、零钞兑换员、行政管理人员等的工资福利经费进行补助。各服务区人员具体配备数量由市交通局和市财政局每年按服务区的规模、营运时间和接待能力核定。

③对服务区的水电气费、垃圾处置费、物业管理费等日常营运费用进行补助。

(3)对各服务区提供的服务数量、服务质量及出租汽车驾驶员满意度进行考核，根据年度考核成绩确定经常性补助比例，实行一年一补。

①对年度考核合格以上(含合格)的服务区，给予全额补助。

②对年度考核不合格的服务区，视情减少10%～20%的补助，并责令其整改。

③具体考核奖励办法另行制定。

四、政府购买服务的申请程序

每年年初，由各出租汽车综合服务区根据上一年度的实际经营情况，向市交通局、市财政局申报上一年度政府购买服务区服务的补助。市交通局会同市财政局等部门进行审核后予以拨付。

各出租汽车综合服务区应加强内部管理，建立健全各项规章制度，努力提高服务质量。对弄虚作假、虚报服务量的行为给予通报批评，并取消当年度的政府补助。

三、哈尔滨：建设出租汽车服务管理信息系统

哈尔滨市把出租汽车服务管理信息系统作为行业信息化建设的着力点，确立了“政府主导、市场化运作”的系统建设和运营发展思路推动实施。截至2012年年底，哈尔滨市出租汽车服务管理信息系统建设一期工程已全部完成，监控指挥平台已经投入使用，共安装车载设备9000余套，系统运营取得了初步成效。

（一）系统主要功能

哈尔滨市出租汽车服务管理信息系统定位为面向社会公众、出租汽车驾驶员和企业、行业管理部门，集服务管理于一体的综合性信息平台，主要包括以下子系统：一是综合运营分析系统。该系统投入使用后，可以开展从单车到整个市场、从单日到全年的专题分析，进而掌握出租汽车公司和驾驶员的运营情况。二是信息发布系统。该系统具有对车载智能服务终端发送信息的能力和向LED屏发送特定信息的功能，由监控指挥中心随机输入车辆稽查识别码，为稽查人员打击“克隆车”和日常执法提供支持。三是电召服务系统。为乘客提供电话叫车、订单取消、订单改派、网上订车、失物查找、投诉建议、信用管理等服务功能。四是监控指挥系统。通过这项技术能够实时地甄别和处理不正常运营情况，并及时通知管理机构处理。五是动态监管稽查系统。动态

稽查系统能识别车辆、驾驶员电子证件的合法性和有效性，并能定位受检车辆位置，系统自动与拟检车辆进行比对，确认车辆的真实性。六是服务质量监督考评系统。实现出租汽车公司和驾驶员服务质量信用信息的查询、分析、评价。七是企业在线管理系统。各出租汽车公司通过登录“企业在线业务管理系统”，实现对本企业车辆实时监控调度，在对系统进行完善后，将免费向所有出租汽车公司开放。

(二)系统建设特点

哈尔滨市出租汽车服务管理信息系统建设有以下特点：一是按照“政府主导，市场化运作”的原则，打造系统自身造血功能，解决系统运营维护和可持续发展的问题。二是在系统建设中，采用车载管理终端对所有外设的控制、检测和通信，实现车载系统管理方式上的创新。三是采用加密传输、远程控制方法进行一键调价，实现运价调整方式上的创新。四是实时加密传输乘客 IC 卡消费数据，采用“T+1”的方式确保消费款项 24 小时内到达驾驶员个人银行账户，实现 IC 卡消费结算方式上的创新；五是采用点对点光纤的方式与公安、城管后台连接和数据交换，实现城市管理层面互联共享方式上的创新。

(三)建设运营机制

哈尔滨市为建立出租汽车服务管理信息系统的长效、健康运营维护机制，在系统建设初期，专门成立组建公司，作为系统的建设载体和日常运营维护的主体。经哈尔滨市政府批准，将出租汽车 LED、LCD 媒体广告统一委托该公司经营，增强出租汽车服务管理信息系统自身造血能力。

四、苏州：建设专用停靠站点和电召中心

(一)规划建设出租汽车基础设施

苏州市制定了《苏州市市区出租汽车行业发展规划》，其中专门规划了出租汽车服务网点及专用停车泊位，建设三级服务网络，解决驾驶员“停车难、就餐难、如厕难”等实际问题。截至 2012 年年底，全市区建成出租汽车专用泊位 305 个，2013 年计划增设和改造 31 个“即停即走”专用泊位，方便乘客打车，保障出租汽车正常运营。建成并投入使用电调中心视频监控室，实现对火车站、汽车站等重要交通枢纽出租汽车运营情况的实时监控。加快出租汽车服务区及加气站

的审批、建设力度,“十二五”期间建成并投入使用10个加气站,缓解出租汽车加气难问题。苏州市城区规划建设的出租汽车专用停车泊位如图7-7所示。

a)

b)

图7-7　苏州市城区规划建设的出租汽车专用停车泊位

(二)加快推广电召服务系统

苏州市是国内较早开展出租汽车电召服务的城市之一。苏州市出租汽车电调中心成立于2004年,是依托于出租汽车服务管理信息系统(图7-8)建立的一个全天候为市民提供电召服务和为出租汽车驾驶员提供用车信息的公共服务平台。该平台自运行以来,服务能力和业务量稳步提升,在科学调度运力、促进节能减排、方便市民出行和保障出租汽车行业稳定方面发挥了重要作用。

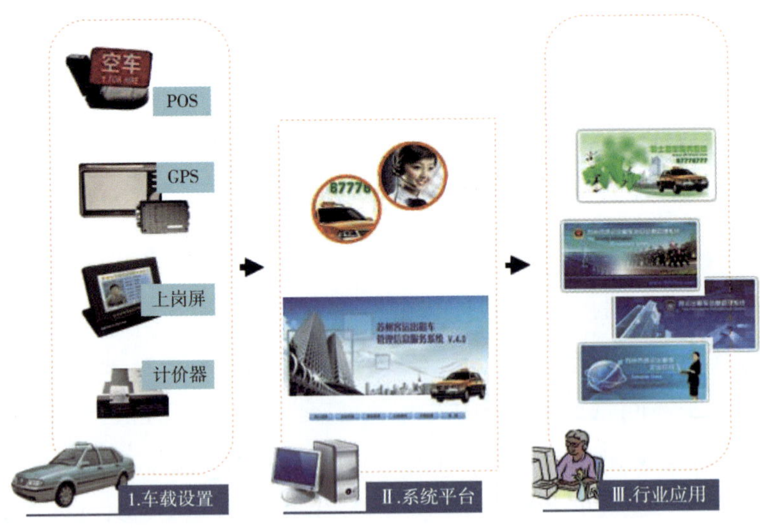

图7-8　苏州市出租汽车服务管理信息系统

目前，苏州市区全部4303辆出租汽车均已纳入电调服务系统，电调服务中心日均电召业务近1.4万个左右，日均成功电召1万笔左右，电召业务约占出租汽车总业务的6%。苏州市将通过拓展服务人群、提高电召服务量、加强泊位建设、增强使用便利性等，逐步完善出租汽车电召服务。苏州市近年来出租汽车电召服务数量趋势如图7-9所示。

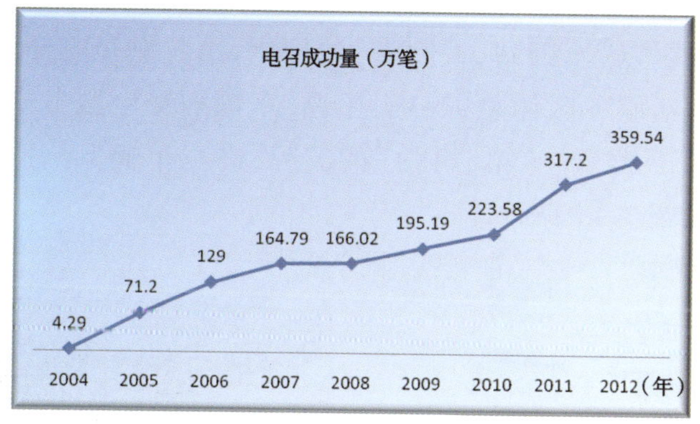

图7-9　苏州市出租汽车电召服务数量趋势

五、福建福州华威公司：企业建设出租汽车服务设施

福州市华威出租汽车有限公司（以下简称华威公司）共有出租汽车467辆，全部实行公司化经营管理。公司按照出租汽车行业部门的要求，统一管理标准，统一车身颜色，统一安装卫星定位系统，实现对车辆定位跟踪、车辆动态管理、车辆超速控制、智能报警、防盗防抢等功能，保证驾驶员的运营安全。华威公司通过建设电召服务系统，开通电召服务热线电话，推广开展出租汽车电召服务，加强车辆调度指挥，减少车辆空驶巡游。为构建和谐劳动关系，改善驾驶员运营环境，华威公司专门投资建设了5个出租汽车服务站，各服务站都配备了自动洗车机、设置专用候客车位、驾驶员休息室，实行电脑联网管理。同时，公司为每辆出租汽车配备3套坐垫套，提供保洁、清洗、更换服务。服务站设置6个功能区：行政服务区、车辆保洁区、车辆快修区、交通信息服务区、驾驶员从业培训和安全学习区、生活服务区，能够为驾驶员提供车辆自动保洁清洗、休息、办证、缴费、保险、调度、用餐、休息等“一条龙”服务。

(一)行政服务区

行政服务区主要负责驾驶员的卡证办理、保险理赔、经营违章行为处理、费用缴交、报警联动求助、投诉处理与反馈、车辆管理等业务。华威公司行政服务区如图7-10所示。

(二)车辆保洁区

车辆保洁区配置全自动洗车设备、高压清洗机、空压机、高压泡沫机等专用车辆保洁设备。以“车归站,人归点”的原则,由驾驶员将车辆驾驶回场后,即到服务中心生活服务区休息、娱乐、用餐,车辆则交由服务中心工作人员按“接车、派单、操作、检验、签单、出站”的流程,进行车辆保洁服务。华威公司自动洗车设备如图 7-11 所示。

图 7-10 华威公司行政服务区

图 7-11 华威公司自动洗车设备

(三)车辆快修区

车辆快修区配置举升器等专用修理设备,并设立快修车间,以“好、快、省”为原则设定工作流程,向驾驶员提供满意的服务。配备多名车载卫星定位系统(GPS)安装与维修技术人员,为出租汽车提供24 小时 GPS 维修服务,保障车辆调度监督和电召服务系统的正常运转。华威公司车辆快修区如图 7-12 所示。

图 7-12 华威公司车辆快修区

(四)交通信息服务区

交通信息服务区主要负责出租汽车运营监控和电召服务业务受理,共有 50 多名话务人员,采取 24 小时全天轮班作业，通过专用电召服务平台和运营监控系统，同时与公安系统110指挥中心平台对接，能够实现一键报警功能，加强了车辆的监控、调度和管理。乘客可以通过拨打电召服务电话预约出租汽车，并同时提供预订飞机票、长途车票、汽车维修救援等便民服务。华威公司交通信息服务区如图7-13所示。

a)

b)

图7-13 华威公司交通信息服务区

（五）驾驶员从业培训区和安全学习区

驾驶员从业培训和安全学习区配备了专业培训教师和完善的多媒体教学设施，对驾驶员进行从业培训、岗前培训、安全教育培训、应急救援知识培训等各类培训。华威公司驾驶员从业培训区和安全学习区如图7-14所示。

a)从业培训区

b)安全学习区

图7-14 华威公司驾驶员从业培训区和安全学习区

（六）驾驶员生活服务区

驾驶员生活服务区是驾驶员学习、生活、娱乐的重要场所。生活服务区设置了驾驶员休息室、阅览室、淋浴房、餐厅，配置安装了电视、电脑、自动檫鞋机、仪容仪表镜等设施、设备，为驾驶员提供休息、上网、阅览、淋浴、就餐等休闲场所。华威公司驾驶员餐厅和阅览室如图 7-15 所示。

a)餐厅

b)阅览室

图 7-15　华威公司驾驶员餐厅和阅览室

六、北京银建集团:企业投资建设电召服务系统

北京银建投资集团(以下简称银建集团)在北京市共有出租汽车 12740 辆,出租汽车驾驶员 18000 余人,管理人员 400 余人,为北京市拥有车辆最多、规模最大的出租汽车公司。银建集团通过企业投资建设出租汽车电召服务系统,完善配套服务基础设施,为乘客提供电召服务,加强驾驶员后勤服务保障。

(一)建设调度中心,提供电召服务

银建集团出租汽车调度中心主要由企业投资建设,调度中心成立于 2002 年 12 月。调度中心业务涵盖监控报警、运营调度服务、服务监督、电召服务等内容,办公面积 300 余平方米,设 36 个客服座席,7×24 小时为乘客提供出租汽车电召服务以及商务婚庆用车预定、旅游客运用车等预定服务。目前,银建集团在北京的 12740 辆出租汽车均安装了能够进行实时通话的卫星定位车载终端设备,随时可接受、处理电召业务。同时,企业通过设立电召服务奖励考核制度,明确电召服务任务量指标,鼓励驾驶员主动提供电召服务。目前,调度中心平均日呼入电话量超过 1 万余次,成功受理业务量为 7000 次左右。此外,调度中心还积极采用多种电召服务新模式,先后推出了网络在线电召服务和智能手机应用程序电召服务,方便乘客选择使用。银建集团调度中心网络电召服务界面如图 7-16 所示。

(二)建设配套服务设施,为驾驶员提供后勤服务

银建集团投资配套建设了出租汽车停车场、车辆维修厂、驾驶员培训(例

会）中心、业务办理大厅、娱乐休闲场所等一系列出租汽车服务基础设施，为出租汽车驾驶员的工作和生活提供良好环境。银建集团出租汽车综合服务区如图7-17所示。

图7-16　银建集团调度中心网络电召服务界面

a)维修车间

b)洗车设备

c)停车场地

d)业务大厅

图7-17　银建集团出租汽车综合服务区

第三节　我国国情下的出租汽车基础设施建设

通过出租汽车基础设施建设案例可以看出，出租汽车基础设施在方便乘客打车、提升服务质量、加强行业监管、保障驾驶员权益等方面发挥了重要作用。在出租汽车基础设施建设过程中，应结合我国国情，根据出租汽车基础设施的具体类型，综合发挥政府、企业、市场的合力，加大投入力度，加快发展速度，为出租汽车行业提供优质服务奠定坚实基础。

一、出租汽车基础设施建设的理论分析

（一）基础设施正外部性理论

按照经济学的定义，当生产或消费对其他人产生附带的成本或效益时，外部性或外部效应就发生了，即成本或效益被施加于他人身上，然而施加这种影响的人却没有为此付出代价或为此获得报酬。也就是说，外部效应是一个经济主体的行为对另一个经济主体的福利所产生的效果，而这种效果并没有从货币或市场交易中反映出来，而是经济行为者在决策过程中没有考虑到的一种伴随效应。从经济学理论来看，基础设施的外部性特点已得到了普遍认同，经济学家罗森斯坦・罗丹将基础设施定义为社会间接投资，强调"在一般产业投资之前，一个社会应具备在基础设施方面的积累"，这是因为基础设施所提供的服务有利于直接生产活动的进行，并且是其得以进行的前提。基础设施类项目投资从社会经营资本所得到的利润常常通过间接的因果关系回归整个社会，而不直接到创办主体手中。因此，基础设施的社会经济利益高于其他产业部门，而资金收益却低于其他产业部门。

对于出租汽车行业来说，由于停车泊位、停靠站点、电召系统等出租汽车基础设施的建设和改善，可以为乘客选择出租汽车服务、驾驶员提供出租汽车运营服务提供便利，节约乘客、驾驶员等候时间，提高系统运行效率，减轻驾驶员劳动强度，避免由于车辆空驶巡游加剧交通拥堵，因此具有正外部性特点。如果没有合理高效的出租汽车基础设施，容易造成供需信息无法传递、乘客打

车需求无法满足，影响出租汽车行业乃至整个城市客运系统的运行效率和服务质量。

（二）基础设施初始集聚性理论

经济学家罗森斯坦·罗丹认为，基础设施具有“配置上大规模的初始集聚性”。这是由于基础设施项目规模大、配套性强，必须同时建成并形成一定规模才能发挥作用，因而一开始就需要有大量投资作为其投入资本。比如，要建成出租汽车电召服务系统，不仅需要建设装修电召中心场地、研发电召服务系统、安装车载卫星定位设备、安装车载服务终端，而且还需要聘用客服人员、开通服务电话等。投入资金越多、覆盖车辆比例越高，那么电召服务的效率越高、效果越好、影响越大。再比如，出租汽车停靠站点必须在城市中心重点区域大规模布设，当其数量达到一定规模，产生规模效应，才会真正发挥作用。因此，出租汽车基础设施建设必须有高额度的资金投入，通过扩大建设规模，形成规模效应，发挥基础设施的实际效能。

（三）基础设施项目经营性区分理论

根据管理学的项目经营性区分理论，可以将基础设施项目按照有无收费机制、能否产生收益，分为纯经营性项目、准经营性项目与非经营性项三类，三种不同类型的基础设施可以通过收费机制的调整而实现转化，如图7-18所示。其中，第一类纯经营性项目是指可以通过收费机制，实现投资成本回收并获得经营利润的基础设施项目，该类项目可通过市场进行有效配置，以竞争的方式实现投资利润最大化和社会效益最大化的均衡。第二类准经营性项目是指有收费机制和资金流入，具有潜在的利润，但由于价格机制和相关政策因素，加之项目本身具有部分公益性，难以回收成本。该类项目是市场失效或低效的部分，经济效益相对较差，市场运行存在较大资金缺口，需要通过政府适当补贴或政策优惠维持营运。第三类非经营性项目主要指无收费机制、无资

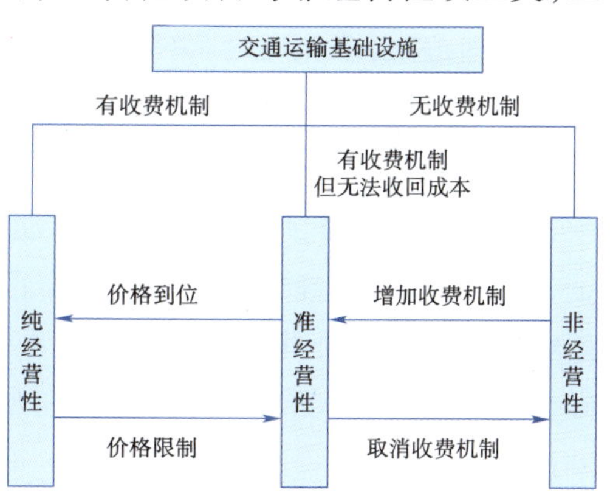

图7-18　交通运输基础设施项目经营性分类

金流入,市场配置失效而依靠政府有效调控和配置的部分,其最主要目的是获取社会效益,这类项目主要由代表公共利益的政府财政来投资建设。从出租汽车基础设施的经营性特点来看,多属于准经营项目和非经营项目,经营性普遍不强,盈利能力非常有限。例如,出租汽车基础设施中停车站点、停车泊位项目由于无收费机制,无法通过收费收回建设资金,属于第一类非经营类项目;出租汽车综合服务区、电召服务中心虽然可以向驾驶员和乘客适当收取一定费用,但获得收入也仅能维持正常运营,建设成本则很难收回,属于第二类准经营项目。因此,对于出租汽车基础设施建设运营仅靠市场化运营难以解决,还需要发挥政府的主导作用。

(四)基础设施建设政府角色理论

从经济学相关理论研究来看,无论是以亚当·斯密为主的古典"消极政府"理论,还是以凯恩斯为代表的现代"干预政府"理论,都认为政府应该在交通运输基础设施建设中发挥重要作用。古典西方经济学三位代表性学者亚当·斯密、萨伊、穆勒对于交通运输基础设施建设中政府作用的观点分别如下:亚当·斯密认为交通运输基础设施应由政府组织修建,但是费用应由直接受益者承担;萨伊认为应将建设运营公共工程,特别交通运输类基础设施列入政府的活动范围,以此推动经济的发展;穆勒认为,建设交通运输基础设施工程需要广大民众授权政府采取强制的方式履行,并指出当民间资本经营那些具有自然垄断特性的公共事业时,政府应当干预。主张现代"干预政府"理论的新古典经济学家和凯恩斯主义者则通过宏观、微观两方面对"市场失灵"的论证,给予了政府更高的期望,建议赋予政府更多的职能,其中就包括提供交通运输基础设施等公共物品。凯恩斯在《通向繁荣之路》中专门针对政府对于基础设施的投资模式展开论述,强调在私人投资不足时,政府应加大对公益性基础设施的投资。

从理论分析中可以得出,在交通运输基础设施建设中单纯依靠市场机制是无法有效完成资源配置的,政府应当发挥积极的作用,通过加大投入、加强引导、出台优惠政策,加快推动基础设施建设。具体就出租汽车基础设施来说,停车泊位、停靠站点、综合服务区等出租汽车基础设施其具有准公共物品的属性,企业在没有外界激励的情况下很难主动提供这类服务,因此仅在市场机制的作用下会导致出租汽车基础设施建设尤其是综合服务区等基础设施的投资不足，这就需要政府投资和引导。而对于电召服务系统等，则可以积极探索多种投资模式，将市场运作和政府投资相结合，通过政府提供良好的政策环境，引导市场进入出租汽车基础设施建设运营领域。

二、出租汽车基础设施建设的方式选择

为规范出租汽车行业服务行为、提升行业服务能力，各地在出租汽车基础设施建设方面开展了大量工作，建成了一批出租汽车综合服务区、出租汽车停车站点和停车泊位，出租汽车电召服务系统也开始起步。但是，由于受到资金投入不足、部分地区不够重视、市场机制不够健全、配套政策不够完善等因素影响，出租汽车基础设施建设工作总体仍比较滞后，与人民群众快速增长的出行需求、广大驾驶员的热切期盼还有很大差距，影响了出租汽车行业的健康发展，制约了服务能力的加快提升，因此需要进一步加大工作力度，加快出租汽车基础设施建设。

（一）建设出租汽车基础设施必要性

1. 保障运营服务的需要

麦格劳·希尔公司1982年出版的《经济百科全书》将基础设施定义为“基础设施是指那些对生产水平或生产效率有直接或间接的提高作用的经济项目”。对于出租汽车行业来说，基础设施对于运营服务水平有着直接影响，这主要由于：一是出租汽车基础设施所提供的产品和服务是出租汽车运营开展重要条件，例如，服务区为出租汽车驾驶员提供休息、就餐、整备车辆的多种服务，为出租汽车安全、优质运营提供重要的前期准备。二是出租汽车基础设施数量多少、质量及服务水平高低直接影响其他部门的生产。例如，设置合理、数量充足的停车泊位为出租汽车提供停靠待客位置，既方便驾驶员待客，也方便乘客打车。因此，出租汽车基础设施所提供的产品质量和服务性能，必然会对出租汽车行业整体运营产生重要的连锁反应。

2. 提升运营服务水平的需要

当前，出租汽车基础设施建设滞后已成为制约运营服务水平提升的瓶颈。一方面，由于城市中心区没有足够的出租汽车停车泊位，城市道路两侧也缺乏

必要的出租汽车停靠站点，乘客打车和驾驶员停靠极为不便。另一方面，很多城市目前还没有开始建设推广出租汽车电召服务系统，出租汽车以巡游服务方式为主，运营方式较为粗放，电召服务还没有发展起来，乘客与出租汽车驾驶员供求信息缺乏有效互通。通过加快出租汽车停车站点、停车泊位、电召服务系统等基础设施建设力度，能够进一步推动出租汽车由巡游服务方式向站点服务、电召服务方式转变，方便乘客打车，缓解“打车难”问题，提升出租汽车行业服务水平。通过合理设置出租汽车停靠站点，增设出租汽车专用免费停车泊位，吸引出租汽车进入城市中心区运营，增加城市中心区的出租汽车运力供给。通过加快出租汽车电召服务中心建设，推广电召服务模式，进一步完善出租汽车服务方式，方便乘客乘坐出租汽车，缩短乘客户外候车时间，提供真正的“门到门”运输服务，使乘客出行更加方便，出行时间更有保障。

3. 保障驾驶员权益的需要

由于出租汽车驾驶员的工作强度大，连续工作时间长，各地出租汽车运营设施配套普遍不足、建设滞后，专用停车位、加气站、服务站点较少，驾驶员普遍面临“停车难、就餐难、加气难、如厕难”等困难，给出租汽车驾驶员日常运营造成不利影响，部分驾驶员还患有消化系统疾病、颈椎病、腰椎病、心脑血管系统疾病等慢性疾病。应加大出租汽车运营基础设施建设投入，在乘客密集区域设置出租汽车待客免费专用停车泊位，规划建设出租汽车服务站点。通过出租汽车综合服务区及企业服务设施的建设，满足出租汽车驾驶员的需求，解决驾驶员运营的实际困难，有效保障驾驶员权益，提升驾驶员福利待遇。另外，由于出租汽车为单人单车运营，虽然出租汽车驾驶员与城市生活紧密联系，但是如果没有集体组织，容易缺乏归属感。出租汽车综合服务区等配套基础设施的建设，拓展了驾驶员文化娱乐、健身休息等空间，让驾驶员们在休息娱乐中相互交流、排解压力，帮助驾驶员找到“家”的感觉。这对于提高出租汽车驾驶员素质、营造企业文化、稳定驾驶员队伍、增强行业向心力、提升出租汽车行业整体服务质量等均有促进作用，成为行业平稳、健康、可持续发展的重要基石。

4. 提升行业监管能力的需要

通过出租汽车服务管理信息系统等基础设施建设，能够为政府、企业提供监管手段，加强对出租汽车的实时动态监控，有效提升监管能力和效率，可以准确掌握和查证出租汽车驾驶员的拒载、绕行、甩客、宰客等各种违法行为。通过信息系统发送车辆识别码，能够快速识别“克隆车”，有效打击非法运营，维护市场经营秩序。通过信息系统远程操作，能够方便快捷地同时实现全部车辆运价调整，减少对运营的影响。通过信息系统采集、分析营运数据，全面准确掌握出租汽车的运营时间、载客次数、空满载情况、行驶里程、运营收入、燃油消耗等数据，为制订规划、调控运力、调整运价、发放燃油补贴、监督服务质量提供依据，提高决策科学性和政府公信力。

5. 实现运输方式紧密衔接的需要

无缝衔接和“零换乘”是综合运输运输体系建设的重要目标，是方便广大人民群众安全便捷出行的重要举措。出租汽车作为城市综合运输体系的重要组成部分，具有速度快、门到门、质量高等突出特点，是城市居民个性化出行的重要方式之一，具有其他运输方式所不具备的优势，尤其是在机场、火车站、客运站等外来人员集中区域的客运组织发挥了重要作用。在各类综合客运枢纽建设中，只有合理规划、同步建设与之相配套的出租汽车停靠区域或站点，才能缩短乘客行走距离，方便乘客选择和使用出租汽车，有效发挥出租汽车转运和疏散功能，提高整个城市综合交通运输系统的运行效率。

（二）现阶段加快推进出租汽车基础设施建设

加快出租汽车综合服务区、出租汽车电召中心和出租汽车停靠站点等基础设施建设，是规范出租汽车公司管理、保障出租汽车驾驶员合法权益、改善出租汽车行业发展环境的重要抓手，是促进出租汽车行业健康发展基础保障。但是，由于出租汽车基础设施建设需要大量资金投入，又涉及交通、规划、城建、公安等多个部门，建设成本高、协调难度大、自身盈利能力有限，需要针对出租汽车基础设施的不同类型、属性定位，合理划分政府、企业在基础设施建设运营中的作用，坚持“政府主导、市场化运作”的原则，建立科学、合理、稳定的出租汽车基础设施建设运营机制。

1. 重点建设内容

一是加快出租汽车综合服务区建设。出租汽车综合服务区能够切实有效地解决出租汽车驾驶员运营中的实际困难，在各地实际运行中取得了良好效果。应通过进一步加快推进出租汽车综合服务区建设,不断提高综合服务区数量和服务水平。鉴于出租汽车综合服务区在建设资金、建设用地等方面的实际困难,政府应加大扶持力度:一方面,可采取政府划拨用地并投资建设、交由企业具体运营的模式;另一方面,对于自有场站的出租汽车公司,政府可适当投入补助资金将其改建为小型出租汽车服务中心。由于到出租汽车综合服务区以服务为主,盈利能力一般,日常运营将会面临资金短缺问题,如无资金补贴将难以维持正常运转。因此,还应探索建立综合服务区运营长效机制,可以通过采取政府购买服务的方式,并对出租汽车服务区进行考核管理,考核结果作为政府给予政策优惠、财政补贴的依据,利用专项补贴资金,加大扶持力度,确保服务区可持续发展,保证服务区能够充分发挥作用。

二是加快停靠站点和停车泊位建设。停靠站点和停车泊位不足是造成"打车难"的重要原因之一。因此,应在城市政府的统一领导下,通过交通运输、公安、规划、城建等部门的协调配合,以政府投入为主,通过对出租汽车驾驶员以及乘客出行需求调查分析,科学规划、合理设计停车站点,重点在出租汽车需求大的交通枢纽、旅游景点、宾馆饭店、医院学校、繁华商业区等位置增加出租汽车专用停车位供给,为乘客打车及出租汽车驾驶员停靠等提供便利服务与保障。设置出租汽车专用停车位后,公安部门还应加强对车位的使用监管,及时查处社会车辆占用出租汽车专用车位的违法行为,避免车位被社会车辆占用,保证出租汽车专用车位的正常使用。此外,当出租汽车专用停车位达到一定数量后,还需要通过加大宣传力度、增加导向标识等多种手段,让乘客了解出租汽车专用车位的位置布局,方便乘客前往候车。

三是加快出租汽车电召服务系统建设。目前,出租汽车电召服务在我国刚刚起步,服务方式需要普及,服务流程需要优化,服务水平需要提高。发展出租汽车电召服务,对于转变出租汽车运营模式、方便乘客打车、提升服务质量、缓解交通拥堵、促进节能减排等方面具有重要意义。应在深入调研、借鉴学习先进经验的基础上,加大对出租汽车电召服务系统的建设投入,出台鼓励引导政策措施,积极通过市场化手段引导社会投资,建立长效、健康发展机制。政府资金应主要用于出租汽车电召服务中心的基本建设和初期运营补贴,发挥起步扶持和引导作用;电召服务中心的日常运营维护资金则应通过市场化运作、社会化运营解决，增强系统自身造血能力，使电召服务中心能够生存和发展。

2. 基础设施建设的基本原则

在现阶段出租汽车基础设施建设滞后、资金不足的情况下，应加快形成出租汽车基础设施建设的运作机制，并坚持以下三项原则：

一是坚持“政府主导、市场化运作”。总体来看，出租汽车服务是准公共物品，具有一定的社会公益性，其基础设施建设应该由政府主导或支持。另外，出租汽车行业比较分散，除个别大型出租汽车公司外，普遍实力较弱，而出租汽车综合服务区、电召服务系统等出租汽车基础设施建设资金投入较高，出租汽车公司对独立承担基础设施建设职能的积极性不高，操作起来相对困难。因此，对于资金投入较大的出租汽车基础设施，应坚持“政府主导、市场化运作”的原则，特别是在综合服务区、电召服务系统建设初期，需要政府主动介入、加大投入、加强鼓励引导，采取有力措施予以推动，待系统建设较为成熟后，逐步推行市场化运作，增强系统自身造血功能，建立长效、稳定运营维护机制。对于出租汽车停靠站点、停车泊位等基础设施，虽然资金投入不高，但由于此类设施需要重点设置在城市中心商业区、旅游景点等繁华区域，涉及管理部门多，协调工作难度较大，需要通过城市政府，发挥交通、规划、国土、公安等部门的合力，共同解决出租汽车基础设施建设中的难点问题。

二是坚持科学规划合理布局。考虑到每个城市的实际情况各不相同，城市人口、面积、经济发展水平、出租汽车行业发展情况也千差万别，出租汽车基础设施建设的布局、标准及功能定位应与城市实际紧密结合，与城市规划相协调，做到科学规划、合理布局。应根据城市实际情况科学编制本地区出租汽车发展规划。通过科学规划综合服务区、电召服务系统等基础设施的建设规模、选址布局、建设进度等相关内容，实现出租汽车基础设施建设的统筹协调、因地制宜、稳步实施。此外，出租汽车基础设施的相关布局规划，还应与城市总体规划、城市公共交通规划等紧密衔接，实现不同城市客运方式的合理布局和科学分工。出租汽车基础设施建设还应该与大型商业区、客运场站枢纽建设、设计紧密结合，提前预留出租汽车停车泊位和停车设施用地，提前考虑并解决好出租汽车停靠站建设问题。

三是充分发挥出租汽车公司的主动性。出租汽车公司是促进行业健康发展、维护行业稳定、构建和谐劳动关系的责任主体，有责任、有义务关爱本企业驾驶员，理应加大对后勤服务基础设施改善的投入，为驾驶员提供良好、舒适的后勤服务保障。要通过加强政策引导、加强监督考核等手段，积极推动、鼓励引导出租汽车公司通过不断建设完善内部服务设施，为驾驶员提供良好服务，进一步改善驾驶员的运营环境，提升行业服务质量，塑造企业良好形象。通过加快建设企业服务设施建设，为驾驶员提供车辆保洁、车辆维修、就餐休息、学习培训、办证缴费等多项便利服务，让驾驶员舒心工作、快乐工作。

第八章　出租汽车行业劳动关系

劳动关系作为生产关系的重要组成部分，是最基本、最核心、最重要的社会关系之一。劳动关系的构建，强调劳资双方平等互利，公正合理，但更为强调劳动者的权益保护。如果劳动者权益受到损害，就会影响劳动力供给，不利于高素质的职工队伍的形成，最终企业利益也会受到损害。建立规范有序、公正合理、互利共赢、和谐稳定的劳动关系，对于企业和行业的健康成长、对于经济社会的又好又快发展至关重要。本章就出租汽车行业劳动关系构建展开分析和讨论。

第一节　出租汽车行业劳动关系的主要观点

创建和谐劳动关系是保障出租汽车驾驶员权益、提高出租汽车服务水平、促进出租汽车行业健康发展的重要基石。当前，我国出租汽车经营模式非常复杂，加之法制建设相对滞后，随着出租汽车行业的不断发展和经济利益结构的深化调整，劳动关系主体多元化、劳动关系不规范、劳动关系矛盾不断增多和加深、劳动者权益难以得到有效保障的趋势明显，需要予以高度重视，并认真予以解决。本节重点围绕出租汽车公司和驾驶员究竟应当建立劳动关系还是经营合同关系进行分析和讨论。

一、观点之一：主张建立劳动关系

主张出租汽车公司和驾驶员建立劳动关系的主要理由如下：

（一）出租汽车公司和驾驶员之间存在劳动关系

有专家认为，《中华人民共和国劳动法》调整了用人单位和劳动者之间的劳动关系，其中第十六条规定“建立劳动关系应当订立劳动合同”，第七十二条规定“用人单位和劳动者必须依法参加社会保险,缴纳社会保险费”。出租汽车行业并不是法律监管的真空地带,出租汽车行业的劳动关系也要受法律调整。出租汽车公司招录驾驶员并为其安排车辆,驾驶员经营需遵守公司的各项规章制度。公司为了最大程度激发驾驶员积极性,而采取签订经营承包合同等形式明确工作任务定额,这只是公司对驾驶员的内部管理方式之一,并不影响两者事实上的雇佣和被雇佣关系。因此,公司和驾驶员之间存在毫无争议的劳动关系,就应按照《中华人民共和国劳动法》等有关法律建立劳动关系(图8-1),并签订劳动合同等。某人民法院在审理出租汽车承包合同纠纷案件时就提出,劳动合同与承包合同是密不可分的,劳动关系是基础,承包合同是劳动关系中的内部管理合同,如果由法院单独处理承包合同,必然影响到劳动合同的履行。

图8-1　出租汽车公司和驾驶员应当依法建立劳动关系

(二)建立劳动关系实际上有利于维护守法企业的合法利益

针对建立劳动关系会加大出租汽车公司的用人成本,不利于公司发展的观点,一些人认为,建立劳动关系只是提高了出租汽车公司的违法成本,而保护了广大规范用工出租汽车公司的利益,有利于维护守法者的合法利益。实际上,如果出租汽车公司以侵害驾驶员合法权益的低成本获益,拿这样的低成本作为竞争优势,这样的公司做不大,做不强,也做不长。出租汽车公司应依靠管理和技术创新降低成本、提高效益。

一方面,出租汽车公司和驾驶员建立正式的劳动关系,可以让驾驶员安心的在公司从事出租汽车服务,可以充分调动驾驶员的积极性,激励驾驶员不断提高服务质量。公司通过建立优胜劣汰的良性发展机制,建立奖惩制度吸引好的驾驶员留下来、迫使不好的驾驶员及时退出市场,使企业实现更好地发展;另一方面,一旦出现劳动纠纷或解除劳动关系等情况时,有没有建立劳动关系,对公司的影响也截然不同。对依法建立了劳动关系的出租汽车公司,只需要按照规定的标准给予相应的经济补偿即可,而对没有建立劳动关系的出租汽车公司，在面临与驾驶员产生的劳动纠纷和争议时，往往需要耗费大量的时间和精力处理，有时得不偿失。

（三）建立劳动关系有利于保障出租汽车驾驶员的正当权益

有人认为，当前出租汽车行业经营模式多样化，导致劳动关系不规范，驾驶员正当权益难以保障。一是劳动报酬权容易受到侵害。由于承包经营、挂靠经营等经营模式的普遍存在，加上缺乏规范的经营承包合同，出租汽车公司与驾驶员间的权、责、利不对等，可能导致驾驶员"份钱"沉重，驾驶员只好"埋头苦干、多拉快跑、拼命赚钱"。二是社会保障机制缺失。部分公司对出租汽车实行"一包了之、坐享其成"的简单化管理方式，几乎不承担任何管理责任，对员工劳动权益不重视，也根本不给驾驶员建立社会保障机制。驾驶员一旦遭遇事故等各类风险时，只有自己默默承担，甚至赔付得倾家荡产。三是休息权很难落实。与其他行业每天工作8小时相比，出租汽车驾驶员工作时间长、劳动强度大，往往需要工作10多个小时，基本上是全年无休，休息权益很难落实。

有人认为，驾驶员作为一名普通劳动者，如果劳动报酬、社会保障和休息权等正当权益得不到保护，心中有怨气、牢骚满腹，也就不可能为社会提供满意、优质的服务，更谈不上实现和谐发展。出租汽车行业要健康发展，就必须从体制机制上来保障驾驶员权益。出租汽车公司和驾驶员建立规范化的劳动关系后，公司依法与驾驶员签订劳动合同，并依法为驾驶员按时缴纳基本养老、基本医疗、失业等保险费，这将有助于保障驾驶员的正当权益，解决驾驶员在保险、医疗和养老等方面的后顾之忧。

（四）建立劳动关系有利于建立职业化的驾驶员队伍

有人认为，出租汽车的服务质量，关键靠人，靠每一名出租汽车驾驶员。出租汽车行业要真正发展好，提高服务水平，提升行业形象，没有一支稳定的驾驶员队伍肯定不行。不管是驾驶员利益也好，还是企业利益也好，建立高素质、职业化的驾驶员队伍，避免从业人员频繁转岗和流动性过大，都将有助于出租汽车行业的健康发展。因此，建立和谐的劳动关系，建立稳定、互信的工作机制，引导驾驶员选择出租汽车作为终身职业，有利于增强驾驶员的职业荣誉感、自豪感和责任感，更有利于出租汽车行业的长远发展。

（五）建立劳动关系有利于促进出租汽车行业健康发展

有人认为，出租汽车公司和驾驶员建立劳动关系，并非要损害出租汽车公司权益和过分保护驾驶员权益，不是为驾驶员争利益，不是要减少出租汽车公司利润。实际上，出租汽车公司和驾驶员是利益和事业的共同体，驾驶员是公司发展的依靠和基础，优秀的驾驶员是提升服务质量水平、树立公司品牌价值的重要推动者。公司和驾驶员利益的充分实现，有赖于双方的合作与支持。劳动关系是否和谐，是出租汽车行业稳定的关键。以保护驾驶员为出发点，规范劳资双方责、权、利关系，目的是构建一个和谐、稳定、持续的劳动关系，实现公司竞争力的不断提升，使公司和员工实现共同发展。它在保护驾驶员权益的同时，也保护了公司的长远利益，更有利于促进出租汽车行业健康发展。

有人认为，目前出租汽车行业在利益协调与分配机制上还不够完善，出租汽车公司与驾驶员的互利共赢局面尚未形成，更多的是利益博弈。一方面，驾驶员收入水平较低，超时加班多，休息权得不到保障，公司和驾驶员的劳资矛盾突出；另一方面，许多城市普遍存在"打车难"现象，但由于涉及出租汽车驾驶员的利益，新增运力的难度在增大，公司发展受到一定限制，劳资矛盾也越来越难解决。

二、观点之二：主张建立经营合同关系

主张出租汽车行业只建立经营合同关系、不建立劳动合同关系的理由如下：

（一）出租汽车公司和驾驶员之间只是经营合同关系

有人认为，与餐饮、建筑、服务等行业从业人员一样，出租汽车驾驶员在现实社会中充当着打工者的角色。但同是劳动者，可相对其他行业而言，出租汽车公司与驾驶员的关系却更为特殊。驾驶员从公司承包一辆出租汽车，按月缴纳"份钱"，就像商场里承包一个柜台一样，签署经营承包合同，驾驶员与公司属于经济关系，不构成劳动关系。公司给驾驶员提供车辆作为生产工具，同时收取一定的费用，出租汽车驾驶员工资自己挣，保险自己买，除此之外两者并没有其他关系。特别是夜班及替班驾驶员，他们虽然也是出租汽车行业的从业人员，但是他们多是车主或者白班（主班）驾驶员雇佣并"单线"联系，并

不是出租汽车公司招聘的,公司有时候甚至不知情,也谈不上存在劳动关系。从这个角度看,出租汽车公司和驾驶员之间的关系只是承包与被承包的经济关系,而非劳动关系。劳动关系的形成应当以劳动为前提,内容是劳动者提供劳动力,用人单位使用劳动力,双方形成劳动力的支配与被支配关系。在表现形式上,存在劳动关系时,一般要对具体工作内容、工作地点、劳动报酬及相应的保险、福利待遇等予以明确。出租汽车公司只是对驾驶员实行承包经营,并不直接向驾驶员发放基本工资,最多只是向驾驶员收取部分利润,双方的权利和义务通过经营承包合同加以约定。更何况,驾驶员的工作时间、工作地点自由,主要由自己调节,又没有"考勤记录",法律意义上的主体关系并不成立。因此,二者之间只是经营合同关系。

(二)出租汽车行业的特殊性决定不适合建立劳动关系

有人认为,出租汽车行业具有特殊性,驾驶员单车运营,公司承包管理,这种模式有利于调动驾驶员的积极性。出租汽车行业的运营特点,决定了驾驶员在工作时自我安排、自我调节的空间大,并不需要公司过多地介入驾驶员的工作中。这种情况下,出租汽车公司和驾驶员之间并不适合建立劳动关系。

一是出租汽车经营模式复杂。他们认为,公司化经营模式下的劳动关系并不具有普遍意义。由于历史原因,各地出租汽车行业更多的是承包经营、挂靠经营和个体经营等模式,甚至"二老板"、"层层转包"等比比皆是。在这些经营模式下,公司、车主、驾驶员、副班(替班)驾驶员之间的关系非常复杂,如果要严格按照《中华人民共和国劳动法》的要求建立劳动关系,那么应当如何去签订劳动合同?而且,有的公司每个月就只收少量的管理费,又拿什么去给驾驶员交社会保险呢?即使对那些管理相对规范的出租汽车公司来说,要求他们给驾驶员缴纳社会保险也不可行,因为政府部门原先在核定出租汽车公司的成本和承包费用时,并未把公司需要承担的社会保险费用计算在内,更不用说社会保险缴费的基数每年还逐步提高。如果一定要出租汽车公司按照建立劳动关系给驾驶员缴纳社会保险,那么羊毛应出在羊身上,"份钱"就要适当提高。如果既要求公司买社会保险,又不同意提高"份钱",那出租汽车公司难以经营,只好收回车辆,这时驾驶员连工作的机会都丧失了。

二是出租汽车行业流动性大。有人认为,建立劳动关系、签订劳动合同将导致出租汽车公司和驾驶员双方互为制约。一方面,出租汽车驾驶员以下岗失业人员和农民工为主体,这些从业人员流动性较大,在中部地区的几个城市,主班驾驶员大约平均每1~2年转包一次,副班驾驶员的更换就更为频繁。一旦建立劳动关系,签订劳动合同,将给出租汽车公司的日常经营管理带来巨大不便。同时,部分驾驶员认为,开出租汽车只是一种谋生手段而非长久职业,签订劳动合同尤其是期限较长的劳动合同,对自己也是一种约束,不方便自己更换工作,不利于"想干就干,不想干就换"。另一方面,出租汽车公司除驾驶员岗位之外,其他岗位数量有限,一旦驾驶员由于身体原因或年龄大了开不了车,公司又无合适岗位予以安排,难道让公司白白养着?这些都是建立劳动关系要考虑的问题。

三是出租汽车不定时工作制特征明显。有人认为,与其他行业相比较,出租汽车服务具有很强的机动性和不确定性,驾驶员工作受非本人因素影响较大,日工作时间很难以固定的时数来确定,实行的是不定时工作制。对《中华人民共和国劳动法》规定的驾驶员休息权问题,出租汽车公司说完全赞同并在经营承包过程中予以了充分考虑,但并不适合通过建立劳动关系来解决。实际上,出租汽车公司在制定经营承包合同时,已经按照国家规定保障了驾驶员的休息权利。在核定每月承包费用时,不是按照每月实际天数,而是扣除了相应的休息时间,这等于是核减了"份钱"。至于驾驶员休与不休,那完全是出租汽车驾驶员个人的事,理论上与公司无关。部分驾驶员也认为,对于休息时间大多是自行调整,如何安排休息休假是驾驶员自己的事,如果强制规定会打乱约定俗成的作息习惯。也有驾驶员提出,虽然公司为了保证驾驶员休息而建立"替班"制度,但驾驶员并不愿意把车让替班驾驶员开,自己的新车,平时开车比较注意,维护也及时,交给替班驾驶员就不一样了,替班驾驶员不熟悉车况,车辆磨损带来的维护费用增加怎么算?万一在替班期间发生故障甚至事故导致车辆损坏,车辆维修和停运造成的损失算谁的?还有驾驶员认为,自己开出租汽车就是为了养家糊口,家里收入全指这个,上有老、下有小,老婆没工作,小孩上学、租房子、家里日常开销都得花钱,现在生活成本这么高,休息就意味着损失,因此就想多干点。即使减免休息日的"份钱",有的驾驶员也还想多干几天多挣些钱。

（三）建立劳动关系将影响企业的进一步发展

有人认为，如果要推行建立劳动关系，就是给所有出租汽车公司套上一道"紧箍咒"，将制约出租汽车公司的进一步发展。特别是，如果按照《中华人民共和国劳动合同法》的规定，当出租汽车公司和驾驶员建立了劳动关系，在连续签订两轮固定期限劳动合同之后，再次签订劳动合同双方就必须签订无固定期限合同，很可能造就出养"懒人"的"铁饭碗"。

一是经营权有期限与劳动合同无固定期限存在矛盾。根据《中华人民共和国劳动合同法》规定，用人单位与劳动者连续两次签订固定期限劳动合同之后，再次签订时应当签订无固定期限劳动合同。然而，各地出租汽车经营权大多有期限，当出租汽车公司与驾驶员形成长期劳动关系后，将面临经营权有期限与劳动合同无固定期限的矛盾。如某市规定出租汽车经营权为10年，按照《中华人民共和国劳动合同法》规定，驾驶员干完两个承包期后就要签订无固定期限劳动合同。如果这样，出租汽车驾驶员干完两个承包期后，如第三次签订合同，今后不管这个驾驶员好不好，出租汽车公司都要终身"养着"，这非常不合理。无论是因为经营权到期还是驾驶员身体原因等无法继续从事运营，在出租汽车公司已经与驾驶员签订无固定期限劳动合同情况下，如何妥善安置将成为公司面临的难题。有人认为，签订劳动合同就是卡住了出租汽车公司发展的命脉，特别是第三次签订必须是无固定期限的规定，更是成为悬在公司头上的"达摩克利斯之剑"。

二是劳动合同补偿机制不利于服务水平的提高。人员的适当流动是保障人员素质和服务质量的重要前提。一般情况下，人员流动的原因一般包括驾驶员找到新的岗位主动辞职，或者由于健康原因提出辞职，或者驾驶员出现重大安全行车事故或因重大服务质量事件被投诉、被曝光的，企业予以劝退等。对于前两种情况，公司往往便于处理，而对第三种情况，出租汽车公司虽然希望将好的驾驶员留下、将不好的驾驶员清退出市场，但如果是公司主动提出辞退，则必须依法给予相应的违约金等经济补偿，公司往往有成本上的顾虑，不好辞退差的驾驶员，这影响了出租汽车行业服务水平的提高。

三是社会保险制度还存在转移接续不畅等问题。根据国家现行社会保险制度规定，养老保险需要缴存满15年后才能享受当地的退休金政策，而且全国范围内的养老保险还存在异地转移接续不畅等问题。出租汽车行业人员流动性大，特别是在某些城市外地户籍驾驶员可能占据相当比例，当其离开缴纳社会保险的工作地之后，可能因为未达到缴费年限，或者去其他区域难以接续，只好选择"退保"，"现金为王、落袋为安"。正如某地出租汽车要求双方签订合同，公司给驾驶员缴纳五险一金，这种做法本地驾驶员是愿意的，但是外地驾驶员绝大部分都不愿意采取这种模式。因此有人认为，按规定要求出租汽车公司与驾驶员建立劳动关系，缴纳相应的社会保险，只是增加了企业的运营成本，却并未给驾驶员带来实际的利益。

第二节　出租汽车行业劳动关系案例分析

出租汽车公司和驾驶员分别是构建和谐劳动关系的主体和主角。充分发挥好公司的主体作用，充分调动驾驶员积极性，建立和谐劳动关系，才能促进出租汽车行业的和谐发展。本节将重点介绍部分出租汽车公司创建和谐劳动关系的典型做法。

一、湖北十堰顺强运业公司：员工制管理

湖北省十堰市顺强运业公司是一家主营出租汽车客运的民营企业，有出租汽车500多辆(占十堰市出租汽车总量的60%以上)，员工1000余名。公司通过建设和谐企业文化，打造优秀企业品牌，推行员工制公车公营模式，充分保障员工权益，增强员工幸福感，努力把公司建成"的哥的姐"之家。

(一)推行员工制管理

(1)稳步推进公车公营。公司确立"规模化经营、员工化管理、市场化运作、国际化服务"发展战略，按照鼓励公车公营的改革方向，先后投入1000余万元收购个体出租汽车，投入380万元补偿原承包车主，实现了投资主体由个体向公司转变、经营方式由个体承包向公车公营转变。

(2)理顺司企劳资关系。公司推出"员工制管理、班费制经营"公车公营模式，取消承包人作为"二老板"的中间环节，车辆产权和经营权均由公司全额投资，公司直接与驾驶员签订员工制劳动合同，如图8-2所示，并将驾驶员保

证金由6万元降为1万元，营运班费由每天330元降为248元，车辆维修费、检测费等各种税费和经营风险、安全风险全部由公司承担。

a)

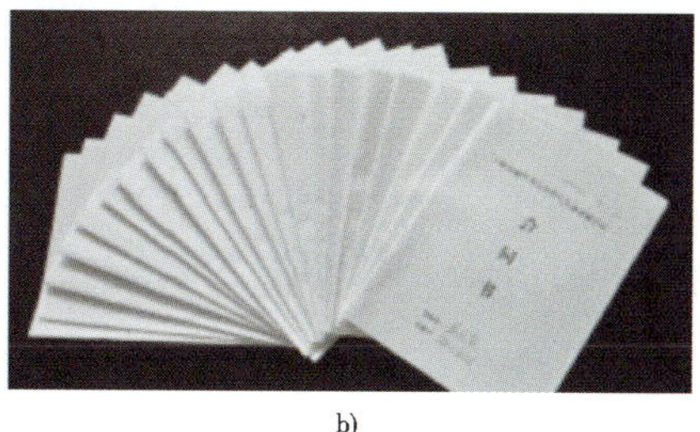
b)

图8-2　签订劳动合同

(3)保障驾驶员待遇。进一步深化员工制管理，实现公司为唯一投资主体，清退高额押金；推行一个合同版本，无论是公司驾驶员还是原车主优先承包人聘请的驾驶员，都视为公司员工享受同等福利待遇；摒弃以包代管的陈旧观念，建立单车对口管理服务体系，从机制上维护出租汽车驾驶员的权益。

(二)创建公司服务品牌

公司提出以创建“的哥的姐之家、顾客旅途之家”为主题的文化建设，努力创优人本化服务，与顾客共享美好旅程，打造一流服务品牌。

(1)关心驾驶员成长。公司投入1500万元加强基础建设，启动顺强的士文化工程，如图8-3所示。通过文化工程建设，满足员工文化需求，提高员工综合素质，也使员工自觉把公司当成自己的家，和公司同心共长、和谐发展。

(2)推进星级服务规范。公司启动“星级服务车”管理模式，如图8-4所示，推出星级服务规范，并坚持日检查、月考核、季评定、半年总结授星，每名优秀驾驶员奖励1000元，每个安全文明车组奖励2000元。把服务质量与出租汽车驾驶员的切身利益挂起钩来，激励驾驶员提升服务质量。

(三)保障驾驶员权益

(1)完善激励制度。公司建立《好人好事即时奖励制度》、《驾驶员诉求接待制度》、《休息休假制度》等，通过外监督、内激励的双向措施，提高员工的积极性，提高出租汽车服务质量。

a) “的哥的姐”网吧

b) “的哥的姐”阅览室

c) “的哥的姐”娱乐室

d) “的哥的姐”艺术团

图 8-3　的士文化建设

a)

b)

图 8-4　星级服务车

(2)稳定驾驶员队伍。建立定期开展工资协商、目标协商的“双向协商”制度。每年公司与驾驶员签订班费制合同前,先邀请驾驶员代表座谈,摊开账本,就班费、社会保险及工资问题进行对话,员工向公司谈工资,公司向员工提目标。通过召开工资集体协商会议,如图 8-5 所示,就改变工资发放方式、意外保险、午餐补助等事项进行协商谈判,稳定驾驶员队伍。

(3)关心驾驶员生活。公司落实驾驶员社会保险费用,免费为出租汽车驾驶员按季节发放工装、棉袄,按月发放毛巾、手套、保洁等劳保用品,如图8-6所示,为出租汽车安装全球卫星定位系统设备。在市内建设三家的士餐厅,如图8-7所示,凡被授予四星、五星的驾驶员可享受免费午餐,三星级驾驶员享受半价午餐。

图8-5　工资集体协商会议

图8-6　免费发放劳保用品

图8-7　的士餐厅

二、江苏苏州交运出租公司:让驾驶员留得下

江苏省苏州市交运汽车出租有限公司是苏州市规模最大的出租汽车公司。目前,公司有出租汽车499辆,员工996名。公司坚持以公司化经营为主导,打造服务品牌,完善奖惩制度,实现公司与驾驶员共同发展。

(一)实施规范化管理制度

(1)公司与驾驶员签订劳动合同。按国家规定为驾驶员办理养老、医疗、失业、生育、工伤等社会保险,实行员工制管理。在签订劳动合同基础上,公司与驾驶员签订车辆承包合同,明确双方权利、义务。为减轻驾驶员压力,驾驶员除需自付油费外,投资风险、经营风险、安全风险及其他税费、车辆检测等各类费用均由公司承担。

(2)公司与工会签订集体合同。通过集体协商方式,对劳动报酬、工作时间、休假、劳动安全与卫生、录用签约、协议保障等关系驾驶员切身利益的事项予以明确，如图 8-8 所示。

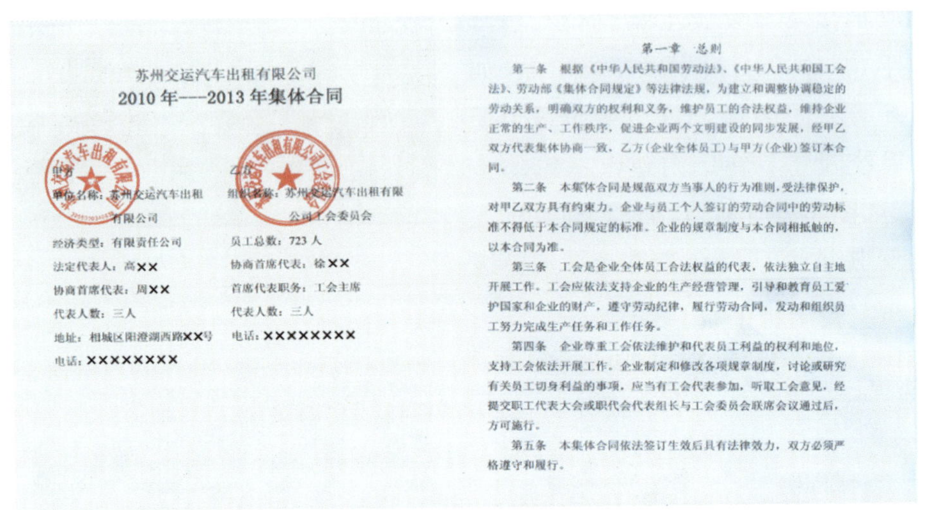

苏州交运汽车出租有限公司

2010 年---2013 年集体合同

甲方

单位名称：苏州交运汽车出租有限公司

经济类型：有限责任公司

法定代表人：高××

协商首席代表：周××

代表人数：三人

地址：相城区阳澄湖西路××号

电话：××××××××

乙方

组织名称：苏州交运汽车出租有限公司工会委员会

员工总数：723 人

协商首席代表：徐××

首席代表职务：工会主席

代表人数：三人

电话：××××××××

第一章　总则

第一条　根据《中华人民共和国劳动法》、《中华人民共和国工会法》、劳动部《集体合同规定》等法律法规，为建立和调整协调稳定的劳动关系，明确双方的权利和义务，维护员工的合法权益，维持企业正常的生产、工作秩序，促进企业两个文明建设的同步发展，经甲乙双方代表集体协商一致，乙方(企业全体员工)与甲方(企业)签订本合同。

第二条　本集体合同是规范双方当事人的行为准则，受法律保护，对甲乙双方具有约束力。企业与员工个人签订的劳动合同中的劳动标准不得低于本合同规定的标准。企业的规章制度与本合同相抵触的，以本合同为准。

第三条　工会是企业全体员工合法权益的代表，依法独立自主地开展工作。工会应依法支持企业的生产经营管理，引导和教育员工爱护国家和企业的财产，遵守劳动纪律，履行劳动合同，发动和组织员工努力完成生产任务和工作任务。

第四条　企业尊重工会依法维护和代表员工利益的权利和地位，支持工会依法开展工作。企业制定和修改各项规章制度，讨论或研究有关员工切身利益的事项，应当有工会代表参加，听取工会意见，经提交职工代表大会或职代会代表组长与工会委员会联席会议通过后，方可施行。

第五条　本集体合同依法签订生效后具有法律效力，双方必须严格遵守和履行。

图 8-8　签订集体合同

(3)推进驾驶员队伍的职业化建设。通过加大对出租汽车驾驶员队伍的职业化建设，达到职业化素养得到质的提高、降低事故潜在性，职业化技能得到质的提高、降低事故可能性，应急能力得到质的提高、降低事故应变性。具体措施有：一是提高驾驶员准入门槛，严格按照规定的条件录用驾驶员；二是规范驾驶员仪容仪表，公司出资近 120 万元为所有驾驶员免费配备统一工作服，并定期更换；三是开展驾驶员业务知识培训，每年根据季节变化开展安全专业知识培训，聘请专家对驾驶员开展心理辅导，缓解工作压力；四是建设汽车修理厂、车辆清洁中心(图 8-9)、座套更换中心等基础设施，做好驾驶员配套服务工作，保障车辆达到最佳状态。

图 8-9　车辆清洁中心

(二)创新出租汽车运营服务方式

公司通过招投标获得 80 辆电召专用出租汽车经营权指标，推动出租汽车运营方式的转变，提高驾驶员收入，降低驾驶员劳动强度。

（1）保障驾驶员稳定收入。电召专用出租汽车（图8-10）实行“电调+泊位+预约”的服务方式，通过提供高品质的差异化服务，实现出租汽车供需信息的高效对接，减少车辆空车行驶，缩短乘客等车时间。公司电召专用出租汽车驾驶员每天行驶约220公里，月均收入约6000元。在驾驶员收入相对稳定基础上，大大降低了驾驶员的劳动强度。

图8-10 电召专用出租汽车

（2）保障驾驶员休息权。公司电召专用出租汽车全部实行车辆公司化经营、驾驶员员工化管理。公司与所有驾驶员签订劳动合同，实行一车一驾、单班营运，通过调节电调服务和加强GPS监控等手段，避免驾驶员超时、超强度工作。公司以每月26天的标准核算车辆经营承包费用，在车型档次提升的基础上降低承包金，减轻驾驶员负担。建立备班驾驶员制度，保证备班驾驶员人数不少于全体驾驶员人数的10%。探索并建立驾驶员休息休假制度，保证驾驶员每月休息时间不少于4天。

（三）注重服务品牌建设

（1）发挥工会组织作用。公司所有员工制驾驶员均加入工会。工会组织通过职代会等形式，在公司重大决策制定、困难职工慰问帮扶、集体合同签署、员工劳动竞赛、矛盾调解、职工合法权益保护等方面发挥作用，使驾驶员有更多的主人翁意识。

（2）增强驾驶员的归属感。公司每逢节假日为全体员工发放慰问品，高温酷暑季节给驾驶员发放饮料等。公司建立驾驶员委屈奖制度，化解部分驾驶员在运营过程中受到的委屈。公司通过定期召开驾驶员座谈会，组织各式各样的文体比赛，组织优秀驾驶员外出疗养等形式，丰富驾驶员的业余生活，如图8-11所示，增强驾驶员的归属感。

（3）打造服务品牌。一是推出“彩虹天使”女子班组。16名女驾驶员自发组成“彩虹天使”女子班组，为孕妇等提供人性化的预约用车服务。二是建立

a) 驾驶员参加体育比赛

b) 组织优秀驾驶员疗养

图 8-11　驾驶员集体活动

"高考预约出租汽车"服务，为学生参加考试提供服务。三是公司为4名"行感苏城"服务标兵拍摄影像资料，树立优秀驾驶员榜样，引领行业服务。四是建立表彰制度，大力宣传好人好事，并进行奖励，公司每年发放奖金近万元，如图8-12所示。

图 8-12　表彰并奖励先进人物

(4)组织技能竞赛。为引导驾驶员增强技能，营造"比、学、赶、帮、超"的良好氛围，连续两年开展出租汽车驾驶员职业技能竞赛。通过理论知识、服务规范以及驾驶技术等多方面的考核，推动驾驶员规范运营、优质服务、安全行车，从而提升服务能力和服务水平。

三、浙江诸暨长运出租公司：构建薪酬保障

浙江省诸暨市长途汽车运输有限公司客运出租分公司有公司化经营的出租汽车85辆、驾驶员218人。公司坚持车辆产权公司化、驾驶员管理员工化、经营管理规范化，为中小城市出租汽车行业公司化经营、员工化管理探索出一条路子。

(一)建立规范的劳动关系

公司着重从劳动合同的形成、签订、履行、监督上加以规范，确保制度、程

序合理、合法,构建规范的劳动合同关系。

(1)制定适合行业特点的劳动合同。按照《中华人民共和国劳动合同法》的要求,形成了适合出租汽车行业特点的劳动合同文本。合同文本约定劳动合同期限原则上与出租汽车的经营期限一致,并明确了工作内容、工作时间、工作地点、工作条件和基本要求,特别就驾驶员的休息休假、劳动报酬和社会保险等进行规范。公司为全部驾驶员缴纳社会保险费,包括养老保险、医疗保险、失业保险、生育保险、工伤保险等。

(2)依法签订劳动合同。公司把"和谐劳动关系建设"作为重要工作来抓,在上级工会的监督下,公司行政与工会签订《集体合同》。公司召开职工代表、职工代表小组长和工会专门委员参加的会议,专门就驾驶员的劳动合同内容进行讨论,确定合同具体条款后,在全体驾驶员会议上宣读、讲解,然后按照双方自愿原则,与驾驶员签订劳动合同。公司与驾驶员劳动合同签订率为100%。

(3)保障劳动合同的履行。公司积极为驾驶员创造履行劳动合同的劳动环境和条件。一是采用灵活的计时工作制,实行多劳多得;二是为确保驾驶员劳动保护,公司按照1:2.4的比例配备驾驶员,10辆车配4~5名机动代班驾驶员,保证每名驾驶员一个月至少有4天的休息时间及临时调班需要;三是规定每一班驾驶员日行驶里程不得超过262公里,调节了驾驶员的劳动强度等。

(4)加强劳动合同监督检查。公司探索形成了具有可操作性的监督机制。一是成立监督检查小组,每年对履行情况进行一次监督检查,及时研究调处履行中出现的各种问题;二是成立了工会劳动保护监督委员会,形成了公司、分公司、班组三级劳动监督组织,开展劳动监督检查活动,并且通过观察、召开座谈会和个别谈心等形式,监督依法履行情况;三是发挥职工代表大会的作用,建立职工劳动保护专门工作委员会、职工生活福利委员会、民主评议干部委员会等5个专门部门,为推动和谐劳动关系建设发挥了积极作用。

(二)构建良好的薪酬保障体系

一是采取按劳取酬、多劳多得、奖勤罚懒的原则确定驾驶员劳动报酬。公司每日对驾驶员的营业收入进行考核。全年12个月,根据每月客流量不同,确定上缴营业收入。核定白班驾驶员全年平均定额为440元/天,夜班驾驶员全年平均定额为395元/天。驾驶员按照公司核定的营收基数每日足额上缴。

二是超收营业额全额分配给驾驶员。驾驶员工资按其每月保底营收额的20%确定,该部分工资包括驾驶员日常及假日、法定节日加班费、延时加班费等。薪酬制度设计当月平均营收超出核定保底营收的,约定超出部分公司和驾驶员按5∶5分成。但实际操作中,公司优先考虑驾驶员的收益,全额返给驾驶员,让驾驶员有合理的收入,有尊严地工作。在当地,承包挂靠经营车辆的驾驶员平均月收入一般在4000~5000元,而公车公营驾驶员平均月收入一般在5000~6000元。

三是激励驾驶员优质服务。组建了省级文明爱心车队(图8-13),制定了《驾驶员服务质量考核》、《驾驶员安全考核》、《驾驶员节油考核》、《驾驶员当月公里数考核》、《星级驾驶员评比考核》等制度。除设立节油奖励外,公司对驾驶员因加油、洗车、修车及交接班等原因耽误工作时间的,还按7元/小时发放基本生活补贴。这既保障了驾驶员的正当收益,又有利于维护公司的正常、稳定经营。

图8-13　省级文明爱心车队

(三)推行人性化的服务理念

公司倡导出租汽车驾驶员为广大市民服务、公司管理人员为出租汽车驾驶员服务理念,并建立相应的管理体系。一是实施后勤管理人员24小时值班制度。一旦驾驶员在行车过程中出现交通事故或经营纠纷,能在第一时间赶赴现场帮助处理,解决驾驶员的困难。二是设立专门的车辆维修车间,为出租汽车提供24小时的抛锚救济和维修工作,排除驾驶员除开车运营之外的后顾之忧。三是后勤管理人员在每天的两个交接班时段(早上6:00~7:00;下午16:00~17:00),协助驾驶员做好车辆清洗和加油工作。四是设立"员工解困基金",在员工本人或家庭遇到突发困难或意外变故时,公司会在第一时间启动"解困基金"给予帮助。五是每年向职工发放四次福利,及安排驾驶员旅游,让每个驾驶员感受到公司家庭式的归属感与幸福感。这些举措为驾驶员提供了方便,也增强了驾驶员对公司的认同感,使驾驶员能以更好的心情投入到生产经营当中，形成公司和驾驶员和谐的发展氛围。

第三节　我国国情下的出租汽车行业劳动关系

出租汽车公司与驾驶员的劳动关系是出租汽车行业生产关系的重要组成部分。出租汽车公司和驾驶员的劳动关系和谐，能有力促进出租汽车行业健康发展。在当前条件下，应当结合行业特点，通过创建出租汽车行业和谐劳动关系活动，加快行业劳动关系建设，最终实现出租汽车公司和驾驶员互利共赢、共同发展的目标。

一、出租汽车行业劳动关系的理论分析

在现代社会中，绝大多数人都要通过找一个工作岗位，以自己的劳动换取相应的报酬，来维持基本的生存，这就形成了劳动关系。劳动关系是社会关系中最重要、最基本的关系。许多其他方面的社会关系，在很大程度上都是由劳动关系衍生出来的。无论是从管理主义学派还是从制度主义学派劳动关系理论来看，出租汽车公司和驾驶员之间建立劳动关系，都有利于实现双方的利益最大化。同时，这也是出租汽车行业建立现代企业制度，促进行业健康发展的客观要求。

（一）管理主义学派劳动关系理论

管理主义学派认为，管理者和劳动者之间建立相互信任的管理体系，是实现效率和公平的最佳方法。该学派认为，劳动者的利益同管理方的利益，从根本上说是统一的，产生冲突的原因在于劳动者认识到自身始终处于管理权力的从属地位，服从与被服从的关系是员工不满的根源。如果管理方能够采用“积极的”或“高肯定的”管理策略，冲突就可以避免，并且会使双方保持和谐的关系。这种高绩效管理模式的内容包括：高工资和高福利、保证员工得到公平和公正的待遇、岗位轮换制度等。若这些管理政策得到切实的实施，那么劳动生产效率会提高，员工辞职率和流动性会降低，工作中的其他问题也会迎刃而解。

出租汽车行业也不例外，出租汽车公司和驾驶员的利益也是统一的。一方面，出租汽车驾驶员以企业的名义向社会公众服务，企业的形象和价值主要通过驾驶员提供的服务来体现。驾驶员服务态度的好坏，服务质量的优劣，将直接反映企业的管理水平。在政府的制度设计下，应实现企业的管理与企业的效益相挂钩，引导和鼓励企业和驾驶员向好的方向发展。企业得到良性发展，才能安排更多的资源用于改善驾驶员福利待遇；另一方面，解决事关驾驶员切身利益的突出问题，使驾驶员得到实惠，将进一步激发驾驶员的积极性和创造性，更有利于树立出租汽车公司的良好形象，增强凝聚力，提高竞争力，使企业得到实实在在的利益，实现“企业得发展，驾驶员得实惠”。

尽管出租汽车公司和驾驶员的利益在理论上具有一致性，但在实践中由于出租汽车公司与驾驶员双方地位存在不对等，企业和驾驶员之间容易产生冲突，导致驾驶员权益得不到保障。根据管理主义学派的观点，要解决这种冲突，促进双方利益的最大化，就需要保持劳动关系的公正性，实现劳动关系主体双方地位平等，双方遵循平等自愿、协商一致的原则，公正地缔结、履行或解除劳动关系。此外，对劳动者的生命健康、劳动经济、民主政治、精神文化和社会等各项合法权益，要得到充分的实现和切实的保障。劳动者工资应当合理反映其劳动价值，劳动要素在企业分配中得到充分体现，与资本、技术等生产要素共享企业发展成果，企业与职工最大限度地实现利益均衡。

（二）制度主义学派劳动关系理论

制度主义学派认为，在就业组织中双方的共同利益是主要的方面，冲突不是主要问题。对员工公平和公正待遇的关心，与管理方对生产效率和组织效率的关心之间存在一定的矛盾。这种组织中，“效率”和“公平”目标之间的矛盾是劳资双方冲突产生的主要根源。冲突的解决是将冲突通过各种渠道转化为可以控制的双方共同遵守的规则，即在经济体系中对效率的追求和在雇佣关系中对公平、公正的追求两个目标之间实现均衡。可以由政府和社会通过劳动法律制度、工会制度、集体谈判等制度和手段实现。劳动力市场上工作机会的稀缺，使劳动者处于不利地位。这可以通过工会和集体谈判制度重新实现平衡，使劳资双方能够真正平等地相互面对，并形成“产业民主”的氛围，既维护员工的利益、确保更广泛的公平，又能鼓舞员工士气、降低人员流动率，提高生产效率。这些制度产生的经济效益足以抵消高工资、高福利给管理者带来的成本。

从制度主义学派观点来看，出租汽车公司和驾驶员的共同利益是主要方面，两者间的劳动关系可以实现和谐。这种和谐应当表现为一种双方都能够接受的劳动关系状态，但并不代表双方没有任何矛盾，而是能够规范、有效地处理和解决这些矛盾。双方出现劳资矛盾后，能够通过规范的体制内的途径解决，或者说在体制内有着完善的权利救济途径。对于出租汽车公司和驾驶员之间的利益冲突，需要由政府、企业、工会和驾驶员等各方面，建立一套相对完善的制度予以解决。对政府来说，完全靠劳动力市场的自我调节是完全不够的，政府应当保护处于相对弱势地位的驾驶员，这是市场经济条件下调节劳动关系的最重要原则。对出租汽车公司而言，需要承担社会责任，必须遵守劳动法律，不能漠视或侵害驾驶员的权益，这是劳动关系和谐的前提。对驾驶员而言，作为一个社会群体，要逐步适应市场经济的要求，明确自己的定位。作为被雇佣者，要主动了解和维护自己的权益。由于雇员单个人与雇主的力量不均衡，需要按照法律要求组织和参加工会，通过集体的力量和组织的途径来解决。对于工会而言，就是努力按照法律的要求，代表和维护驾驶员的合法权益。在劳动权益保护上，包括就业、工资、劳动时间、职业安全等方面给予指导，当出现劳动争议后积极给予帮助。

因此，促进出租汽车公司发展和维护出租汽车驾驶员权益并不矛盾。出租汽车公司自觉遵守法律法规、主动承担责任，出租汽车驾驶员认真履行劳动义务、关心企业发展，两者之间形成规范有序、公正合理、互利共赢、和谐稳定的劳动关系，有助于实现企业与驾驶员共谋发展、共创效益、共享成果。出租汽车公司和驾驶员双方在主要利益追求上具有一致性，其共同目标应当是如何把“蛋糕”尽可能做到最大，在此基础上考虑如何公平、公正地切分“蛋糕”。

（三）现代企业制度理论

美国企业史学家艾尔弗雷德·钱德勒（Alfred D. Chandler）在《看得见的手——美国企业的管理革命》中提出，西方企业的发展来源于制度上的创新、管理上的创新，通过建立完善的公司治理结构，规范了企业各个利益主体的权利和职责。现代企业内部的行政协调，在许多方面代替了市场协调。成熟的现代企业制度，是企业中的各个利益主体，按照自己的职责和分工，在权利义务明确的状况下，各自充分发挥自己的能力。个人在对社会和企业贡献的同时，也取得相应的个人利益。现代企业制度的优点，就在于劳动者和经营者之间的平衡艺术，企业的各个内部组织有了明确的分工和专职。这种现代企业制度，是适应社会化大生产和社会主义市场经济要求的，以完善的法人制度为基础，以公司制为主要形式，以有限责任制度为保障，以产权清晰、权责明确、政企分开、管理科学为标志的一种新型企业制度。其主要内容包括企业法人制度、企业自负盈亏制度、出资者有限责任制度、科学的领导体制与组织管理制度。

出租汽车行业虽然单车可以独立完成简单运输生产全过程，但如果出租汽车行业长期处于维持简单再生产状态，不利于行业的长远发展和服务水平的提升。从实现出租汽车行业可持续发展角度看，应当朝着规模化、集约化、公司化、品牌化的方向发展，特别是要鼓励引导服务质量好、经营管理优的出租汽车公司建立科学的现代企业制度。这种现代企业制度，应当具有明晰的产权关系与和谐的劳动关系。劳动关系不和谐的企业缺乏生命力，在此基础上不可能建立完善的市场机制。在现代企业制度下，出租汽车公司和驾驶员之间应当体现出权责对等、风险共担、利益共享的基本原则，合理确定企业和驾驶员各自的权利和责任，形成合理的利益分享机制，实现共同、公平和可持续的发展。一方面，通过健全企业法人治理结构，加强对出租汽车公司的约束和管理，真正发挥企业的管理效力，引导企业更好地履行市场主体职责；另一方面，规范企业与驾驶员之间的劳动关系，保护好驾驶员的正当权益，充分调动企业和驾驶员的积极性，确保双方和谐相处、平等合作、互利共赢，使企业和行业保持健康发展的势头。

二、出租汽车行业劳动关系的方式选择

出租汽车行业管理既是一个经济问题，也是一个社会问题，需要综合运用法律、经济、行政、技术等手段。出租汽车公司和驾驶员之间依法建立劳动关系，是加强出租汽车管理、促进行业健康发展的重要内容。

（一）建立出租汽车行业劳动关系的必要性

劳动关系是生产关系的重要组成部分。和谐劳动关系是和谐社会的重要

基础，和谐社会必定是劳动关系和谐稳定的社会。从字面意义来理解，和谐劳动关系是指劳动关系双方一种和谐融洽的良性状态。比如，构成劳动关系的双方以良性互动、真诚合作、共谋发展为目标，各自的利益诉求能在你中有我、我中有你的共同发展中得到有效实现，在出现利益冲突时，能够通过民主协商的途径，依法协调彼此的利益矛盾，最终达到互惠互利、共荣共赢。对出租汽车行业而言，出租汽车公司和驾驶员劳动关系和谐，是出租汽车行业健康发展的基石。发展和谐劳动关系，就是要理顺各方主体的利益关系。理顺出租汽车公司和驾驶员的关系，必须兼顾两方面的利益，既要依法保护驾驶员的权益，也要有利于企业对驾驶员的管理。

1. 从利益共同体角度看劳动关系问题

出租汽车公司和驾驶员是利益的共同体，双方围绕“经济效益共创、发展成果共享”这一目标形成合力，朝着共同的利益目标发展。因此，出租汽车公司要关心驾驶员，尊重驾驶员的主体地位和首创精神，最大限度地激发驾驶员的工作热情和创造活力，尊重和保障驾驶员的合法权益。同时，驾驶员要热爱出租汽车公司，维护企业利益和形象，为企业发展积极贡献，在本职岗位上创造一流业绩，提高服务能力，服从企业管理，努力做到以提高素质推动和谐、以维护稳定保障和谐，推动出租汽车公司又好又快发展。

2. 从事业共同体角度看劳动关系问题

对出租汽车公司而言，形成和谐的劳动关系是企业履行社会责任的最好体现。出租汽车公司和驾驶员应当认识到，企业和驾驶员是共生、共赢、共长的关系，双方为了共同的价值观而奋斗，企业对驾驶员负责，驾驶员对企业负责，双方形成良性的互动、信任机制。因此，企业应尽可能维护驾驶员的就业稳定，给予其合理的薪酬和福利，为其提供增长才干的机会，帮助和促进驾驶员实现个人在事业上的发展。对驾驶员而言，应当树立与企业一同发展的事业共同体观念，努力顺应市场发展要求，加强业务培训，提高职业素养，恪守职业道德，强化责任感，培养对企业的归属感和忠诚度，与企业发展共荣辱。

3. 从命运共同体角度看劳动关系问题

没有合适的出租汽车公司，驾驶员不能实现自身的利益；没有合适的驾驶员，企业就不能正常经营，生存都是问题，更谈不上实现效益。出租汽车公司和驾驶员在一定程度上是命运共同体。出租汽车公司应当把驾驶员视为公司发展的动力和源泉,依靠驾驶员把企业经营好,在追求企业利润最大化的同时,充分保障驾驶员的各项权益。驾驶员要把企业视为实现自身权益的条件和平台,在追求自身利益最大化的同时,把自己的命运与企业的命运联系在一起,充分发挥积极性、主动性和创造性,为企业发展献计出力,从而实现双方共同发展,互利双赢。

(二)现阶段推动员工制企业建立劳动关系

我国社会目前正处在转型的重要时期,出租汽车行业由于历史原因在劳动报酬、社会保险、劳动条件等方面,引发了诸多劳动关系问题,并使一些矛盾凸显,成为社会关注的焦点。目前,我国出租汽车行业还普遍存在承包经营、挂靠经营等模式,劳动用工还不规范,企业、承包经营者和驾驶员之间利益关系较为复杂。正是由于出租汽车行业经营模式多种多样,各地发展水平参差不齐,因此要求出租汽车行业完全建立劳动关系,由出租汽车公司与驾驶员签订劳动合同,不符合当前的客观实际。在现阶段,在尊重现实的情况下,应结合行业特点分步骤、分阶段积极推进出租汽车公司化经营、员工制管理,提高劳动合同签订率,切实保障出租汽车驾驶员的合法权益,促进出租汽车行业健康发展。

1. 推进员工制管理模式

一是引导向员工制企业发展。传统的承包经营等模式下,驾驶员要承担巨大的经济压力同时要承担运营过程中的全部责任,而自己与企业仅仅存在承包关系,不具有劳动关系,得不到出租汽车公司提供的正常保障。为了能早日收回前期投入的巨大成本,驾驶员的工作越来越倾向于获取更大的经济利润,工作的积极性和个人的发展根本无暇顾及。实行员工制管理的经营模式,出租汽车公司与驾驶员建立规范的劳动关系,有利于避免企业向驾驶员转嫁经营风险,驾驶员也能在保险、医疗、养老等方面解除后顾之忧,能够踏实工作、体面劳动,使驾驶员精神上有追求,劳动有尊严,权益有保障,增强驾驶员对企业的归属感和职业自豪感。企业建立一支相对稳定、高素质、职业化的驾驶员队伍,对驾驶员的管理将会更为有力,乘客可以享受到更好的出租汽车服务。因此,应坚持出租汽车公司实行员工制管理的发展方向。

二是逐步增加员工制企业的比例。现阶段,我国出租汽车市场的经营主体还普遍存在"多、小、散、弱"的情况,出租汽车公司规模偏小,集约化程度不高,规范化管理程度还有待提高。公司化经营、员工制管理的出租汽车公司,符合现代企业制度的要求。为进一步促进出租汽车行业的健康发展,可在出租汽车经营权服务质量招投标、服务质量信誉考核、先进单位评比等方面对工作成绩突出的员工制企业给予扶持。对于尚未实行员工制经营模式的出租汽车公司,鼓励深化企业经营模式改革,适时推进员工制经营模式。对于新投放的出租汽车运力,大力推行公车公营,实行公司化经营、员工制管理,逐步增加员工制企业的比例。

2. 积极推动员工制企业依法建立劳动关系

实行员工制管理的出租汽车公司,应积极与出租汽车驾驶员依法建立劳动关系,签订劳动合同,明确双方的权利义务,维护双方的合法权益。

一是要符合有关法律法规要求。《中华人民共和国劳动法》第二条规定:"在中华人民共和国境内的企业、个体经济组织和与之形成劳动关系的劳动者,适用本法。"第十六条规定:"建立劳动关系应当订立劳动合同。"第七十二条规定:"用人单位和劳动者必须依法参加社会保险,缴纳社会保险费。"对员工制出租汽车公司而言,必须依法与驾驶员建立劳动关系,这也是企业所应承担的社会责任。

二是以保障驾驶员权益的立足点和落脚点。作为社会主义市场经济的参与主体,劳动者享有平等就业和选择职业的权利、取得劳动报酬的权利、休息休假的权利、获得劳动安全卫生保护的权利、接受职业技能培训的权利、享受社会保险和福利的权利、提请劳动争议处理的权利以及法律规定的其他劳动权利。出租汽车公司应以保障驾驶员权益为立足点和落脚点,保障驾驶员的切身利益和合理的工资收入,实现驾驶员劳有所得、老有所保,解决驾驶员的后顾之忧。

三是进一步促进行业规范发展。出租汽车行业的发展需要稳定、和谐的环境。从长远看,员工制出租汽车公司与驾驶员建立劳动关系,可以使企业和驾驶员合理分配收益,实现收益共享、风险共担,避免企业将经营风险转嫁给驾驶员,切实保障驾驶员权益。依法推进建立劳动关系,提高驾驶员的整体素质，规范经营服务行为，提升行业服务水平，推动出租汽车公司的品牌化建设，实现企业做大做强，规范出租汽车行业发展。

（三）推动非员工制企业保障驾驶员权益

对非员工制管理的出租汽车公司，应当进一步理顺企业与驾驶员的利益关系，进一步规范企业的管理，明确出租汽车公司和驾驶员的利益分配机制，从制度上保障驾驶员的各项权益。

一是规范出租汽车经营合同管理。经营合同是决定出租汽车公司和驾驶员利益分配的重要载体。为保证两者能够合理分享收益，应制定非员工制企业的承包管理费最高限额标准，同时根据出租汽车经营成本、市场状况、车辆使用年限、运价结构、驾驶员休息休假等因素，合理确定经营承包费用和劳动定额标准。规范出租汽车经营合同，严禁企业向驾驶员收取高额风险抵押金和高额保证金。企业与主班、副班（替班）驾驶员应分别签订经营合同，防止驾驶员将经营权层层转包。

二是加强出租汽车驾驶员权益保障。一方面，政府各部门要为出租汽车驾驶员参加社会保险创造条件，企业可以通过直接缴纳或者代收代缴等方式，按照自由职业者身份为驾驶员缴纳社会保险，解决驾驶员的后顾之忧；另一方面，鼓励出租汽车公司建立替班驾驶员队伍，配备必要的替班驾驶员。通过减免驾驶员休息日经营承包费用，从制度上让驾驶员放心休息。企业还可通过建立完善驾驶员关爱制度，定期对无事故、无违章、无投诉的驾驶员进行精神和物质奖励，开展送温暖、帮困扶难、思想交流及各种文化活动等方式，增强驾驶员对企业的归属感和职业自豪感。

（四）规范个体出租汽车经营管理

规范个体出租汽车经营管理，目的是加强对车主、副班驾驶员的运营管理，避免出租汽车经营权的层层转包、私下转让和炒买炒卖等。加强对个体出租汽车的服务质量信誉考核，引导规范经营、诚信服务，不断提高服务质量和水平。积极支持个体出租汽车经营者和所聘驾驶员主动参加社会保险，并按照自由职业者身份参保的相关规定缴纳社会保险。除按规定购买机动车交通事故责任强制保险之外，鼓励购买第三者责任险、承运人责任险等，提高个体出租汽车经营的抗风险能力，保障乘客等有关各方的合法权益。

第九章　出租汽车"打车难"问题

随着城镇化、机动化进程的加快，国内部分大城市不同程度地出现了"打车难"问题，特别是遇上下班高峰、恶劣天气和重大赛事活动，以及在大型场站、商圈、地铁接驳点附近，"打车难"的问题更为突出。本章主要针对"打车难"问题进行论述，在借鉴国外发达国家和地区经验的基础上，分析了我国"打车难"的理论基础及产生原因，探索了解决我国城市"打车难"的方法。

第一节　解决"打车难"的主要观点

从市场经济学理论的角度看，出租汽车"打车难"问题的本质是出租汽车供给与群众实际出行需求出现了不平衡。解决"打车难"的观点，归纳起来主要包括增加供给、抑制需求和综合施策三种。

一、观点之一：主张放开数量管制增加供给

主张放开出租汽车数量管制，增加出租汽车运力解决"打车难"的主要考虑有以下几方面：

(一)运力不足是"打车难"的主要原因

有人认为，"打车难"的根本原因是政府对出租汽车实行运力规模管制，但没有根据社会需求及时、科学地增加运动，使得出租汽车的有效供给没有满足消费者日益增长的需求。因此，应当及时适当地增加运力数量，充分发挥出租汽车的个性化、门到门便捷运输服务作用，满足社会需求。

有人认为，改革开放以来，我国城镇化进程快速推进，城市面积越来越大，城市人口越来越多，人民群众生活水平不断提高，对乘坐出租汽车出行的需求越来越大。但是政府对城市出租汽车实行总量控制，许多城市的出租汽车数

量多年来基本维持不变,导致出租汽车市场供给严重不足,从而导致“打车难”、服务态度差、“黑车”多等一系列问题。例如北京市,城市建成区面积从2000年时的700多平方公里增长到2010年的1289平方公里,常住人口从2000年的1381.9万人增长到2010年时的2000万人,但是出租汽车总量从1994年以来一直控制在6万多辆。又如河北省石家庄市,2000年第五次全国人口普查时主城区常住人口为208万人,到2010年第六次全国人口普查时增长到276.7万人,但是出租汽车总量从1998年以来一直保持6826辆没变。再如山东省泰安市,在1994年时中心城建成区面积仅为44.30平方公里,到2012年时增长到了110.9平方公里,但出租汽车数量从1997年以来一直保持1292辆没变。

(二)涨价不能解决“打车难”

有人认为,一般而言,消费者对商品和服务的需求与其价格成反比。当价格上涨时,需求会呈现出下降趋势,但是下降的幅度,由商品的价格弹性决定。弹性较大的商品,价格上涨会引起需求量急剧下降,从而引起销售总额的下降;反之,弹性小的商品,由于价格上涨不会引起需求量的太多变化,涨价能带来销售总额的增加,从而实现收入和利润的增长。

具体到出租汽车行业而言,在市场准入限制之下,目前各地出租汽车普遍处于供不应求的局面。在这种情况下,很多乘客愿意多出一两块钱来减少打车的难度或者无奈接受多出一两块钱而节省等车时间。而对出租汽车驾驶员来说,无需提高服务水平就能拉到足够的乘客,也就不会有提高服务水平的压力和动力,可能依旧“挑活”、拒载,在高峰时段和恶劣天气时“趴车”。因此,在出租汽车数量不变的前提下,涨价对于需求的影响并不大,“打车难”的局面会一如既往,乘客在上下班高峰时段和遇恶劣天气时打不到车的窘境也不会得到根本改变。某网站对1000多名网友调查的结果显示,针对“提高起步价,能否解决打车难”的问题,84.6%的网友认为提高起步价根本起不到作用。

(三)放开数量管制是解决“打车难”的根本措施

有人认为,“打车难”的根本原因是政府对出租汽车实行运力规模管制,导致出租汽车数量与老百姓的需求之间存在巨大缺口。决策者假定自己知道一个城市需要多少辆出租汽车,这是典型的计划思维。通过涨价抑制出租汽车需求的路走不通,只有放开运力规模限制,由市场需求决定城市出租汽车数量,有效增加出租汽车供给,才能够解决"打车难"问题。这就好比一条街道上有两个饭馆,有些人觉得够了,就认为应该进行数量管制。但是,任何人都无法确定是否还有市场空间。在没有准入限制的条件下,这条街道很有可能发展成餐饮一条街。因此,应该让竞争机制发挥作用,数量限制放开了,有了竞争,服务质量自然会提升。一旦数量管制破除,出租汽车数量和价格将通过市场机制调节,出租汽车行业利润将回归正常水平,服务质量通过竞争来体现,"打车难"问题也将迎刃而解。

二、观点之二:主张提高出租汽车运价抑制需求

主张提高出租汽车运价,抑制出租汽车服务需求,解决"打车难"的主要考虑有以下几个方面:

(一)出租汽车运价偏低是"打车难"的根源

有人认为,"打车难"的根本原因是出租汽车运价过低,分流了城市公共交通的客源,吸引了一部分本不该由出租汽车承担的乘客,使得需求过于强劲。因此,适当提高运价来抑制出租汽车需求,可以促使供需关系向平衡状态移动。

有专家认为,出租汽车作为为社会公众提供个性化的门到门便捷运输服务,主要是满足城市居民看病等特殊出行需求和中高端旅游、商务、公务等的出行需求,不能成为老百姓日常的通勤工具。因此,出租汽车不同于普通城市公共交通服务,出租汽车运价不能满足"老百姓都能天天坐得起"的要求,而应该提供给真正有需要的人。国际上大都市都是如此,无论是在美国纽约还是日本东京,出租汽车的价格都很贵,不像北京这样能随随便便打车。而在我国,一直以来出租汽车被视为城市公共交通的补充,定价相对较低,绝大多数城市出租汽车起步价为5~10元,而城市公交车价格一般为1~2元,如果有3~4个人,坐公交车的价钱和坐出租汽车的价钱就相差无几,有的地方几个人一起坐出租汽车甚至于比坐公交车还便宜。这种相对低廉的价格,使出租汽车逐步成为人们上下班的通勤工具,从原先的"奢侈"消费变成了"普通"消费,这导致打车需求越来越大。

据统计，北京市正常的小汽车出行率在40%左右，每周停驶一天就会有8%的出行人群需要乘坐出租汽车。另外，由于近年来停车费和油价不断上涨，出租汽车的出行本钱大大低于自驾车，乘坐出租汽车出行已经不属于高端的出行方式。据统计，现在约有30%的人群在上下班、出行、购物时常常会乘坐出租汽车。

有专家表示，近20年来，居民收入水平、汽油价格都有显著上升，而出租汽车运价基本没变，运价偏低导致出租汽车驾驶员在高峰时段亏本运营，加剧了"打车难"。比如某市，20世纪90年代出租汽车的起步价是3公里5.6元，燃油补贴2.5元，加起来是8.1元，2011年出租汽车的起步价是2公里6元，换算成三公里是7.5元，燃气补贴1元，加起来是8.5元。20年时间里，出租汽车价格就涨了0.4元。而且，现在道路拥堵导致运营效率低，跑得越多亏得越多。不少出租汽车驾驶员出于经济性考虑，在交通高峰期间选择在主城区外运营，甚至会放弃运营，导致高峰期和城区内特殊路段"打车难"矛盾进一步加剧。

（二）投放出租汽车运力不能解决"打车难"

有专家认为，我国城市出租汽车数量并不少，北京为6.66万辆，上海为4.9万辆，而纽约不足1.5万辆，伦敦不足2.3万辆（纽约、伦敦为传统出租汽车数量）。由此可见，"打车难"问题不是因为出租汽车数量不够造成的。更何况，一座城市的出租汽车保有量，并不能单纯因为乘客需求增加而无限制增多。现在有很多年轻人，工作没几年，收入并不高，但经常打车上下班，这从一个侧面反映出出租汽车的定位有问题，假如这种情况不能改变，年轻人经常打车上下班，那么再多出租汽车都可能不够。同时，出租汽车空驶率约为30%～40%，无限制地增加出租汽车数量不仅不环保，还会因加剧城市拥堵使出租汽车运营效率下降，进一步加剧"打车难"。

（三）"涨价"能有效缓解"打车难"

有人认为，"打车难"的根本原因还是出租汽车运价太低，吸引了本该由城市公共交通承担的客源。假如出租汽车价格高得让多数人都接受不了，那么"打车难"问题将迎刃而解决。有专家认为，对出租汽车进行需求管理，是引导出租汽车运营有序发展的必要策略。价格相对于其他因素对出租汽车需求的影响最为灵活、最容易掌控。根据供求关系理论,当需求大于供给时,可以采取适当提价的措施来调整出租汽车市场的供求关系,促使供需关系向平衡状态移动。换句通俗的话讲,供不应求自然应该涨价,这是经济学铁的规律。我们不能眼看由于价格的不合理,既损害了出租汽车驾驶员的利益(实际收入降低),又损害了乘客的利益(打不着出租汽车),得到一个两败俱伤的结果。因此,可以通过价格杠杆调节运输需求,促进城市交通的可持续发展。适当调整出租汽车的营运价格,可以将一部分乘客对于出租汽车的需求转移到城市公共交通系统,提高城市公共交通系统的使用率,减轻出租汽车市场的压力,缓解"打车难"问题。

三、观点之三:主张多措并举标本兼治

主张多措并举、标本兼治解决"打车难"的主要考虑有以下几个方面:

(一)多种因素导致"打车难"

有专家认为,"打车难"表面上看是由于人多车少、交通拥堵、"黑车"屡禁不止等因素造成的,但事实上,"打车难"的问题有其更深层次的原因,如城市布局不合理、城市公共交通系统不够发达等。因此,"打车难"问题是各种因素共同作用的结果(具体见专栏9-1),因此应当多措并举、标本兼治。具体来讲,"打车难"问题主要有以下几方面的原因:

(1)出租汽车需求越来越多。第一,城市面积越来越大,城市人口越来越多,居民收入大幅增长,直接导致出租汽车需求越来越旺盛。第二,出租汽车行业定位不准确,不明晰,运价水平过低,间接增大了社会需求,导致运力紧张。第三,部分城市为缓解交通拥堵而采取限号、限购、上调停车费等政策,使得很大一部分人转变出行方式,改为打车出行。第四,"醉驾入刑"及油价的不断上涨,也使得一部分人减少了开车出行。

(2)出租汽车数量不足。政府对出租汽车实行总量控制,使许多城市出租汽车数量十几年都基本保持不变,造成出租汽车一定程度上供给不足。目前"黑车"的存在,满足了一些人的出行需求,这说明市场上仍存在增加出租汽车数量的空间。

(3)城市交通规划不合理。第 ,城市布局不合理。比如,城市道路不少

但多是小街小巷，致使出租汽车行驶不便；功能设施太集中，造成居住集中、人口密度太大；城市道路行人、自行车、汽车混行造成交通拥堵，致使大量出租汽车增加了单次运营时间。第二，城市道路缺乏必要的出租汽车停靠区域，出租汽车驾驶员担心因停车而受到惩罚，不敢在一些地方，特别是在繁华地段和交叉路口停车上、下客，一些地区甚至出现了出租汽车行驶“真空”地带。第三，城市公共交通系统不够发达。很多城市公共交通线路密度低，车次少，覆盖面小，车厢内拥挤不堪，运行时间长、服务水平差，所以吸引力不强，致使很多人选择乘坐出租汽车出行。

(4)出租汽车行业管理水平有待提高。第一，出租汽车驾驶员素质参差不齐，经常在高峰时段以交接班等理由拒载，碰到雨雪天气不愿出车，而出租汽车行业管理部门不能通过行政手段有效规范其行为，必然会导致更多的出租汽车驾驶员在高峰时间“挑客”，加剧供需矛盾。第二，部分商业繁华地带、车站、城乡结合部等区域，存在不少“黑车”，它们扰乱了正常的出租汽车市场秩序，导致正规的出租汽车驾驶员不愿，甚至不敢去这些地方与“黑车”“争客”，造成“劣币驱逐良币”现象。而行业管理部门的监管能力又相对较弱，对违法违章行为打击不力。

专栏9-1

八大原因致“打车难”

原因一：人多车少驾驶员“挑活”

出租汽车“拒载”高发，首先就是因为“供不应求”。据不少出租汽车驾驶员反映，打车的人明显增多，“拉活”并不是很难的事，不少驾驶员开始“挑活”。

原因二：驾驶员收车常现“空当”

不少出租汽车驾驶员一天紧“忙活”，当天“拉活”的钱“达标”了就会收车打歇。而双班制也使换班时大量出租汽车赶着换班，日常运营的驾驶员因餐饮打歇，不少地区出现无车可打的“空当”。

原因三：禁限行路段宁愿空跑

出租汽车禁限行路段、停靠站点不明确，存在误区。出租驾驶员多不愿找麻烦，一些地区出现出租汽车行驶"真空"地带。一些过去设置的出租汽车站点，现已大多名存实亡。

原因四：车辆调配不当效率差

出租汽车调配不当也是影响效率的关键之一。现在的出租汽车多是漫无目的地"满街转"，少数临时定点"趴活"车辆由于打车的乘客多，也不像过去那样会长时间等待。有些城市虽有电话叫车业务，但受道路拥堵、客源多等问题的制约，通过电话叫车大多不能保证随叫随到。

原因五：整治放松"拒载"又"抬头"

"上车就走"曾是打车人津津乐道的话题。如今，这一亮点正被逐渐瓦解。出租汽车驾驶员"挑活、拒载"现象"抬头"，有的面对乘客毫无礼貌可言。这与极少数出租汽车驾驶员素质低下有关，也说明出租汽车公司疏于管理。

原因六：部分区域"黑车"当道

一些地方"黑车"挤压正规出租汽车的现象严重；特别是夜晚，这些地区就成了"黑车"的天下。正规的出租汽车驾驶员不愿，甚至不敢去这些地方"争客"。

原因七：道路拥堵运营太耗时

道路交通拥堵的实际情况，也致使大量的出租汽车加长了单次运营时间，遇到早晚上下班高峰、交通管制、雨雪恶劣天气等特殊情况，出租汽车每次载客、运营时间增长，空车难寻踪影，而且在相当长的时段里形成"打车难"的恶性循环。

原因八：新手不认路效率太低

出租汽车驾驶员不认路的情况愈发明显。现在打车的乘客常常成了出租汽车驾驶员的指路人，这些出租汽车驾驶员多是道路不熟便仓促上岗的新手。由于路况不熟，制约了他们运营效率的提高。

（二）多措并举治理"打车难"

有专家认为，"打车难"的原因错综复杂，各地情况也不尽相同，解决这一

问题也不能简单草率,需要采取综合性、系统性的措施,才能既治标又治本。为此,提出如下建议:

第一,出租汽车行业管理部门要科学测算出租汽车合理保有量,并根据社会需求进行动态调整,建立动态灵活的出租汽车供给制度,促进出租汽车总量供需平衡;合理确定出租汽车运价,适当拉开与常规公交、城市轨道交通运价层次,体现不同运输方式间合理的比价关系;加强出租汽车行业自律和监管,提高行业规范化程度和服务水平,加大对拒载、宰客等行为的监管和查处力度,建立并完善打击"黑车"等非法经营活动长效机制。

第二,合理规划城市布局,分散城市功能区,设置行人专用道、非机动车专用道等措施有效缓解交通拥堵;增加出租汽车停靠站点,方便出租汽车驾驶员停车。同时,应借鉴国外发达城市出租汽车运营经验,通过引入新兴力量、提高信息化水平等手段扩充约租车市场、大力发展电召服务。

第三,大力发展城市公共交通。由表9-1可以看出,城市轨道交通和公共汽车每小时完成的客运量远远高于出租汽车,如果大力发展城市轨道交通、公共汽电车等大容量公共交通方式,提高其覆盖面和准点率,增加其吸引力,由城市轨道交通、公共汽电车等运输方式承担大部分城市客运量,那么出租汽车所承担的客运量比例将逐年降低,这样"打车难"问题也将不复存在。

某城市不同交通方式的特性比较 表9-1

交通方式		运量(人/小时)	运输速度(公里/小时)	出行范围
自行车		2000	10~15	6公里以内
出租汽车		3000	20~50	6公里以上
公共汽车		8000~9000	12~40	6公里以上
城市轨道交通方式	轻轨	10000~30000	40~60	6公里以上
	地铁	30000以上	40~60	6公里以上

第四,推广出租汽车合乘。合乘既可以提高车辆的运营效率,增加出租汽车驾驶员的营运收入,还可以减少乘客打车的时间成本和经济成本,实现政府、驾驶员和乘客多赢。而且,计价器设备的不断完善也使得计费方式、发票打印等不再是难题。例如,江西省南昌市于2013年在10辆出租汽车安装合乘新型多位计价器(图9-1),开始对合乘方式可行性进行测试,同时对合乘数

据进行采集。因此,相关部门应当出台相应的政策,引导出租汽车合乘科学、有序地逐步推广。

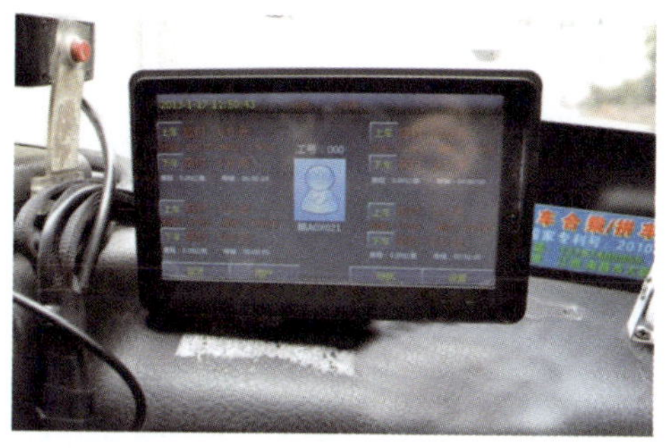

图 9-1　出租汽车合乘新型多位计价器

第二节　解决“打车难”案例分析

国外发达国家采取了什么措施解决“打车难”问题,满足公众打车的出行需求呢?本节将介绍英国伦敦、美国纽约、新加坡等地解决“打车难”的做法和经验。

一、英国伦敦:提供差异化服务满足乘客出行

伦敦通过大力发展城市公共交通和预约出租汽车,大量修建郊区铁路和“停车—换乘”停车场等措施,为公众提供差异化服务,引导市民合理选择出行方式,以避免出现“打车难”问题。

(一)网络化运营的城市轨道交通保障市民中远距离出行

伦敦城市轨道交通采用多层次、多类型的交通模式,分为地铁、快速轻轨(以地面或高架形式为主)以及高架独轨等类型,形成了一个综合的城市轨道交通系统。地铁与城郊铁路共轨在伦敦也是一种常见的轨道交通方式,既能实现线路资源共享,又有利于提高城市周边旅客进入市区的换乘方便性。地铁是伦敦公共交通的核心,1863 年伦敦第一条城市地铁投入运营,至今已拥有完善的地铁网络。目前,伦敦地铁公司是唯一一家地铁运营商,共运营 12 条线路、275 个车站,地铁总长 416 公里,承担着伦敦大都市区公共交通 26.3% 的客运

量；地面轨道交通（包括火车和轻轨）集中在泰晤士河南岸地区，其客运量占伦敦大都市区公共交通客运总量的23.7%。图9-2所示为伦敦轨道交通网络布局图，表9-2为伦敦轨道交通主要线路概况，图9-3所示为伦敦地铁车站。

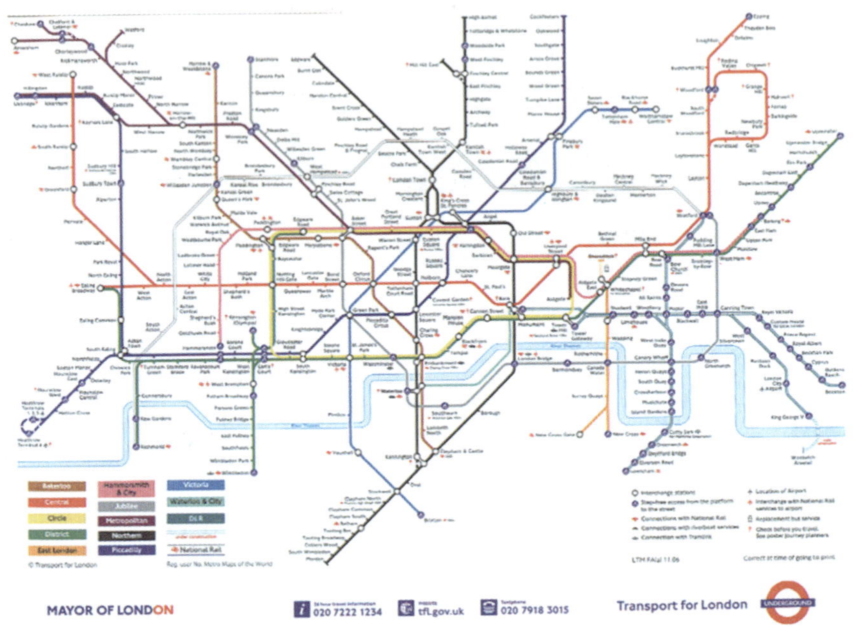

图9-2　伦敦轨道交通网络布局图

伦敦轨道交通主要线路概况　　表9-2

线路名称	代表色	里程(公里)	车站数(座)	运行区间
贝克鲁线	棕色	23.2	25	哈洛与威尔士东—象堡
中央线	红色	74.0	49	分支线路
环线	黄色	22.5	27	环线线路
区域线	绿色	64.0	60	分支线路
汉默史密斯及城市线	浅鲑红色	14.5	19	汉默史密斯—柏京
银禧线	银灰色	36.2	27	史丹摩—斯特拉福
北线	黑色	58.0	50	分支线路
皮卡迪利线	深蓝色	71.0	52	分支线路
维多利亚线	浅蓝色	21.0	16	沃森斯托中—布里克斯顿
大都线	红褐色	66.7	34	分支线路
东伦敦线	橘黄色	8.0	9	分支线路
滑铁卢及城市线	浅绿色	2.5	2	滑铁卢车站—银行站

在城市和交通规划方面,伦敦实行交通发展与用地开发结合的公共交通引导城市发展(TOD)模式。在未完全开发地区,以公共交通引导城市发展,沿着车站服务圈建设商业或办公中心。例如,道克兰轻轨延长线将经过 Thames Gateway 以东地区,城市就沿着这条交通走廊发展。在市区,车站设置时考虑了与已有设施有效结合,从伦敦市中心区内任何一个地铁站出来都能很方便地到达该区域的地标建筑或商业设施。

图 9-3　伦敦地铁车站

(二)发达的公共汽电车保障市民中短距离出行

伦敦公共汽电车定位于服务中短距离的出行,共有线路 700 多条、车辆 6800 多辆,日均客流量 600 余万人次,运营企业 38 家,其客运量占伦敦大都市区公共交通客运总量的 50%,伦敦双层巴士及公交车站信息服务系统如图9-4所示。伦敦市政府还通过建设公共交通换乘枢纽、优化公共汽电车网络、加强公共交通信息建设为市民出行提供便利。

a)双层巴士

b)公交车站信息服务系统

图 9-4　伦敦双层巴士及公交车站信息服务系统

1. 建设公共交通换乘枢纽

建设大型换乘枢纽,使乘客可以在公共汽电车、城市轨道交通、铁路以及长途客车间进行无缝换乘。伦敦市中心区周边的公共交通车站大部分都是整合了公共汽电车、轨道交通、铁路的车站。如伦敦维多利亚站,最底层为维多利亚地铁线，中间层为地区线和环线，地面为国铁车站，是伦敦市到英国各个地区的最重要、最繁忙的大型综合换乘枢纽之一。同时，地面还有通往伦敦市区各个方向的公共汽电车线路，200 米之外是去英国各地的长途客运车站。

2. 优化公共汽电车网络

伦敦积极扩大公共汽电车网络在外围区的覆盖面，使 90% 的家庭在 400 米服务半径内有公共交通站点。在城市中心区增设公交专用道，设置交叉口公交优先信号，道路最左边的一条车道通常被开辟为公交车辆专用道，路面印有红色的专用车道字样。目前，伦敦设立了总长为 580 公里的公交专用道。

3. 加强公共交通信息化建设

伦敦使用 iBus 系统，实行智能化路面交通管理，在全市主干道的 1450 个地点安装了选择性车辆识别系统，并在公共汽电车车头和车尾安装无线电发射器，当感应器接收到车头发射器信号时，就会自动将信号传给红绿灯控制中心，控制中心通过延长绿灯时间，使公共汽电车辆快速通过路口。iBus 系统能够在公共汽电车辆经过设立有信号灯的道路时记录车的位置，然后系统会对这辆车进行实时的卫星跟踪，使调度人员能够精确地监控车队，防止出现车辆“扎堆”的现象。同时，在地铁、铁路、公共汽电车、轮渡站都提供相关换乘信息，站台设置实时信息电子屏幕，便于乘客了解车辆的到达信息，及时掌握出行时间。

（三）市郊铁路和“停车—换乘”停车场为城郊居民出行提供便利

伦敦的市郊铁路的线路网十分稠密，呈放射状，总长 650 公里，有 550 个车站，市中心有 15 个终点站。每天 5:00 ~ 23:00 运行，非高峰时间 30 分钟发车一次，高峰时段有时候几分钟发车一次，日均客运量为 140 万人次。地铁与城郊铁路共轨在伦敦也是一种常见的轨道交通方式，既能实现线路资源共享，又有利于提高城市周边乘客进入市区的换乘方便性。

伦敦在 20 世纪 70 年代就启动了“停车—换乘”计划，即在城镇外围修建大面积的停车场，鼓励市民将轿车停放在停车场，然后再乘坐公共交通进入城市。政府鼓励在城市外围铁路、城市轨道交通车站周边建设大型停车场，免费或者收取很少的停车费，鼓励人们通过换乘公共交通工具上下班，减少高峰期间的道路交通量。到 2007 年年底，英国大约有 60 个城镇提供 165 个专门的

"停车—换乘"场站,共有7万多个停车泊位。其中,117个停车场与公共交通站点接驳、8个停车场与轻轨接驳。另外,在国家铁路公司铁路网络中的主要郊区车站也提供一定数量的停车泊位,主要是为长距离出行的人提供服务的"停车—换乘"停车场。

(四)种类繁多的预约出租汽车满足居民特殊出行需求

伦敦预约出租汽车的车型有迷你轿车、高级轿车和豪华轿车几种,形式多样,如图9-5所示,既可以满足市民的特殊出行需求,也可以为商务人士、游客等提供服务。这种预约出租汽车不能从事巡游和站点候客服务,只可通过电话、传真或互联网预订。伦敦拥有51300辆预约出租汽车,每天运送30.1万人,提供21万次服务,平均每次运送1.45人,平均每次运行距离8.4英里(约合13.5公里)。

a)

b)

图9-5 伦敦形式多样的预约出租汽车

伦敦建立了包括城市轨道交通、公共汽电车、有轨电车、轮渡、预约出租汽车、市郊铁路、"停车—换乘"停车场等交通方式的城市交通客运体系。该体系是世界上规模最大、服务最完备的城市交通客运体系,可以为市民提供差异化的出行服务,引导市民合理选择出行方式。伦敦市民的日均出行交通量情况见表9-3。传统出租汽车平均每天仅运送20万人次,约占伦敦交通总量的0.7%,因此在伦敦打车并不是难事。

二、美国纽约:综合施策解决"打车难"

出租汽车是纽约人出行的重要交通工具,全市每年至少有2.4亿人次搭乘出租汽车。一直以来,纽约对出租汽车进行严格的数量控制,高峰时段"打车难"的问题也很突出,政府也积极采取相应措施,寻求缓解这一问题的有效方法。主要办法有三个方面:一是通过大力发展城市公共交通引导市民乘坐公共交通出行,降低了出租汽车需求;二是通过规范发展约租车增加了出租汽车供给;三是通过实行出租汽车拼车、打击拒载以及加收“高峰补贴”、治理交通拥堵等多种方式,使有限的出租汽车得到充分的利用,从而有效缓解了“打车难”问题。

2002—2005 年伦敦市民的日均出行交通量情况(万人次)　　表 9-3

交通方式	2002 年	2003 年	2004 年	2005 年
市郊铁路	190	190	190	200
地铁	260	260	270	260
道克兰轻轨	10	10	10	10
公共汽车	410	460	490	490
传统出租汽车	20	20	20	20
小汽车	1110	1100	1100	1090
摩托车	20	20	20	20
自行车	30	30	40	40
步行	560	560	560	570
合计	2610	2650	2700	2700

(一)大力发展城市公共交通

纽约建立了包括地铁、通勤铁路、公共汽电车、轮渡等的城市公共交通系统。城市公共交通的快速发展,吸引了大量市民乘坐公共交通出行,有效降低了出租汽车的需求,缓解了“打车难”问题。据统计,纽约市公共交通日均客运量达 700 万人次,占出行总量的 75%;在曼哈顿中心商务区工作的人有 80%选择公共交通作为出行方式。

纽约地铁线路共 27 条,车站 468 个,列车 6490 多辆,运营总长 660 多公里,日均客运量 510 万人次。纽约地铁的特点是,大多数线路实行 24 小时运营,全年无休,线路多、车站多,是世界地铁车厢拥有量最多的城市。为了满足不同人的需要,同一线路中又设置了慢车和快车。据统计,每天上午 7:00 ~ 10:∶00 的上班高峰时间,进入曼哈顿中心商务区的客流有 62.8% 是搭乘地铁抵达的。图 9-6 所示为纽约轨道交通网络布局图。

图 9-6　纽约轨道交通网络布局图

纽约公共汽车线路 240 多条,车辆 4760 多辆,线路总长 3000 多公里,车站 14000 个,日均客运量 250 万人次。公共汽车运营分为区内运营和跨区运营。其中,区内运营线路约 200 条;在曼哈顿区、布鲁克林区、布朗克斯区、皇后区和斯泰腾岛之间跨区行驶的线路约 40 条。图 9-7 所示为纽约公共汽车。

(二)规范发展约租车

纽约约租车包括社区车、黑色车和豪华车三类。其中,社区车主要为社区居民服务，每辆车一般运送不超过6名乘客；黑色车不同于非法运营的“黑车”，主要服务于商业客户，车型有林肯、奔驰、宝马等；豪华车一般为加长型轿车。纽约约租车也只能通过预约提供服务。客户只要提前打电话预约，就可以在约定的时间和地点乘坐出租汽车。

图9-7　纽约公共汽车

约租车的规范发展，有效缓解了“打车难”：第一，约租车成为法律保护的对象后，在一定程度上打破了数量管制，相当于增加了出租汽车运力，出租汽车供不应求的局面得到有效缓解；第二，约租车与传统出租汽车的服务对象基本一致，形成了较为充分的间接竞争，提高了行业服务质量和水平，减少了拒载现象的发生；第三，约租车对车型、服务种类等没有限制，不仅能够满足地区内的短途需求，还能提供与一般出行需求不同的差异化产品，如商务租车、婚庆租车等服务，满足了消费者多样化需求。

（三）提高出租汽车利用率

纽约通过严厉打击拒载、实行出租汽车拼车、加收“高峰补贴费”等方式提高出租汽车利用率。

（1）严厉打击拒载。由于高峰时期交通拥堵等问题，纽约发生出租汽车拒载的情况也越来越多，单是2010年的下半年拒载量就增长了约36%。针对这一情况，纽约市长迈克尔·布隆伯格亲自出面，坚决地说：“我们的城市要对拒载说‘不’，不能有任何地域性歧视。纽约共有五个区，没有内城外城之分。不论你从哪个区来，不论你到哪个区去，都应该被一视同仁。”此后，在2011年3月，纽约市交通局向市议会提交了一项新的提案，将对拒载乘客的出租汽车驾驶员进行惩罚。新法规定，初犯者将被处以200～500美元的罚款，如果第二次拒载，将罚款750美元并停职30天，屡犯者则吊销驾驶执照36个月。纽约通过市长出面以及立法的形式对高峰拒载现象进行严厉打击，减少高峰时出租汽车的空驶现象，使现有的出租汽车能够得到更加充分的利用，从而间接地缓解了“打车难”的问题。

（2）实行出租汽车拼车。2010年，纽约针对早晚上下班高峰时“打车难”

的严峻问题，提出了"4 人 1 辆车"的出租汽车拼车方案，来提高每辆出租汽车的利用率。以曼哈顿区为例，该区事先设定了 3 条固定线路，周一到周五的 6:00 ~ 10:00，同一方向的乘客在每条线路的起点载客处拼车出行，每车 4 人。乘客可随时在沿途下车，车费为每位乘客 3 美元或 4 美元。

（3）加收"高峰补贴费"。纽约政府规定周一至周五 16:00 ~ 20:00 每运次加收 1 美元高峰补贴费，旨在通过加收"高峰补贴费"的形式鼓励出租汽车驾驶员提早或推迟交接班，尽可能地保证高峰时间的可载人的出租汽车数量。

（四）治理城市交通拥堵

纽约通过设置"多人乘坐的车辆"专用道（即 HOV 专用道）和公交专用道、采取严格的停车政策等措施治理交通拥堵，提高出租汽车运营效率。

（1）设置 HOV 专用道。纽约不少区域设置了 HOV 专用道，鼓励上下班多人共用一辆车。HOV 专用道位于高速公路内侧，是最安全也是最快捷的一条车道。这种车道只允许乘坐 3 人以上（含 3 人）的车辆行驶，如果不足 3 人的车使用这一专用道，将被处以 100 美元以上的罚款。HOV 专用道的设置一方面缓解了交通拥堵，提高了出租汽车运营效率，另一方面也降低了乘坐出租汽车的需求。

（2）设置公交专用道。目前，纽约中心区主要的大街和过河桥梁均设置公交专用道，为没有城市轨道交通服务覆盖的区域提供可靠的公共交通服务。时段专用道在规定时间内，其他车辆未经许可不准占用公交专用道，一般 8:00 ~ 19:00 时段内供公共汽车专用。同时，在一些特殊路段及交叉口，禁止公共汽车以外的其他车辆左转或右转。纽约还在高速公路上设立公交专用道。在高速公路专用道上行驶的公共汽车，一般是中途不设停靠站的直达线路，速度快、安全、准时、经济，许多市民因此放弃使用私人轿车而改乘公共汽车。

（3）采取严格的停车政策。纽约采取的停车政策包括：一是在繁华路段的不少地点明确规定任何时候都不得停车，并设立"拖车区"，一旦违反即遭拖车和重罚；二是商用货车和私家车分类管理，在规定时段，明确规定只允许商用货车路边计时停车，私家车除了停入昂贵的地下车库外别无选择；三是限时停车，在规定时段内可路边停车，但一般只有 0.5 小时或 1 小时，最多也不会超过 2 小时，超时将遭到重罚。

三、新加坡：城市公共交通优先发展

新加坡坚持实施有效的城市公共交通发展策略，建立了由城市地铁系统（新加坡称之为捷运系统）、轻轨系统、公共汽车系统组成的城市公交系统，各种交通方式之间优势互补、协调发展。目前，63%的新加坡人选择乘坐公共交通出行（远期目标将达到75%），仅有14.5%的新加坡人选择乘坐出租汽车出行。城市公共交通发展好了，“打车难”问题也就得到有效解决。

（一）制定以城市公共交通为纽带的综合规划布局

1971年，新加坡城市规划推出了新加坡的第一个概念性规划，提出了新加坡城市规划最重要和最基本的原则是：土地利用和交通规划必须始终是一个统一的综合体。陆路交通管理局以提供世界级的城市交通系统为宗旨，制订了对城市轨道交通站点周围的土地进行集住宅、工业、商业等多功能综合开发的目标，逐渐形成了在城市轨道交通站点周围高密度、多功能开发的局面。

新加坡中央商业区是各主要银行、大型机构总部的所在地，也是宾馆、高档商业中心的聚集地，是新加坡最为繁华的地区。设在中央商业区外围的24个新城，是新加坡居民的主要居住地。新加坡的交通系统以为人们提供高质量的交通服务为宗旨，大多数的新城由城市轨道交通线相连接，且轨道交通站点多位于新城的中心位置。城市轨道交通及巴士运输系统将新城与新城、新城与中央商业区及工业园区相互连接起来。新加坡所有的居住区、商业区、工业区都临近公共交通站点，人们在步行不超过400米的范围内都可以找到公共交通站点。

新加坡以公共交通为纽带的城市格局，强化了人们选择公共交通作为出行工具的取向，而这种取向又使人们将公共交通站点，特别是轨道交通站点周边作为自己居住、工作和购物的首选地点，因而进一步带动了站点周围住宅及商业配套设施的开发，推动土地增值，整个城市的发展也逐渐形成了以公共交通为导向的发展局面。

（二）大力发展公共交通系统

（1）充分发挥地铁在公共交通系统的主干作用。2009年新加坡地铁运营线路总长 118.9 公里，有 78 个站点，基本覆盖新加坡主要地区，日均客运量约 195 万人次，承担了连接主要地区间交通干线的大部分客流，确保了整个交通系统的工作效率和服务能力。预计 2020 年地铁运营线路里程将达到 278 公里。

（2）充分发挥城市轻轨系统的补充和拓展作用。新加坡现有轻轨运营线路 29 公里，有 43 个站点，主要用于连接地铁站与主要居住区和商业区，从每个轻轨车站到附近的公寓最大步行距离一般不超过 400 米。新加坡轨道交通网络布局如图 9-8 所示。

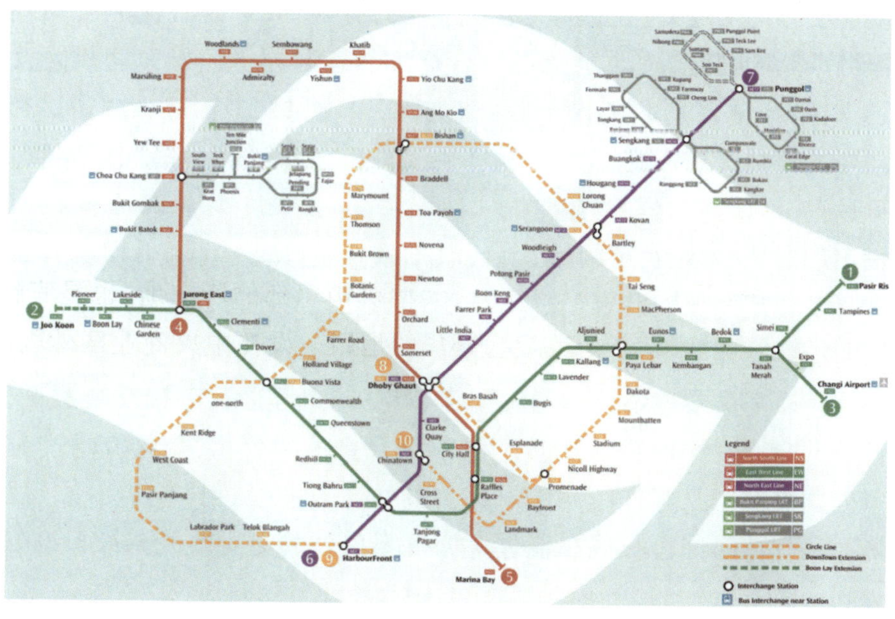

图 9-8　新加坡轨道交通网络布局图

（3）充分发挥公共汽车系统近距离运输作用。以承担区域内部和相邻区域间的近距离交通为主，有线路 300 多条，运营车辆 3700 多辆，日均客运量 280 万人次。新加坡公共交通车辆与公交专用道如图 9-9 所示。公共汽车中转站用电子公告板提供公共交通信息服务，方便乘客选择线路和交通方式。另外，公共汽车均采用公共交通卡自动计费，同时该卡也可用于地铁和轻轨等交通方式，提高了运行效率。

a)

b)

图 9-9　新加坡公共交通车辆与公交专用道

(三)提高公共交通服务质量

新加坡公共交通委员会通过定期审核的方式,确保公共交通公司遵守委员会服务条款的规定,按要求提供符合标准的运营服务。发车间隔也要得到乘客的认可,即使在客流较小的地区也如此,以确保大多数区域的居民都可以享受同样的公共交通服务。服务标准主要内容包括:线路规划、线路直达性、线路可达性、地铁站与公共汽车接驳、线路长度(如长度大于 25 公里的线路所占比例不超过 20%)、发车频率、公共汽车载客量(如高峰期平均公共交通车辆载客量不得超过核定载客量的 80%)、空调车比例(最小占 80%)、线路信息(通过公交站点、电话和网站服务发布)、发车间隔等。

公共交通委员会邀请公众通过网络、民意调查等途径直接反映意见,由此评价各公共交通公司的服务质量。对不符合要求的公司,公共交通委员会有权进行处罚。对于乘客连续两年对某公共交通公司投诉比较集中的问题(如在高峰时段等待时间过长或车辆过度拥挤等),公共交通委员会给予该公司一定的处罚。

在政府管理部门和公共交通委员会的监管下,公共交通运营公司必须加强日常管理,严格执行公共交通运营规范,不断提高服务标准;运营服务人员须经过业务培训和技能考评,确保为乘客提供满意的服务,并能有效应对突发事件。

第三节　我国国情下解决“打车难”问题的思路

“打车难”问题引起了社会各界人士的广泛关注,众多专家学者、新闻媒体、社会公众对缓解“打车难”积极献言献策。本节将对“打车难”问题进行理论和原因分析，并探索解决我国城市“打车难”的思路。

一、“打车难”问题的理论分析

（一）供需均衡理论

西方经济学认为，市场经济条件下，需求与供给是经济活动中既对立又依存的两个方面。需求从消费者立场出发，阐述购买行为；供给从生产者立场出发，阐述销售行为。需求量是指在一定的价格水平和一定的时期内，消费者愿意而且能够购买的商品的数量，是消费者购买欲望和有支付能力的统一。影响需求变动的因素包括商品本身的价格、相关商品（替代品及互补品）的价格、消费者偏好、消费者的收入水平及社会收入分配平等程度，消费者对价格或收入的未来预期、人口数量与结构的变动、政府的消费政策等。供给量是指在一定的价格水平和一定的时期内，厂商愿意而且能够提供的商品和劳务的数量，是供给欲望和供给能力的统一。影响供给变动的因素包括商品本身的价格、其他相关商品（备选品、下游产品）的价格、生产成本、生产技术水平、生产者对未来的预期和政府的政策等。当市场上的供给和需求这两种相反的力量处于势均力敌和相对稳定状态，从而使市场上的商品价格和商品数量的最后变动趋势为零，便是供需均衡。这种市场供求达到平衡时的状态，可称之为市场均衡。为了实现市场均衡，凯恩斯主义学派认为，不能完全通过市场机制来实现供需市场均衡，需要实行需求管理来达到市场均衡的目的；而主张“供给自行创造需求”的伊萨定律供给学派则认为，在供给和需求的关系上，供给居于首要的、决定的地位，应当通过调节供给来实现均衡。

部分城市出现的“打车难”问题，从经济学角度上看，是出租汽车市场的供给和需求产生了矛盾，存在不均衡。出租汽车市场的需求量表现为在一定的运价水平下，社会公众愿意消费且具有相应支付能力的运输服务需要。这种需求与出租汽车运价、城市公共交通价格及私人交通出行费用、居民出行习惯、社会公众的支付能力，以及人口数量和结构、政府交通政策等密切相关。出租汽车市场供给量表现为在一定的运价水平下，出租汽车市场能够向社会提供的运输服务能力。这种供给能力，受到出租汽车运价，与出租汽车一同为社会公众提供出行的公共交通价格，私人交通使用成本，出租汽车运营成本，服务质量与服务水平，以及政府对机动车使用的相关政策等一系列因素影响。理论上看，解决“打车难”问题，就是要将出租汽车市场的供给和需求之间实现平衡，达到一种理想的状态。要实现市场均衡目标，按照凯恩斯主义学派的观点，可以通过实施需求管理，如适度调整出租汽车运价等，引导需求使之与供给实现匹配；而根据供给学派的主张，则应更多通过调整供给，如提高出租汽车运营服务能力，适当调整供给数量等方式，来满足需求的变化。通常为了实现这种市场均衡，既要通过一定的手段来调节需求，也要采取相应的措施来优化供给，从而实现供给和需求的相对平衡。应当说，这种市场均衡只是一种理想的状态，因为均衡具有相对性特征。当市场均衡一旦形成后，其他变量的变动将打破现有均衡的局面，需要另外的手段使之重新达到均衡状态。而市场的管理正是不断地寻找这个均衡状态，使市场趋于和谐，为社会公众提供尽可能最大的福利。

（二）价格理论

价格是商品在市场上与其他商品的交换比率，是商品的任何形式的价值的体现。马克思的科学劳动价值理论认为，价格的本质是价值，价值的源泉来源于物质生产劳动。在社会化大生产下，市场价格在供求关系的作用下围绕生产价格上下波动，供求相等时的市场价格就是生产价格。价格作为市场的重要构成因素，与市场的需求与供给密切相关并相互影响，其影响程度可以用弹性系数来衡量。弹性系数反映某一因素变动对另一因素变动的敏感性的度量。市场需求和供给一般均存在价格弹性。需求的价格弹性与商品的可替代程度、商品消费支出在消费者预算支出中所占的比重、商品本身的性质用途、商品用途的广泛性和消费者调整需求量的时间等因素相关。供给的价格弹性与生产采用的技术类型、生产能力的利用程度、生产要素的供给、生产者调整供给量的时间等因素相关。而新古典经济学结合边际成本和价格效用等形成的均衡价格理论认为，市场价格是生产者和消费者，卖方和买方相互作用的产物，体现了价格的运行机制和规律。均衡价格理论认为，在理想的市场状态下，运输需求和运输供给双方共同决定的需求和供给达到均衡状态，形成了均衡运价和均衡运量。

对于出租汽车市场供给和需求问题，从均衡价格理论来看，市场需求和供给达到均衡状态下所形成的出租汽车运价，将是生产最优、价格最优、效益最优的状态。要实现这种市场均衡，一方面可以通过市场价格对供给和需求进行调节，另一方面也可以通过供给和需求对市场价格的影响来达到。调整的参照标准就是出租汽车市场供给和需求对于运价的价格弹性系数。因此，对于"打车难"现象反映出的供需不均衡本质，根据均衡价格理论及供给和需求的价格弹性理论规律，一方面可以采取政府主导出租汽车运价的形式，通过及时调整形成合理运价来促进供给和需求重新实现均衡，另一方面可以采取市场化运价模式，以供给和需求的不均衡现状来推动市场运价的自我调整，从而再推动市场再次回归供给和需求均衡。从出租汽车的需求价格弹性来看，出租汽车服务对象并非一个数量固定的群体，除了受出租汽车本身的服务水平、价格等因素影响，还受到城市公共交通的服务水平、价格等影响，其他运输服务方式越便捷、质量越好、价格越低，出租汽车承担的出行需求就会越少。反之，如果出租汽车具备这样的服务效果，则其承担的出行需求数量就会越多。从出租汽车的供给价格弹性来看，当出租汽车运价高于其市场价格时，理论上会有更多的供给能力进入出租汽车市场，供给的增加将会促使运价回归到正常的市场价格；当出租汽车运价低于其市场价格时，由于成本等因素将使得供给的数量逐步减少，导致供给相对不足、需求相对过剩，促使运价再次提升到市场价格。我国对出租汽车运价以实行政府定价为主，因此可以通过调节出租汽车运价以及其他交通运输方式的运价，来促进出租汽车市场的供给和需求实现均衡，形成均衡价格。

（三）城市交通效率理论

城市交通运输效率是衡量一个城市交通总体运行效率的综合指标，它是指在城市交通运输系统中，一定的交通投入对人们交通需求的满足程度，即在交通活动中所消耗的劳动量与所获得的劳动效果的比率。影响城市交通运输效率的因素包括城市经济发展水平、城市结构（城市土地利用形态）、城市交通方式、城市交通基础设施、城市交通管理系统与政策支持等。

在城市交通系统中，各种交通方式作为满足交通需求的直接载体和工具，对城市交通运输效率也有着重要的影响。不同的交通工具由于其在运行方式、运行速度、运载能力、运输成本、可到达范围、道路占用面积、舒适度、安全度等指标上有很大差别，因此它们的运输效率也不同。城市公共交通与私人交通相比，对道路使用效率高、能耗少、污染小，是城市交通的主力。城市公共交通所占比例越大，说明城市交通运输效率越高。优化城市交通系统的途径可以分为两大类，第一类是着眼于满足城市交通需求，城市交通系统的发展是追寻交通需求的变化而发展的，主要通过增加道路、提高标准、加密路网，加大交通基础设施投入的方式来被动的满足交通需求；第二类则着眼于改善、引导或限制交通需求来优化城市交通系统，主要通过调整城市交通结构限制某些交通工具总量、优化城市交通系统路线网络、加强城市交通管理等方式来满足交通需求，提高城市交通运输效率。

根据交通运输效率理论，提高城市交通运输效率，可以采取以下对策：一是进一步加强城市交通设施建设，提高交通设施建设决策水平。加强城市轨道交通、城市快速道路以及城市环路建设，完善城市快速交通网，拓宽路网密度，构建立体交通体系，提高道路交通容量；加快停车场（出租汽车停靠站）建设，解决城市停车难问题；大力发展城市公共交通，优化公共交通线网，增加公交专用道，新建和改扩建公交枢纽站和其他枢纽站场。二是加快城市交通方式的转化，建立合理的城市交通结构。建立以城市轨道交通为骨干，常规公共交通为主体，多种交通方式互相补充的现代化城市综合交通系统，从而提高城市交通运输效率。在实际中，必须坚持大力发展城市公共交通，贯彻优先发展公共交通的理念，使城市公共汽车、轨道交通、快速巴士等成为城市交通的主要运力，在城市交通方式中起主导作用；对私人小汽车、出租汽车等采取适度限制的措施，适应城市发展的需要。使车与路的发展相互协调。三是积极发展高新技术，实现城市交通系统的现代化、智能化。在城市智能交通系统领域，广泛引用新的科学技术成果，将先进的信息技术、数据通讯传输技术、电子传感技术、电子控制技术以及计算机处理技术等有效地应用到城市交通系统中来，从而建立起大范围内、全方位发挥作用的实时、准确、高效的智能管理系统，从而促进城市交通运输效率的提高。

二、“打车难”问题产生的原因

“打车难”问题反映了出租汽车市场供给与需求的不平衡。客观上讲，部分城市出现的“打车难”问题，是多种因素综合作用的结果。

（一）城镇化增加居民出行需求

近年来，随着经济社会的快速发展，我国城镇化进程快速推进。一是城市建成区面积不断扩大，从2000年的2.18万平方公里增长到2010年的4.05万平方公里，增长了85.8%；二是城镇人口快速增长，从2000年的4.6亿人增长到2012年的7.12亿人，增长了54.8%；三是城镇化率稳步提高，如图9-10所示，从2000年的36.22%增长到2012年的52.57%，增长了16.35%，已有15个省份的城镇化率超过50%。

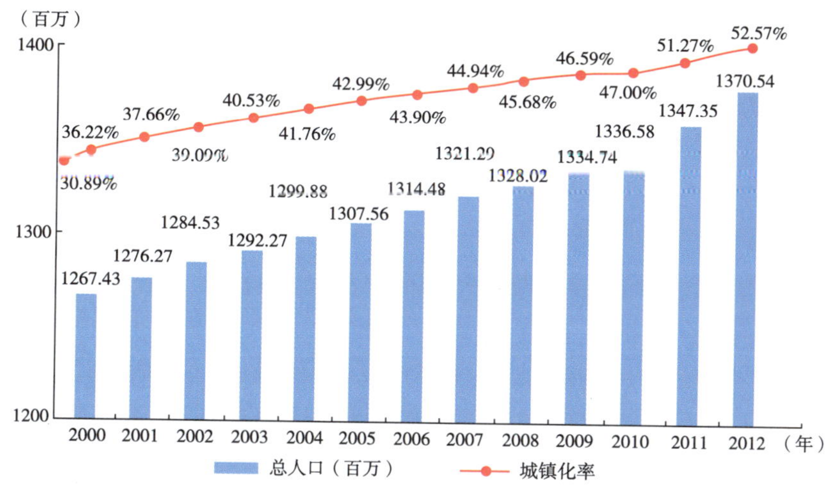

图9-10　中国城镇化人口和城镇化率稳步增长

城镇化进程的快速推进，使得城市建成区面积不断扩大，城镇人口迅速增加，城际与城乡交通体系进一步融合，居民出行频率增加，城市居民的出行需求呈现持续增长态势。总体上看，城市客运增幅与国民经济发展的步伐基本保持一致。截至2011年年底，全国城市客运总量达1165.5亿人次，如图9-11所示，出租汽车完成客运量376.7亿人次。出租汽车作为城市综合交通运输体系的组成部分，越来越多的居民选择乘坐出租汽车出行，对出租汽车供给能力和运输服务水平提出了更高要求，也逐渐产生了供给与需求之间的矛盾。以北京为例，根据居民出行调查显示，北京日均出行量已从2700万人次增长到2012年的3600万人次，增幅为33.3%，其中大约有190万人次的出行是通过出租汽车完成的。据预测，“十二五”末，北京全市日均出行总量将达到5400万～

5900 万人次，机动车出行需求持续快速增长势头在短期内将难以减缓。

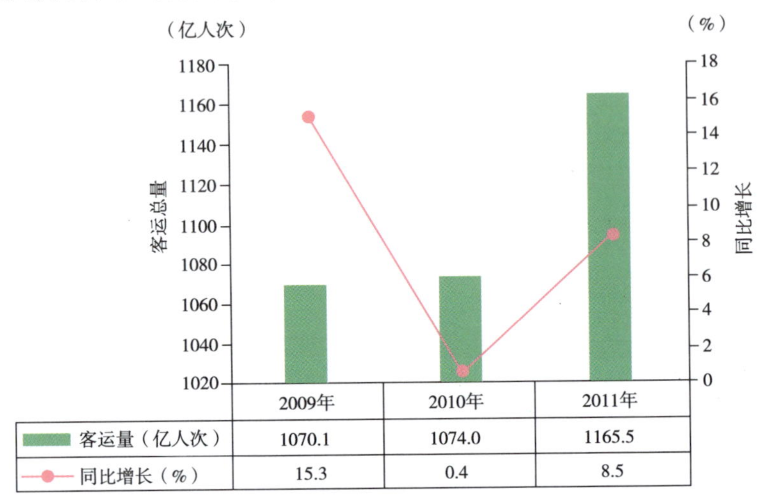

图 9-11　2009—2011 年全国城市客运总量情况

（二）居民收入提升提高支付能力

近年来，随着我国国民经济的平稳较快发展，城镇居民收入稳定增长，截至 2012 年年底，我国城镇居民人均可支配收入达 24565 元，比 2005 年的 10493 元增长了 134.1%，如图 9-12 所示。一方面，随着居民可支配收入的快速增加，居民消费能力不断提高，城市活动的频度日益增加，城乡居民出行频度和出行总量持续增加，生活质量得到进一步改善，人们对于追求高效率、高品质运输服务的要求也越来越强烈；另一方面，出租汽车的运价水平长期低于经济发展水平和居民收入增长幅度，客观上增加了居民对于消费出租汽车服务的支付能力，越来越多的人愿意并且有能力乘坐出租汽车出行，造成出租汽车市场的供给相对不足和需求相对过剩，引发“打车难”问题。

（三）交通治理政策改变出行需求

随着城镇化和机动化进程不断加快，人口以及各种经济要素在城市空间聚集和转移的速度越来越快，过去的城市交通体系越来越难以适应城市快速发展和居民的出行需要，越来越多的城市出现交通拥堵。为缓解城市交通拥堵，有些城市出台了机动车尾号限行政策，有些城市制定了机动车限购政策，还有些城市通过上调市内停车费用等不同方式来缓解城市交通拥堵问题。这些政策措施的实施，有效地缓解了城市交通拥堵，但也使得其中的很大一部分人群转变了原有的出行方式，改为打车出行。此外，油价的不断上涨，也使得一部分人减少了开车出行。国家实行"醉驾入刑"后，有效治理了酒驾违法行为，保障了人民群众生命和财产安全，但从另一角度看，这约束原来想开车的人不开车，一部分人改为打车出行，这在一定程度上也增加了对出租汽车的需求。在出租汽车总量没有大的调整情况下，出租汽车需求明显增长过快，导致供需矛盾，特别是在高峰时段和繁华地区不能满足公众对出租汽车的需求。

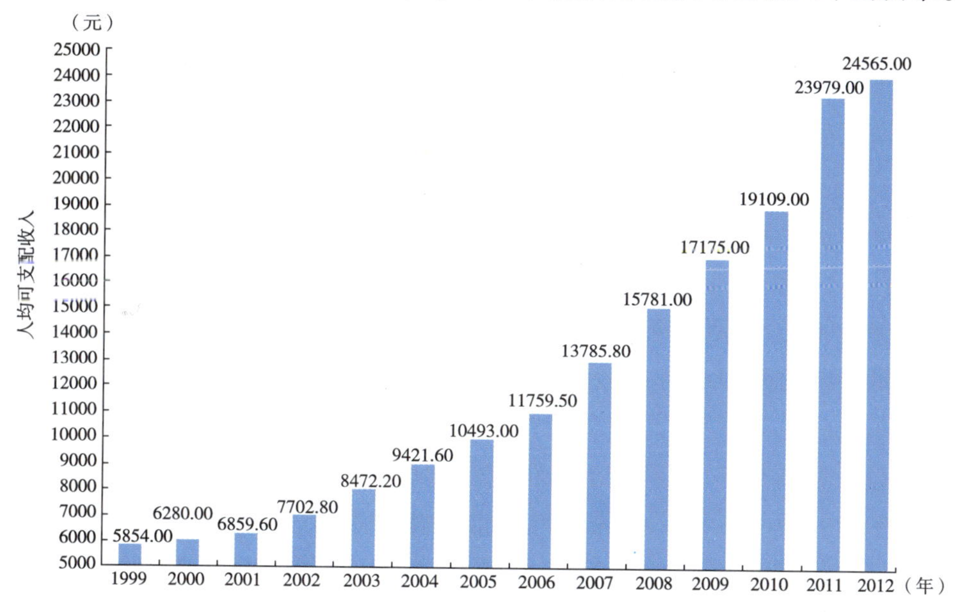

图 9-12　中国城镇居民人均可支配收入统计

（四）出租汽车发展定位不准确及运价偏低

一是出租汽车行业定位不准确。出租汽车作为一种为社会公众提供个性化、门到门的便捷运输服务方式，主要为满足社会公共特殊出行和具有一定消费能力群体的出行需求，主要解决部分人的特殊出行需求，不属于普遍服务，而是效率服务。社会公众上下班等通勤出行需求，应当依靠城市公共交通，而不应通过出租汽车解决。但是长期以来，我国对出租汽车行业定位的不准确，导致大量原本应该通过城市公共交通完成的需求转移到出租汽车行业，产生了供需矛盾。

二是出租汽车运价长期偏低。由于对出租汽车运价实行严格的政府管制，再加上对出租汽车行业定位不准确，使得出租汽车运价长期以来处于较低水平，有些城市出租汽车运价甚至还维持在十几年前的水平，没有与城市公共交通形成合理的比价关系。长期处于偏低的运价水平，使得出租汽车等同于城市公共交通，甚至存在多人合乘出租汽车性价比要高于城市公共交通的不合理状态。

（五）出租汽车运营效率有待提高

一是交通拥堵影响运营效率。随着我国机动车保有量的过快增长，造成了城市交通拥堵，影响了交通运行效率。道路拥堵直接导致出租汽车单次运营时间延长，运营效率明显下降。过去出租汽车一小时可能拉两趟乘客，现在因为拥堵可能只能拉一趟乘客，同样多的车，同样的时间，只能拉过去一半的乘客，相当于出租汽车的供给数量减少了一半。虽然从出租汽车实载率看保持着较高水平，但实际上都堵在路上，驾驶员没挣着钱，乘客也打不着车。城市交通拥堵、出租汽车运价结构不合理，以及城市出租汽车停靠站点等服务配套设施建设不足等原因，影响了出租汽车驾驶员的运营积极性。

二是传统巡游服务方式效率不高。我国出租汽车以巡游服务方式为主，出租汽车驾驶员与乘客信息不对称，加大了双方的服务成本。出租汽车驾驶员多凭经验寻找乘客，容易产生出租汽车供给在时间和空间上的不平衡，影响出租汽车运营效率不高。受出租汽车信息化建设状况、居民消费习惯和社会信用体系建设等方面的制约，我国出租汽车预约服务发展水平总体较低。这些因素综合导致了出租汽车的供给能力未能达到最佳水平。

三、解决“打车难”问题的思路

我国部分城市出现的出租汽车“打车难”问题，是多种因素综合作用导致出租汽车市场供给和需求产生矛盾的外在表现。“打车难”现象主要是在局部地区、时段发生，反映在通勤高峰时间和商务、娱乐、购物等繁华地区，其他时段出租汽车运力比较充裕，而且“出行难”不等同于“打车难”。按照供需平衡理论和价格理论，解决“打车难”问题，一方面应实施需求管理，合理调整出租汽车运价，引导需求；另一方面应优化供给、挖掘潜能，满足需求，最终实现供给和需求的相对平衡。按照城市交通运输效率理论，解决“打车难”问题，应大力发展城市公共交通，合理适度发展出租汽车，完善城市出租汽车基础设施。

从实际出发,应该站在城市综合交通运输体系的角度,科学界定出租汽车行业定位,综合施策、标本兼治,健全激励保障机制,加强科学管理,提高职业道德水平,努力解决好"打车难"问题。

(一)准确把握出租汽车行业功能定位,科学确立未来发展方向

对出租汽车行业定位不准确造成的政策方向不确定、政府责任不清晰、市场作用难发挥、出租汽车与其他城市交通方式分工混乱等问题,是"打车难"的重要原因。因此,要准确把握出租汽车行业功能定位,科学确立未来发展方向。

按照城市交通运输效率理论,我国经济社会正处于快速发展阶段,在城市交通发展建设中,必须坚持以节约资源、保护环境为目的,鼓励发展能源利用率高的交通出行方式。出租汽车与城市公共交通方式相比,道路资源消耗大,资源利用率低,在节约能源方面不占优势。因此,城市公共交通应扮演"主角",发挥主导作用,解决大多数人的普遍出行需求,应当鼓励优先发展。出租汽车作为一种为社会公众提供个性化、门到门的便捷运输服务方式,主要为满足社会公共特殊出行和具有一定消费能力群体的出行需求,主要解决部分人的特殊出行需求,不属于普遍服务,而是效率服务。因此,出租汽车行业的发展应当按照建设"资源节约型、环境友好型"社会的要求,从所提供的服务需求特点出发,坚持合理、适度发展。

(二)加快发展城市公共交通,提高其公众出行承担率

按照城市交通运输效率理论,鼓励发展城市公共交通是解决城市交通问题的主要途径。在城市综合交通运输体系中,要由公共交通承担主要交通职能,承担公众的日常出行需求。因此,要贯彻落实国家城市公共交通优先发展战略,通过实施科学的规划调控、线网优化、设施建设、信息服务等措施,建设服务更优质、设施更完善、运营更安全、管理更规范的城市公交系统,提高城市公交的覆盖面、准点率和舒适度,提升城市公共交通服务水平,不断提高公共交通系统的吸引力,降低公众对出租汽车的依赖,从源头上调控城市交通需求总量和出行结构,提高城市交通运行效率,让出租汽车逐步回归到其合理定位,从根本上缓解"打车难"问题。

(三)合理确定出租汽车运价,促进形成科学出行结构

根据价格理论,价格是调节出租汽车市场供求关系的有效工具,也是进行

出租汽车市场资源配置的手段之一。要站在城市综合交通运输体系角度，根据城市规划和发展需要，按照公平性、效益性、可行性、科学性原则，逐步建立并完善出租汽车价格与经济发展水平、经营成本、市场需求间的联动机制，适当拉开出租汽车与城市公共交通运价层次，体现不同运输方式间的合理比价关系，有效引导乘客乘坐城市公共交通出行，减少不合理的出租汽车需求，促进形成科学、可持续的城市交通出行结构，实现城市公共交通和出租汽车行业协调发展。

此外，出租汽车还可采取交通高峰实行差别运价等方式，缓解出租汽车因道路交通拥堵、运力效能下降导致驾驶员收入减少现象，从源头上缓解出租汽车在高峰期暂停营运的现象，并能运用价格杠杆引导乘客错峰打车。

（四）发展新型约租车，创新出租汽车运营模式

我国出租汽车运营方式以巡游为主，导致出租汽车空驶率居高不下，运力不能得到充分发挥，在一定程度上造成了“打车难”现象。按照城市交通运营效率理论，要通过加强行业信息化建设，鼓励发展约租车，提高出租汽车运营效率。可以探索发展相对高端的约租车，这样既可以增加一定的出租汽车服务能力，又可以避免对传统出租汽车利益格局造成太大冲击，同时还能为市场提供差异化的服务。要创新电召服务运营管理体制机制，加大政策支持力度，利用卫星定位系统、地理信息系统和无线通信等技术，加强出租汽车公司、驾驶员以及乘客之间的信息交流，实现出租汽车的合理调度，解决出租汽车驾驶员和乘客之间信息不对称问题，降低出租汽车的空载率。实践证明，近年来国内部分城市（如苏州市）通过加强信息化建设、发展约租车的方式缓解“打车难”问题，取得了较好的效果，详见专栏9-2。

专栏9-2

苏州市发展约租车

为提升出租汽车服务质量，提供差别化、多层次出租汽车服务，解决“打车难”问题，苏州市于2012年发展了300辆约租车，车辆档次高，主要车型是尼桑天籁。

一、运营服务模式

约租车不接受路面扬招,不得巡游揽客,不设"空车"标志,实行优质优价和单班运营。其运营服务模式主要两种:一种是通过电召中心接受预约服务;另一种是泊位待客。

约租车模式实行一车一驾、单班运营的方式。运营时段为早上7:00至晚上22:00,并保证所有驾驶员每人每月至少有4天休息,充分保障驾驶员休息休假的权利,有效减轻驾驶员劳动强度。

二、实行公司化经营

约租车全部实行公司化经营。在约租车经营权招投标时,明确约租车实施公车公营管理模式,车辆产权和经营权均属出租汽车公司所有。公司承诺对约租车和驾驶员实施员工化管理,中标出租汽车公司承担投资和经营风险。

出租汽车公司与驾驶员同时签订《劳动合同》和《电调专用出租车承包合同》,两个合同期限相一致,合同签订期限为一年,第二年由双方协商续签。通过合同明确双方的权利和义务,确立规范、协商的劳动关系,明确公司为驾驶员缴纳养老、医疗、失业等社会保险。

三、实行优质优价

电调专用出租汽车实行优质优价。传统出租汽车起步价(3公里内)为10元,3公里后的续程价格为1.8~2元/公里;约租车起步价(3公里内)为15元,3公里后的续程价格为3元/公里。同时,制定乘客电调失约补偿机制。针对乘客电召约租车后违约的行为,一方面通过媒体呼吁社会公众信守承诺,另一方面建立乘客电调失约补偿机制,及时制定电调失约补偿对象和办法,明确了补偿对象、标准、配套措施和发放程序,对受到乘客违约的驾驶员给予10元/笔的补偿,保护驾驶员接收电调指令的积极性。

四、建立配套制度

研究建立适合约租车运营模式的配套制度,制定苏州市约租车行业服务规范和电调中心服务规范,指导驾驶员和电调工作人员具体服务和操作流程。结合驾驶员从业资格管理和服务质量信誉考核等，对驾驶员进行严格、专业的岗前培训和岗中轮训，建立考核、准入和退出机制，保证约租车驾驶员具有良好的整体服务水平。

（五）适度投放出租汽车运力，增加出租汽车供给

由于城镇化进程的快速推进和机动化的迅猛发展，客观上也存在出租汽车数量相对于市场需求存在极度不匹配的情况。对于出租汽车运力确实严重不足的城市，可以在综合考虑充分调研、科学规划、广泛听证的基础上，适度投放运力，满足公众的出行需要。投放出租汽车运力既要在城市总体发展规划、综合交通运输体系发展规划、城市道路建设规划的基础上，综合考虑城市人口总量、城市国民生产总值、城市公共交通发展水平、私家车保有量、人均收入水平因素，又要在广泛听取社会公众、专家学者和出租汽车驾驶员以及出租汽车经营者的意见和建议的基础上，科学测算出租汽车的投入数量，及时投放运力。

（六）完善出租汽车基础设施，保障出租汽车服务能力

“打车难”一定程度上是由城市基础设施不完善造成的。按照交通运输效率理论，不但要在交通枢纽、商业区、宾馆饭店、旅游景点、学校、医院等乘客密集区域设置出租汽车待客停车泊位，吸引出租汽车进入中心城区，方便出租汽车运营。同时还要建立包括停车、就餐、车辆维护、加油加气等服务的出租汽车综合服务区，解决驾驶员“停车难、就餐难、加气难、如厕难”等困难，提高出租汽车驾驶员工作的积极性。

总之，“打车难”问题是多种因素综合作用的结果。解决“打车难”问题，不是仅仅依靠某一个手段就能彻底解决的，必须针对本地区城市公共交通和出租汽车行业发展现状，结合当地人口、经济、消费水平等因素，在城市人民政府的统一领导下，通过交通运输、公安、物价、城建、财政等多部门的协调配合，采取综合性治理措施，才能有效缓解出租汽车“打车难”问题。

参考文献

[1] 阿瑟·刘易斯.经济增长理论[M].上海:上海三联书店,1994.

[2] 毕泗锋.经济效率理论研究述评[J].经济评论,2008(6):133-138.

[3] 陈明艺.国外出租车市场规制研究综述及其启示[J].外国经济与管理,2006(8):41-48.

[4] 陈淑红.城市轨道交通和常规公交的票价比价关系研究[D].长沙:长沙理工大学,2007.

[5] 陈燕申.当前影响出租汽车行业稳定与发展的相关问题分析[J].城市管理,2009(2):116-122.

[6] 陈燕申.出租汽车行业稳定与发展探讨[J].城市交通,2009,7(2):36-42.

[7] 程赐胜,刘中,马振东.城市出租车管理模式的改革建议[J].政策论坛,2005(3):35-37.

[8] 崔红建,马天山.基于交通需求下的城市交通可持续发展策略研究[J].武汉理工大学学报(社会科学版),2009,22(3):80-84.

[9] 邓春玲.凯恩斯的有效需求理论与借鉴[J].东北财经大学学报,1999(6):25-28.

[10] 丁元竹.完善我国准公共服务管理体制——以出租汽车行业管理为例[J].城市观察,2010(5):38-46.

[11] 方倩.公共物品理论前沿问题及探讨[J].世界经济情况,2006(12):14-17.

[12] 冯杰.城市综合公共交通体系及其体系设计研究[J].交通标准化,2013(2):93-96.

[13] 高榕.政府在交通基础设施建设中的作用研究[D].北京:北京交通大学,2009.

[14] 高晓华.体制障碍造成城乡客运市场分割[N].经济参考报,2005-11-8.

[15] 格雷厄姆·郝吉思,王旭,等.出租车!纽约市出租车司机社会史[M].北京:商务印书馆,2010.

[16] 桂林,邓宁.社会科学中的囚徒困境现象及其解[J].当代经济研究,2009

(5):24-26.

[17] 国务院发展研究中心发展战略和区域经济研究部课题组.我国出租汽车行业管理和发展面临问题及对策建议[J].改革,2008(8):128-138.

[18] 韩彪,聂伟,何玲.出租汽车市场体系研究:理论与实践[M].北京:人民交通出版社,2010.

[19] 韩彪.对深圳出租汽车市场10个热点问题的解释[J].深圳大学学报(人文社会科学版),2010,27(2):16-21.

[20] 何明俊.关于城市进化的一般理论[J].城市问题,1993(1):17-21.

[21] 何英.完善出租车运价与成品油价格联动机制的几点思考——实施出租汽车运价与成品油价格联动机制的方法比较[J].价格理论与实践,2009(6):20-21.

[22] 胡子健.出租汽车经营权管理问题及建议[J].城市交通,2009,7(3):1-5.

[23] 何雪松.外部性、公地悲剧与中国的环境污染治理[J].社会科学,1999(1):61-64.

[24] 胡军红.城市出租汽车交通发展策略研究[D].南京:东南大学,2005.

[25] 黄新华.放松规制与激励规制[J].云南民族大学学报,2004.

[26] 蒋玄,张向阳.马斯洛需求理论在马克思主义大众化过程中的应用初探[J].社科纵横,2010(6):11-12.

[27] 李寒.对出租汽车经营权数量管制问题的研究[D].北京:北京交通大学,2011.

[28] 刘小怡.西方消费需求理论的最新进展[J].消费经济,1996(3):40-43.

[29] 陆键.当代世界城市低碳本位的交通战略[J].上海城市管理,2011(1):47-51.

[30] 李家清.个性化信息服务方式与策略研究[J].现代情报,2006(9):45-48.

[31] 李香花.城市群基础设施融资机制研究[D].长沙:中南大学,2011.

[32] 卢果.城市公共交通系统与城市形态协调发展研究[D].成都:西南交通大学,2009.

[33] 李媛媛,周伟,王元庆.城市公共交通发展模式的确定方法[J].交通运输系统工程与信息,2005,5(3):41-45.

[34] 马斐.日本出租汽车行业简介[J].交通与运输,2009(2):62-64.
[35] 欧国立.合作博弈、集体理性与城市交通效率[J].中国地质大学学报(社会科学版),2009,9(1):100-104.
[36] 彭辉.综合交通运输系统理论分析[D].西安:长安大学,2006.
[37] 任保平,刘丽.西方经济学的外部性理论及其现实意义[J].陕西师范大学继续教育学报,2004,21(03):51-54.
[38] 荣朝和.西方运输经济学[M].北京:经济科学出版社.2002
[39] 施蒂格勒.产业组织和政府管制[M].潘振民,译.上海:上海三联书店,1996.
[40] 沈满洪,何灵巧.外部性的分类及外部性理论的演化[J].浙江大学学报(人文社会科学版),2002,32(1):152-160.
[41] 沈满洪,谢慧明.公共物品问题及其解决思路——公共物品理论文献综述[J].浙江大学学报(人文社会科学版),2009,39(6):133-144.
[42] 宋援朝,韩喜朝.城市出租汽车客运管理与经营[M].北京:人民交通出版社,2000.
[43] 邰舒宏,齐俊波.浅析消费需求主要变化趋势[J].吉林农业科技学院学报,2008,17(4):72-73.
[44] 王光荣.城市低碳交通研究的现状与趋势[J].前沿,2012(17):120-123.
[45] 王骏涛.出租车管制的经济学分析[D].杭州:浙江大学,2004.
[46] 王明浩,高薇.城市经济学理论与发展[J].城市探讨与研究.2003(7):22-23.
[47] 王建伟,颜飞.公路运输经济管制[M].北京:中国财政经济出版社,2007.
[48] 王俊,陈学武.用经济学理论分析出租汽车服务定价机制[J].交通运输工程与信息学报,2004,2(4):99-104.
[49] 王军.为竞争而管制——出租车业管制改革国际比较[M].北京:中国物资出版社,2009.
[50] 王宇.对城市"打的难"现象的剖析——基于西安市出租汽车市场供求失衡问题的分析[J].价格理论与实践,2011(11):15-16.
[51] 王云川.消费需求的宏观调控[D].成都:四川大学,2002.

[52] 卫玲,任保平.治理外部性与可持续发展之间关系的反思[J].当代经济研究,2002(6):7-9.

[53] 吴贵森.刑法上"公共"概念之辨析[J].法学评论,2013(1):113-118.

[54] 吴群琪,唐俊忠.出租客运的性质、地位及其应有的管理模式[J].城市交通,2011,7(11):85-88.

[55] 吴野.北京市出租汽车发展定位研究[D].北京:北京工业大学,2001.

[56] 夏大慰,史东辉,等.政府规制——理论、经验与中国的改革[M].北京:经济科学出版社,2003.

[57] 熊崇俊,宁宣熙,潘颖莉.中国综合交通各运输方式协调发展评价研究[J].系统工程,2006,6:1-7.

[58] 小贾尔斯·伯吉斯.管制和反垄断经济学[M].上海:上海财经大学出版社,2003.

[59] 于珊.基于SCP理论的北京市出租汽车产业绩效研究[D].北京:北京交通大学,2010.

[60] 虞同文.建立运价油价联动机制促进行业稳定健康发展[J].交通与运输,2007,2:17-21.

[61] 姚影.城市交通基础设施对城市集聚与扩展的影响机理研究[D].北京:北京交通大学,2009.

[62] 张福成,党秀云.公共管理学(修订版)[M].北京:中国人民大学出版社,2007.

[63] 张宏军.西方外部性理论研究述评[J].经济问题,2007(2):14-16.

[64] 张金马.政策科学导论[M].北京:中国人民大学出版社,1992.

[65] 张树鹏.基于城市交通公平性的城市公共交通系统发展研究[D].兰州:兰州交通大学,2011.

[66] 张湘赣.中国反垄断问题研究[M].北京:中国财政经济出版社,2004.

[67] 张武扬.行政许可法释论[M].合肥:合肥工业大学出版社,2003.

[68] 张霞,蒋晓川,黄承锋.城市出租汽车运价结构优化探讨[J].交通企业管理,2010.

[69] 郑书耀.准公共物品私人供给研究[M].北京:中国财政经济出版社,2008.

[70] 郑秀妙,许建华.城市出租汽车供需平衡影响因素分析[J].经营管理者,2011(2):46.

[71] AsehauerA. D. Is Public Expenditure Productive[J]. Journal of Monetary Economies,1989,23(2):177-200.

[72] Bruce Schaller. Entry Controls in Taxi Regulation: Implication of US and Canadian Experience for Taxi Regulation and Deregulation[J]. Transportation Policy,2007(14):490-506.

[73] Choong-Ho Kang. Taxi Deregulation:International Comparison[D]. The University of Leeds,1998(8).

[74] David Flath. Taxicab Regulation in Japan[J]. Journal of the Japanese and International Economics,2006(6):1-23.

[75] Hart,T. (1993)Transport Investment and Disadvantage Regions:UK and European policies. Since the 1950s. Urban Studies,30(2):417-436.

[76] J· Buchanan,R · Tollison,G · Thllock,eds,Toward a Theory of the Rent Seeking Society [M]. College Station,1980.

[77] Mark W. Frankena,Paul A. Pautler. TAXICAB REGULATION:AN ECONOMIC ANALYSIS[J]. Research in Law and Economics,1986,9:129-131.

[78] Robert D. C. ,Catherine L. H. Competition and Regulation in the Taxi Industry [J]. Journal of Public Economics,1996(59):1-15.

[79] Roger F. ,Mary Berglund. The Impacts of Taxicab Deregulation in the USA[J]. Journal of Transport Economics and Policy,1987(1):37-55.

[80] Walter Skok,Satoko K. Strategic Management of the Tokyo Taxi-cab Industry: An Exploratory Study[J]. Knowledge and Process Management,2007(1):37-45.

[81] Walter Skok,Satoko K. An International Taxicab Evaluation:Comparing Tokyo with London,New York and Paris[J]. Knowledge and Process Management,2007(2):117-130.